山东省教育财务管理研究

（第11辑）

王剑敏　主编

山东大学出版社
SHANDONG UNIVERSITY PRESS
·济南·

图书在版编目(CIP)数据

山东省教育财务管理研究. 第11辑/王剑敏主编. 济南:山东大学出版社,2024.8. -- ISBN 978-7-5607-8269-0

Ⅰ. G526.7

中国国家版本馆CIP数据核字第2024EY2857号

责任编辑　李艳玲
封面设计　杜　婕

山东省教育财务管理研究(第11辑)
SHANDONG SHENG JIAOYU CAIWU GUANLI YANJIU
(DI 11 JI)

出版发行　山东大学出版社
社　　址　山东省济南市山大南路20号
邮政编码　250100
发行热线　(0531)88363008
经　　销　新华书店
印　　刷　济南乾丰云印刷科技有限公司
规　　格　720毫米×1000毫米　1/16
　　　　　20印张　400千字
版　　次　2024年8月第1版
印　　次　2024年8月第1次印刷
定　　价　78.00元

《山东省教育财务管理研究》(第11辑)
编 委 会

前言

为深入贯彻党的二十大精神，完整、准确、全面地贯彻新发展理念和党的教育方针，推动山东省教育财会事业的发展，落实教育财会法规及相关财会制度，提高教育财会管理水平，推进教育财务管理创新，提升财会人员政策水平、理论水平和实际操作水平，加强财会人员的科学研究能力，山东省教育会计学会决定编辑出版《山东省教育财务管理研究》（第11辑），意在展现教育财会人员的智慧与研究成果，供会员单位财务同仁学习与借鉴，促进教育财会队伍履职能力提升。

2023年6月，学会收到2022年度一般课题结题申报书300项，其中提交论文的有92项，提交结题研究报告的有208项。按照《山东省教育会计学会科学研究项目管理办法》的有关规定，学会组织专家对研究成果进行了评审。经过组织申报，结题材料审核，初评、复评、终评、结题批复，最后评出获奖课题75项，其中一等奖14项、二等奖25项、三等奖36项。

本辑选编了获一、二等奖的39篇论文，全部是科研课题优秀成果。课题论文结合全省教育财会的重点、热点、难点，联系作者自身职责实际，通过理论探讨、政策研究、数据分析、案例解剖，在预决算管理、内部控制、绩效管理、成本核算、资产管理、风险管控、信息化建设等方面进行了全方位的深入探讨，每一篇论文或研究报告都涉及了山东省属高校财务发展中的疑点、惑点、痛点问题,以及未来财务发展的方向。论文中有经验总结,有问题探索,有案例分析,有政策解读,有措施建议,有思路创新。论文遵循了规范的学术写作架构,提出的问题准确、背景真实、依据充分,分析透彻,符合实际。选登论文概念清楚,逻辑严密,引证规范,显现了较高的理论素养和扎实的实践根基,具有较好的借鉴推广意义。本辑的出版,对进一步落实教育财会政策、推动学术研究、促进学术交流、指导教育财会工作必将产生积极的作用。

我们对论文的学术观点和内容全部保持原貌,仅对论文的格式进行了统一调整。在修改、整理过程中难免存在不足之处,敬请批评指正。

本书的出版得到了山东大学出版社的大力支持,在此表示衷心的感谢!

山东省教育会计学会秘书处、学术研究部

2024年4月

目 录

高校中央财政专项资金绩效评价体系研究

于坤　张斌　邓青超　李晶

【摘要】 随着国家教育经费投入4%比例成果的持续巩固，高校收入中的中央财政拨款主渠道作用愈加凸显。中央财政专项资金拨款始终作为高校建设和发展的重要财力保障和有力支撑，在高校事业高速发展进程中发挥积极效能。但目前，我国高校的财政拨款尚无法满足学校建设对资金的全部需求，有限的财政资源和学校高速发展之间的矛盾依然较为突出。因此，建立健全财政专项资金绩效管理评价机制，有效提升资金配置效率和使用效益，成为助推高校内涵式发展的关键举措。

【关键词】 专项资金管理　绩效管理　绩效评价体系　高校

一、绪论

(一)选题背景

自国家财政性教育经费占GDP比例稳定保持在4%水平后，国家对于高校的财政拨款投入趋于相对稳定，中央财政专项资金拨款占高校总收入的比重亦相对稳定。中央财政专项资金是高校新历史阶段下实现跨越式发展的重要财力保障。但目前，我国高校的财政拨款还无法满足学校建设对资金的全部需求，有限的财政资源和学校高速发展之间的矛盾依然较为突出。因此，建立健全财政专项资金绩效管理评价机制，有效提升资金配置效率和使用效益，成为助推高校内涵式发展的关键举措。

(二)国内外研究现状综述

1.国外研究

自20世纪80年代开始，西方高校管理者开始关注高等教育质量提升与内部治理改善等问题，并开始探索性地研究预算绩效管理相关问题。部分专家从澳大利亚高校环境视角研究了高等教育对于国家和地区经济的贡献、高校资金结构的变化以及提升专项资金使用效益的评价方法，并深入分析了绩效导向对于高校科学研究以及高等教育发展的重要性。

2.国内研究

国内对于高校专项资金绩效管理的探究亦开始于20世纪80年代。1984年,厉以宁首先提出衡量高等教育经济效率的绩效评价指标体系,该体系包括发展能力、技能、毕业生发展潜力等具体指标;亦有专家提出建立一套以效益评价为中心的预算绩效管理模式,并构建起行之有效的预算绩效分析框架、预算绩效运行模式和预算绩效激励机制。

二、高校专项资金绩效评价的构建思路

(一)强化顶层设计,制定科学合理的绩效指标体系

绩效指标是绩效管理的核心内容和关键要素。目前,我国高校专项资金绩效管理指标体系存在三级指标缺失、评价层级不清、定性指标不规范、可持续发展目标模糊等问题。本文拟采用关键指标法(key performance indicator, KPI)构建绩效评价指标体系,根据高校发展战略目标和中长期建设目标任务,在优化指标数量的基础上尽量选取能综合反映高校办学特点和经济特征的关键评价指标,同时还需考虑指标数据的可采集性和可统计性,从而保证评价结果的真实、客观、有效。

(二)优化评价方法,代入实际的案例综合评价分析

预算绩效评价是一个构建评价模型、制定绩效评价指标、确定指标权重并对指标进行评价量化的过程,得出的评价结果用来反映绩效水平并为下一步改进管理提供决策依据。本文拟采用层次分析法(analytic hierarchy process, AHP)来计算绩效指标的权重。对多级绩效指标进行量化计算,再综合考虑打分专家的不同意见,能有效避免评价过程中存在模糊性等问题,有助于实现评价的科学、高效。

(三)统一评价标准,建立完善规范的绩效评价体系

随着预算绩效管理的全面推行,越来越多的绩效评价部门和第三方机构应运而生,因此,构建起一套符合高校特征的绩效评价模型,应采用统一的绩效指标与评价方法以及相同的评价标准。这不仅使各高校之间具有可对比性,也有助于国家对高等院校的综合排序,促进高等教育的内涵式发展和高校间的协同融合发展。

三、案例分析

(一)S高校情况简介

S高校是中国目前学科门类最齐全的大学之一,在综合性大学中具有代表性。学校拥有结构完整、实力雄厚、独具特色的人才培养体系。在第五轮学科评估中,S大学成绩优异,A类学科数量取得历史性重大突破,具有重要的里程碑意义,标志着学校“由大到强”历史性转变实现大跨步跃进。

(二)S 高校专项资金绩效评价指标选取

1.指标选取的原则

对高校专项资金进行绩效评价,关键需要构建一套科学有效、合理可行的绩效评价指标体系,用以衡量评价专项资金的使用情况和产出效益。选取绩效指标时,具体遵循的原则如下。

(1)全面性原则

绩效评价指标能够全面反映高校专项资金支持的各个领域,全方位体现资金配置效率和使用效益。指标的设计既能反映高校年度绩效目标完成情况,也能展现高校中长期的发展愿景和潜力。

(2)科学性原则

绩效评价指标既要与高校的发展战略目标相一致,也要符合高校自身的特性及发展规律,要求兼顾共性和特性、定性和定量、短期和长期等特征因素,且指标之间既要相互独立又要互为补充,搭建一套具有完整性和特征性的评价指标体系。

(3)可操作性原则

指标体系的构建是为了在绩效评价过程中能得以有效运用。因此,无论是定量指标还是定性指标,指标必须可从相关财务报告或者统计资料中得以直接或间接提取,绩效指标具备可采集性和可统计性,从而保证指标值的准确和有效。

2.评价指标的含义

在高校专项资金绩效评价中运用平衡计分卡的关键在于构建一套科学、合理的绩效评价指标体系。基于平衡计分卡理论,本文拟将 S 高校专项资金绩效评价指标体系划分为财务、顾客、内部运营以及学习与成长四个维度,在此基础上选取 21 个具体指标,用于对 S 高校专项资金绩效进行评价。

(三)S 高校专项资金绩效评价体系构建

平衡计分卡的运用,关键在于指标体系维度的构建及维度下指标的确定。在专项资金的使用过程中,每个维度以及维度下指标的重要性都各不相同,如何科学地将不同绩效指标通过赋值以确定权重,使其可以相互比较、凸显差异,实现绩效评价的考核导向作用?针对这一问题,层次分析法不失为一个良好的解决方法。

1.确定绩效指标权重

使用层次分析法赋值确定权重主要可以分为以下几个步骤:第一,将需要解决的问题分为若干层次,再根据实际工作将划分好的每个层次根据需要分解为若干独立的要素,将相邻层次的要素之间建立关联,构建起一套层次清晰的指标结构模型。第二,采用问卷调查法或者征求意见等方式,根据相关领域专家的主观判断,对模型中每一层次要素的相对重要性给予定量标识,形成判断矩阵。第三,通过数字计算确定每一层次各要素的权重及矩阵相容性。第四,通过对各要素权重的综合计算,得到最低层次相对于最高层次的权重值。

(1)建立层次结构

根据层次分析法原理构建层次结构模型。第一层是根据专项资金绩效评价目标设置的目标层;第二层是将指标体系划分为财务、顾客、内部运营以及学习与成长四个维度层;第三层是将维度层的元素进一步分解为具有操作性因素的关键指标层。具体如表1所示。

表1 专项资金绩效层次分析

A.财务维度	B.顾客维度	C.内部运营维度	D.学习与成长维度
A1中央财政资金预算执行率	B1生均教育经费支出	C1一流学科数量	D1专任教师占比
A2自筹经费占总收入比重	B2毕业生就业率	C2省部级科技创新平台数量	D2引育高层次人才增长率
A3自筹经费年增长率	B3毕业生满意度	C3省部级科研成果	D3授权发明专利增长率
A4教育事业收入占总收入比重	B4科技成果转化收入	C4生均教学科研仪器数量	D4高级职称专技人员占比
A5中央财政资金拨款总收入	B5科研经费增长率	C5"双一流"建设经费投入增长率	D5发表核心论文数量
A6中央财政专项拨款年增长率	B6捐赠收入增长率	C6教学科研条件保障经费增长率	D6学生奖学金增长率

(2)构造判断矩阵

建立起绩效评价体系三个层次结构后,通过层次分析法确定思维定量化标度。本文通过专家意见法,对同一层次的各要素相对于上一层次的重要程度进行两两比较,用数字1—9来对量化结果的重要程度进行表示;将数字分为奇数和偶数,奇数代表从小到大的递增程度,偶数表示介于相邻两个奇数间的重要程度,以此得到判断矩阵。

(3)确定指标权重

根据以上各维度的判断矩阵,运用矩阵特征向量及最大特征根的相关理论知识,计算各指标相对于总体目标体系的权重系数。下面以目标层对维度层的比较矩阵为例，计算各绩效指标的权重。

(4)一致性检验

根据矩阵理论知识，需对实际案例建立起的判断矩阵进行一致性检验。通过判断矩阵的随机一致性指标 CR(consistence ratio)，检验其一致性指标。

一致性指标 $CI=\frac{\lambda_{max}-n}{n-1}=(4.1541-4)/(4-1)=0.0514$；

该四阶判断矩阵对应的平均随机一致性指标 $RI=0.89$；

$CR=\frac{CI}{RI}=\frac{0.0514}{0.89}=0.0578<0.1$，判断矩阵通过了一致性检验，结果有效。

同理，分别计算各维度层对指标层比较矩阵的权重并进行一致性检验。

2.数据的标准化处理

根据以上计算步骤可以推导出同一层次的各要素对其上一层要素的权重值，再将指标层相对于维度层权重乘以维度层相对于目标层的权重，从而得出各元素对于最高目标层的权重值。指标层各指标名称据实际情况作了调整(见表 2)。

表 2　高校预算绩效评价指标体系模型

目标层	维度层		指标层		
	指标名称	相对于目标层的权重	指标名称	相对于维度层的指标权重	相对于目标层的合成权重
高校预算绩效评价指标体系	财务维度	0.3401	中央财政资金预算执行率	0.0877	0.0298
			自筹经费占总收入比重	0.2190	0.0745
			自筹经费年增长率	0.3037	0.1033
			教育事业收入占总收入比重	0.2148	0.0731
			中央财政资金拨款总收入	0.0696	0.0237
			中央财政专项拨款年增长率	0.1052	0.0358
	顾客维度	0.1167	生均教育经费支出	0.0609	0.0071
			毕业生就业率	0.1458	0.0170
			生师比	0.0821	0.0096
			生均助学金	0.2985	0.0348
			科研经费增长率	0.2153	0.0251
			捐赠收入增长率	0.1974	0.0230

续表

目标层	维度层		指标层		
	指标名称	相对于目标层的权重	指标名称	相对于维度层的指标权重	相对于目标层的合成权重
高校预算绩效评价指标体系	内部运营维度	0.4044	ESI世界排名前1%学科数量	0.3363	0.1360
			重点实验室及工程技术研究中心数量	0.1799	0.0728
			SCIE收录文献数量	0.2378	0.0962
			生均教研专用设备价值	0.1039	0.0420
			“双一流”建设经费投入增长率	0.0686	0.0277
			教学科研保障经费支出增长率	0.0735	0.0297
	学习与成长维度	0.1388	专任教师占比	0.0839	0.0116
			引育高层次人才增长率	0.1599	0.0222
			授权发明专利增长率	0.2155	0.0299
			高级职称专业技术人员占比	0.1598	0.0222
			国家级自然科学类基金立项增长率	0.2014	0.0280
			国家级人文社科类基金立项增长率	0.1795	0.0249

(四)S高校专项资金绩效评价分析

1.S高校绩效指标得分情况

根据上述计算结果,我们构建起适用于S高校的预算绩效评价体系模型,现将学校2019—2021年决算数据套入指标体系,以2019年数据作为历史标准,并假定2019年的预算绩效评分为100分,计算得出2019—2021年各年度绩效指标得分(见表3)。

表3　S高校预算绩效评价指标体系历史标准评分

	名称	2019年		2020年		2021年	
		数据	得分	数据	得分	数据	得分
1	中央财政资金预算执行率	98.40%	2.98	99.02%	3.00	98.48%	2.98
2	自筹经费占总收入比重	56.38%	7.45	61.37%	8.11	65.66%	8.68
3	自筹经费年增长率	18.64%	10.33	12.26%	6.79	24.46%	13.56
4	教育事业收入占总收入比重	16.90%	7.31	15.36%	6.64	13.41%	5.80
5	中央财政资金拨款总收入(万元)	315833.98	2.37	288480.48	2.16	298318.93	2.24
6	中央财政专项拨款年增长率	8.14%	3.58	−8.66%	−3.81	3.41%	1.50
7	生均教育经费支出(元)	37805.05	0.71	44384.3	0.83	49875.95	0.94
8	毕业生就业率	88.87%	1.70	92.48%	1.77	95.51%	1.83
9	生师比	29.68	0.96	28.15	0.91	26.67	0.86
10	生均助学金(元)	6191.46	3.48	7187.03	4.04	7693.72	4.32
11	科研经费增长率	30.27%	2.51	4.48%	0.37	47.82%	3.97
12	捐赠收入增长率	−54.76%	2.30	152.54%	11.01	3.51%	0.25
13	ESI世界排名前1%学科数量(个)	16	13.60	18	15.30	19	16.15
14	重点实验室及工程技术研究中心数量(个)	21	7.28	64	22.19	72	24.96
15	SCIE收录文献数量(篇)	4486	9.62	5021	10.77	5448	11.68
16	生均教研专用设备价值(元)	5207.67	4.20	5964.24	4.81	4443.71	3.58
17	“双一流”建设经费投入增长率	25.20%	2.77	59.74%	6.57	4.60%	0.51
18	教学科研保障经费支出增长率	14.32%	2.97	16.68%	3.46	14.30%	2.97
19	专任教师占比	55.13%	1.16	69.57%	1.46	69.39%	1.46
20	引育高层次人才增长率	40.05%	2.22	33.00%	1.83	27.29%	1.51
21	授权发明专利增长率	23.27%	2.99	23.42%	3.01	23.69%	3.04
22	高级职称专业技术人员占比	25.30%	2.22	21.57%	1.89	22.62%	1.98

续表

	名称	2019 年		2020 年		2021 年	
		数据	得分	数据	得分	数据	得分
23	国家级自然科学类基金立项增长率	21.69%	2.80	11.49%	1.48	28.42%	3.67
24	国家级人文社科类基金立项增长率	6.78%	2.49	19.05%	7.00	24.00%	8.81
合计			100.00		121.6		127.26

2.S 高校绩效评价结果分析

根据上述计算分析可以看出,S 高校内部运营维度所占权重最大,其次是财务维度、学习与成长维度以及顾客维度。从各维度权重占比来看,S 高校的专家们更多地认为学校的"双一流"建设、学科排名、论文发表质量以及实验室建设水平等是学校办学质量最重要的体现。因此,高校管理者更加注重是否有充足的资金有力支撑学校事业发展,以期使有限的资金发挥出最大的投入效应。

3.S 高校专项资金绩效评价

根据表 3,对 S 高校预算绩效评价作出如下具体分析。

从 2019—2021 年的数据分析来看,S 高校的预算绩效整体评价结果呈逐年上升趋势。其中,学习与成长维度是连续三年稳中有升,而财务维度、顾客维度和内部运营维度则在第三年呈现上升趋势。评价结果与高校近年来发展情况基本保持一致。

(1)财务维度。以 2019 年为基准,2020 年财务维度绩效评价结果有所下降,主要是中央财政专项拨款年增长率这一指标得分下降。2021 年,中央财政拨款趋于稳定,该项指标的预算绩效评价结果呈现出小幅增长趋势。

(2)顾客维度。以 2019 年为基准,2020 年顾客维度绩效评价得分有所上升,主要是捐赠收入增长率这一指标得分有较大增长。同时,学校根据国家相关要求,提高了学生奖助学金发放标准,学校生均助学金金额相应有所提升。2021 年,学校深入贯彻落实国家重大科研管理政策,科研项目组织能力和实力跃升,科研经费收入实现新突破,较上年增幅达 47.82%。

(3)内部运营维度。以 2019 年为基准,2020 年内部运营维度绩效评价得分有较大程度上升,主要是学科排名、实验室建设、SCIE 收录文献等指标得分均有较大增长。2021 年,学校大力实施学科现代化工程,强化以五大一流学科领域为核心的"优特新"学科建设;据中国科学技术信息研究所统计数据显示,学校 SCIE 论文发表数量持续攀升,在全国高校排名中列第 12 位。

(4)学习与成长维度。以2019年为基准,2020年学习与成长维度绩效评价结果有所上升,主要是授权发明专利增长率、基金立项增长率等指标得分有所增长。2021年,学校科技创新发明、科技成果转化数量持续攀升,获批的国家重点研发计划、各级政府高新技术项目、国家自然科学基金项目、国家级重大人文社科项目数量较上年也呈现出较大增幅,说明学校将学科建设水平和科研成果作为体现综合办学实力、教育教学水平和科学创新能力的重要因素。

综上所述,S高校的预算绩效评价结果是呈上升趋势的,学校的"双一流"建设也在全面加速。近年来,学校立德树人底蕴彰显,为国家培养了诸多优秀的本科生和最具创造力的研究生,为地域经济社会发展输送了诸多具有家国情怀、担当精神、崇实品格、创新素养的时代新人。队伍建设成效显著。深化人事人才体制机制改革,实施"人才强校战略",为学校"双一流"建设夯实了高层次人才队伍力量。按照"筑峰理科、弘扬人文、光大医学、做优社科、建强工科、推进交叉"的基本思路,分两个层次谋划布局一流学科领域并推动学科"出尖出峰",科学研究成果丰硕。学校紧密围绕"四个面向",大力实施学术兴校战略,在科学研究上取得一大批原创性成果。但是,学校在教育事业创收能力、中央专项预算执行等方面仍存在一定不足和差距,对此应高度重视,着力强化财力支撑保障、提升经费使用效益。

主要参考文献

[1]刘卓菁.平衡计分卡在高校专项资金绩效评价的应用研究:以HK高校为例[D].北京:首都经济贸易大学,2018.

[2]朱腾明,陈军杰,李明秀.高校财务信息化风险评价:基于层次分析模糊综合评价法[J].会计之友,2012(22):93-97.

[3]千巧.高校中央财政专项资金管理机制研究[J].商业会计,2018(23):78-80.

[4]田景仁.高校项目支出绩效目标及其评审的指标体系构建[J].会计之友,2012(24):58-61.

(作者单位:山东大学)

基于信息技术应用的高校事业成本核算方法研究

钞天虎

【摘要】 以医院、高校、科研院所为代表的行业事业单位,因在设立目的、运作模式和耗费补偿等方面与企业组织有着明显不同,故产生于手工会计技术条件并着眼于工业化生产的传统成本会计理论和成本核算方法,也就不能完全用于指导相关事业成本核算。本课题结合高校实际,从成本核算对象设置、四位一体化会计记录创建、通用成本项目设置、成本核算流程设计、费用归集和分配方法、成本计算期确定等方面,探讨基于现代信息技术应用的事业成本会计理论创建和三维多层成本核算法的设计运用。

【关键词】 事业费用　成本核算　一数多用　四位一体　三维多层

因不同组织有着不同的设立目的、运作模式和耗费补偿方式,故产生于手工技术条件并着眼于工业化生产的传统成本会计理论和成本核算方法,也就不能简单地移植于公共部门组织并指导相关成本核算。为实现成本核算数据的"一数多用"并借以满足"多维度、多层次"事业成本核算需要,本课题结合高校实际,探讨基于现代信息技术应用的事业成本会计理论创建和三维多层成本核算法的设计运用。

一、多维视角下的事业费用分类

事业费用,是指事业单位为开展专业业务活动及其辅助活动而发生的不能计入相关资产成本的资源耗费。出于"多维度、多层次"事业成本核算需要,可对事业费用进行如下系统化分类。

(一)按资金性质和管理要求分类

按资金性质及管理上的不同要求,可将事业费用分为专项资金转化费用和非专项资金转化费用。前者指为完成专项工作任务或落实专项政策目标而发生的各种专门用途资金耗费,后者指除专项资金以外的其他各种资源耗费。

(二)按责任主体分类

按责任主体的不同,可将事业费用分为单位级事业费用和部门级事业费用,前者指只能以单位整体为责任主体的事业费用,即不能或不宜在各业务或管理单元上进行归集的费用;后者指可直接归集于不同业务或管理单元的费用,具体到高校,就是可由各行政管理部门、业务管理部门、教学院系、研究所、实验室、辅助业务部门、后勤保障部门及附属非独立核算单位进行控制并据以进行归集的费用。

(三)按事业活动性质分类

按单位内部不同业务或管理单元从事的活动性质,可将事业费用分为业务管理费、行政管理费、业务活动费、后勤保障费和其他费用。就高校而言,业务管理费指学生处、教务处、科研处和研究生处等校级业务管理部门发生的费用;行政管理费指除业务管理部门之外其他校级职能部门发生的费用;业务活动费指各院系及辅助业务部门发生的费用;后勤保障费指为保障高校正常运行而发生的校舍维修维护、校园保洁绿化、班车运行等费用;其他费用指高校按规定承担的社会补助、奖励救助等费用。

(四)按费用经济性质分类

按费用的经济性质,可将事业费用分为工资福利费、商品服务费、资产折耗费和其他事业费。工资福利费指单位因支付职工劳动报酬、负担社保缴费以及因计提工会经费、职工福利费而发生或计入的费用;商品服务费指单位因购买商品或接受劳务而发生的费用;资产折耗费指资本化资产摊销费用;其他事业费指事业单位负担的除工资福利费、商品服务费、资产折耗费以外的其他费用,具体包括离退休费、抚恤金、生活补助、助学金、借款利息等。

二、多重目标下的事业成本核算对象

成本核算对象,是为计算产品、服务或机构运行成本而设置的费用归集载体。为满足"多维度、多层次"成本核算需要,可分别在资金、业务和机构维度上进行相关成本核算对象设置。

(一)资金维度的成本核算对象

资金维度的成本核算对象,是以项目化经费为标识的成本核算对象。按照项目化管理思路,所有资金都能以"项目经费"呈现。因相关经费还可能要按归口部门或具体用途进行切分,故资金维度的成本核算对象,除了可为财政、教育等外部机构提供用于开展预算绩效评价所需成本信息之外,还可作为事业单位进行资金分配和支出控制的"会计主体"。

(二)业务维度的成本核算对象

业务维度的成本核算对象,是以事业活动类型及其具体组成为标识的成本核算对象。从事业成本核算的角度来看,基于分工和协作而设立的各个业务或管理单元,其在费用控制和成本计算方面存在显著不同。具体到高校,各校级行政管理部门和后勤保障单位发生的费用,只有在完全成本法下才涉及事业成本核算;各辅助业务部门发生的费用,只有在分割转出其他受益对象应负担数额后,才能得到归属于该辅助业务部门的事业活动成本;各校级业务管理部门发生的费用,只有在被分配或附加于各院系教育、科研活动后,才可在学校层面上得到按制造成本法计算的相关业务活动成本;各院系发生的行政管理费用,只有在被分配或附加于院系教育、科研活动后,才可在院系层面得到按制造成本法计算的相关教育和科研业务成本。因不同业务或管理单元发生的费用分别归属于不同性质、不同层次的事业成本,并且通过增设更具包容性的成本核算对象还可简化相关费用的归集分配,故出于相关事业成本核算需要,还应在业务维度设置相应的成本核算对象。

(三)机构维度的成本核算对象

机构维度的成本核算对象,是以事业单位内部各业务或管理单元为标识的成本核算对象。具体到高校,包括各行政管理部门、业务管理部门、教学院系、研究所、实验室、辅助业务部门、后勤保障部门、附属非独立核算单位在内的每一业务或管理单元,因其在履职过程中均要发生资源耗费,并且其耗费水平直接关系到相关事业成本的高低,故出于费用(支出)控制需要,还应在机构维度设置相应的成本核算对象。

三、四位一体化会计记录

因不同视角下的会计分类在信息技术条件下均可采用"会计科目+"这种会计元数据组织形式,故为实现相关成本核算数据的"一数多用",可将资金、业务和机构维度的成本核算对象,基于关系型数据结构分别存储于与"会计科目"并行的"经费核算""成本核算"和"部门核算"之中。以科技处使用日常办公经费报销会议费为例,假定资金、业务和机构维度的成本核算对象分别为"科技处日常办公经费""校级科研管理成本"和"科技处",那么其四位一体化凭证数据表结构及会计记录形式见表1。

表1　四位一体化会计记录的凭证数据表结构及会计记录形式

凭证日期	凭证编号	摘要	经费核算	会计科目	成本核算	部门核算	借方金额	贷方金额
……	……	×××报会议费	科技处日常办公经费	事业费用—商品服务费—会议费	校级科研管理成本	科技处	a	
……	……	×××报会议费	—	银行存款	—	—	—	a

四、通用成本项目

成本项目,亦即成本计算项目,是为反映成本构成而设置的费用归集名目。

双基并行会计模式下,因费用类科目的设置直接关系到相关“平行分录”的编制,故适用于事业单位的通用成本项目,应按费用的经济性质而非经济用途进行设置。具体来说,可将“业务活动费用”和“单位管理费用”合并为“事业费用”,并在其下设“工资福利费”“商品服务费”“资产折耗费”和“其他费用”四个成本项目及其细目。其中:对于需要通过“工资福利费”“商品服务费”和“其他费用”归集的付现费用,应参照《政府收支分类科目》中的部门预算支出经济分类科目进行设置。另外,为简化工资福利费的归集分配,可在“工资福利费”下增设一个专门用于账项调整的“汇总”细目;而为解决相关费用在不同成本核算对象间分割时出现的“一揽子”结转问题,则可在“其他费用”下增设一个“分割转出”细目。

五、三维多层成本核算法及其成本核算流程

三维多层成本核算法,是基于关系型数据结构将事业费用同时归集于资金、业务和机构维度的成本核算对象并据以计算相关事业成本的一种成本核算方法。以高校“多维度、多层次”事业成本核算为例,基本流程如下:(1)将各业务或管理单元发生的事业费用同时归集于资金、业务和机构维度的相关成本核算对象;(2)将各辅助业务和后勤保障部门发生的可通过计价收费予以补偿的费用在相关成本核算对象间对转;(3)将各院系发生的不能直接归集于相关业务活动成本的综合费用,分配计入相关教育和科研成本核算对象并据以计算院系教育综合成本、院系科研综合成本及院系生均教育综合成本;(4)将校级业务管理部门、非综合类辅助业务部门发生的费用,直接并入各院系教育、科研综合成本并据以计算学校教育业务成本、学校科研业务成本及学校生均教育成本;(5)将校级行政管理、后勤保障和综合类辅助业务部门发生的费用(减除通过计价收费转由其他受益对象负担部分),按一定标准分配后分别并入学校教育业务成本、学校科研业务成本并据以计算学校教育综合成本、学校科研综合成本及学校生均综合成本。

六、费用归集和分配方法

(一)直接费用及其归集方法

直接费用,是指在资金、业务和机构三个维度均可直接或通过分配归集于底层成本核算对象的费用。因三维多层成本核算法同时并存有资金、业务和机构三个维度的成本核算对象,并且每一维度均并存具有层次结构的多个成本核算对象,故唯有在资金、业务和机构三个维度均可直接或通过分配归集于底层成本核算对象的费用,才可被称为“直接费用”。以 A 学院 B 老师使用科研专项经费 C 报销测试费为例,因其在资金维度可直接归集于“经费项目 C”、在业务维度可直接归集于“院系科研成本”、在机构维度可直接归集于“院系 A”,故该测试费属直接费用且可借助“事业费用—商品服务费—委托业务费|经费项目 C|院系科

研成本|院系A”这一四位一体化会计记录,将“事业费用—商品服务费—委托业务费”的发生额,同步直接归集于资金、业务和机构维度的成本核算对象并据以进行相关成本计算。

(二)共担费用及其归集方法

共担费用,是指应由同一维度的多个成本核算对象负担并且各成本核算对象均使用同一成本项目进行归集的费用。该类费用可视具体情况分别采用一步计入法和两步计入法进行归集。

一步计入法,是指发生时可直接计入相关非底层成本核算对象的一种共担费用归集方法。为简化相关费用的归集并借以提高成本数据的准确性,可通过增设具有包容性的上级成本核算对象,将相关成本核算对象共同负担的间接费用,转化为共同上级成本核算对象的直接费用并据以进行费用归集。举例来说,当在业务维度增设一个囊括所有事业活动的“校级综合成本”、在机构维度增设一个囊括所有内部机构的“学校”,那么应由所有成本核算对象共同负担的校级综合费用,就可借助“借:事业费用……|相关经费项目|校级综合成本|学校”这一四位一体化会计记录,直接归集于业务和机构维度的综合类成本核算对象,从而省去传统成本核算流程下与费用归集和分配相关的大量数据分解、汇集、再分解、再汇集工作。

两步计入法,是指发生时先计入过渡类成本核算对象,然后再通过编制调整分录转入相关具体成本核算对象的一种共担费用归集方法。该方法专门用于工资福利费的归集和分配。双基并行会计模式下,因支出核算与费用核算有着完全不同的目的,故为满足“多维度、多层次”成本核算需要而对费用所进行的多维、多层分类,必将加剧相关“平行分录”的编制难度。为兼顾财务会计子系统中的成本核算和预算会计子系统中的支出确认,对于不宜采用一次计入法进行会计处理的工资福利费,可采用两步计入法,即先从方便“平行分录”编制的角度将其计入增设的过渡类成本核算对象,然后再通过编制调整分录转入各具体成本核算对象。

(三)联合费用及其分割方法

联合费用,是指应由机构或业务维度的多个成本核算对象负担并且不同成本核算对象使用不同成本项目进行归集的费用。对于辅助业务和各后勤保障单位发生的应由机构或业务维度的多个成本核算对象负担的费用,因发生时不能确知是否应由机构或业务维度的其他成本核算对象分担以及分担多少、分割时无法按具体成本项目及其细目进行对应冲减,故相关费用应于发生时先行归集于相关机构或业务维度的成本核算对象,之后再通过计价收费转出应由其他成本核算对象负担部分。按照受益对象的不同,该类费用可分别采用全额冲抵法和差额冲抵法进行分割。

全额冲抵法，是指应按内部计价收入全额冲减的一种联合费用分割方法。该方法适用于联合费用在单位内部相关成本核算对象间的分割。以学校车队对内提供租车服务为例，假定相关联合费用于发生时已同步归集于资金维度的"班车运行经费"、业务维度的"后勤保障成本"和机构维度的"车队"，那么A学院使用实验实习经费划转租车费时，应编制如下"红字"会计分录：

借：事业费用—商品服务费—交通费|实验实习经费|院系本科教育成本|A学院　+

借：事业费用—其他费用—分割转出|班车运行经费|后勤保障成本|车队　—

差额冲抵法，是指应按外部计价收入扣除毛利后的余额进行冲减的一种联合费用分割方法。以车队对外提供租车服务为例，假定对外租车服务在资金、业务和机构维度的成本核算对象分别为"租车收入""对外服务成本"和"车队"，那么在收到或应收租车收入时，应按对外服务成本（可按收入的一定比例确定）编制如下"红字"会计分录：

借：经营成本|租车收入|对外服务成本|车队　+

借：事业费用—其他费用—分割转出|班车运行经费|后勤保障成本|车队　—

（四）综合费用及其分配方法

综合费用，是指应由不同业务类成本核算对象负担并且发生时不能通过分配计入各业务类成本核算对象的费用。诸如校级行政管理部门、综合类辅助业务部门、各后勤保障单位以及院系行政管理科室发生的费用，虽可通过间接费用直接化思路在综合业务类成本核算对象上进行归集并据以计算相关事业成本，但在需要分别计算相关教育、科研综合成本时，归集于相关综合业务类成本核算对象的费用，就应按受益大小在教育和科研活动之间进行分配。具体可采用比例分配法或全部计入法。

比率分配法，是指按相关成本核算对象应负担费用比率进行分摊的一种综合费用分配方法。该方法适用于校级行政管理部门、综合辅助业务部门、各后勤保障单位和院系行政管理科室发生的综合费用。其中，分配率可分为单项分配率（按单一成本动因确定）、分类分配率（按同类多个成本动因确定）和综合分配率（综合各种因素而设定的适用于全部费用的分配率）。

全部计入法，是指将相关费用直接计入某一成本核算对象的一种综合费用分配方法。为简化成本核算，当科研业务较少时，可将校级行政管理部门、综合辅助业务部门、各后勤保障单位和院系行政管理科室发生的费用，全部计入相关教学业务成本。

七、成本计算期

成本计算期，是指进行费用归集、分配并据以计算产品、服务或其他成本的起讫日期。就高校而言,可针对教育和科研活动分别确定成本计算期。

(一)教育事业成本计算期

鉴于教育活动具有大批量、多步骤、连续式、同周期等“生产”特征,并且通过“割补法”可将同一会计年度发生的与各学历、各年级学生相关的教育事业费用,视作相同学历教育期内某年级学生完成所有学习阶段的所需费用,故通过汇集同一会计年度、相同学历层次的教育事业费用,便可得到以会计年度为成本计算期的生均教育成本。由此,相关教育事业成本可以会计年度为成本计算期。

(二)科研事业成本计算期

因科研活动具有小批量、定单式和不定期等“生产”特征,故科研事业成本的计算,就机构维度的“学校”和各院系、研究所、实验室来看,可以会计年度为成本计算期;而就各具体科研项目而言,只能以项目执行期为成本计算期。

主要参考文献

[1]财政部.关于印发《事业单位成本核算基本指引》的通知[EB/OL].(2019-12-25)[2022-08-21].https://www.gov.cn/xinwen/2019-12/25/content_5463943.htm.

[2]财政部.事业单位成本核算具体指引——高等学校[EB/OL].(2022-09-26)[2022-12-21].https://www.gov.cn/zhengce/zhengceku/2022-10/10/5717100/files/de11a883cc1546d882635d9c743dc464.pdf.

[3]钞天虎.三维多层成本核算法的设计应用:以高校事业成本核算为例[J].商业会计.2023(16):84-88.

本文以《基于信息技术应用的事业成本会计理论探索》为题发表于《财务与会计》2023 年第 6 期,有改动。

(作者单位:中国海洋大学)

大数据背景下高校经费监管信息化研究

胡 冰　张娟娟　王 琦

【摘要】 随着国务院提出以监审、监管、监督为着力点，建立全覆盖、全过程、全方位的教育经费监管体系，教育经费监管信息化越来越受到高校重视。本文首先对高校教育经费信息化工作的必要性进行了阐述，其次提出了教育经费监管信息化建设要遵循“问题导向化、策略数据化、预警自动化、监管全面化、结果有效化”的设计理念，探讨了以会计信息数据化模型为基础的高校经费监管信息化方案，并对高校经费信息化的发展提出了建议。

【关键词】 大数据　高校财务　经费监管　财务信息化

一、高校经费监管信息化的政策背景与重要意义

(一)高校经费监管信息化的政策背景

习近平总书记在2018年全国教育大会上指出，教育是“国之大计、党之大计”，这是对教育在新时代的重要地位作出的高度概括，具有重要和深远的意义。国家高度重视教育经费投入，中央财政坚持将教育作为财政支出的重点领域予以支持。在2020年新冠疫情导致财政紧张的情况下，2020年全国教育经费总投入为53014亿元，比上年增长5.65%。其中，国家财政性教育经费为42891亿元，比上年增长7.10%，高等教育经费总投入13999亿元，比上年增长3.99%。2012—2020年，国家财政性教育经费占GDP的比重连续9年超过4%。在教育经费投入增长常态化的大趋势下，创新教育经费监管的手段，保证教育经费的规范、安全、高效使用也越来越受到国家及群众的重视与关注，而高校管理信息化的普及、大数据技术的发展，也为高校经费监管能力提升提供了有利条件。

党和国家高度重视教育经费监管信息化工作，2013—2016年，财政部、教育部发布的行政事业单位内控建设文件中多次提到高校应加强信息化建设，制定信息系统建设总体规划，利用信息化技术提高内控质量。2018年，国务院发布的《关于进一步调整优化结构　提高教育经费使用效益的意见》(国办发〔2018〕82号)明确要求，要以监审、监管、监督为着力点，建立全覆盖、全过程、全方位的教育经费监管体系。充分利用现代信息技术，建立全国教育经费信息化管理平

台,实现即时动态监管。可以看出,高校提升教育经费监管信息化能力是落实国家政策的必然要求,经费监管信息化既可以实现对教育经费全覆盖、全过程、全方位监管,保证教育经费的安全、合理、高效使用;也可以显著降低高校监管成本,提高监管效率,为管理层决策提供有力的参考依据。

近年来,随着高校的政治意识和纪律规矩意识不断增强,教育经费管理与使用也逐年规范,财务管理状况持续向好,但是从高校接受政治巡视、经济责任审计中发现,高校存在着教育资源分配不合理、效率效益不高的现象,甚至存在违法违纪行为,尤其是许多问题反复出现,整改治标不治本,反映了高校教育经费监管体系仍然不够完善。究其原因,主要有以下几个方面:一是高校内部控制重建设轻执行,虽形成了一系列制度、流程和表单,但对内控落地实施不重视,普遍存在内控"空转"现象。二是学校习惯在指挥棒下工作,对于各项管理工作的积极性、主动性以及创造性不够,忽视内部治理,财务管理薄弱,缺乏绩效意识。三是学校对校内审计重视不够,审计部门力量有限,审计质量不高,大多数停留在"摆问题"层面,在深挖问题根源和跟踪整改方面有明显不足,审计结果应用不充分,缺乏问责机制,难以充分发挥审计监督的作用。四是高校对于信息化建设缺乏统筹规划,各部门信息系统繁杂,信息孤岛普遍存在,各类数据信息共享共用效率低下,无法发挥为学校事业决策提供科学支撑的作用。

二、大数据背景下高校经费监管信息化设计理念

信息化通常是指将传统业务中的流程和数据通过信息系统进行处理,以提高工作效率的方式。教育部"十三五"成果总结汇报中指出:信息技术对教育发展具有革命性影响,没有教育信息化就没有教育现代化。"十三五"以来,教育信息化工作得到了党中央、国务院的高度重视,高校的信息化建设取得了显著的进展,高校包括人、财、物在内的各项管理工作基本都实现了信息化。教育管理工作信息化在显著提高工作效率的同时也储备了大量的数据资源,而传统的信息化更注重采集基本数据信息,虽加强了数据的存储、查询、整理功能,却没有利用数据的附加价值。例如,我们使用财务信息化系统,大大提高了制单、复核、记账、结账以及财务管理等工作的效率,但是财务信息化系统无法通过采集的数据信息分析经济业务的真实性、合理性。而大数据技术则注重对传统数据的提取和分析,主要研究数据间的关系,强调数据之间的关联性,通过对海量数据进行分析,得到未来发展趋势或者推断将来的可能性,从而实现智能分析、预测、预警和辅助决策的功能。因此,高校应充分考虑大数据技术的特点与优势,按照"问题导向化、策略数据化、预警自动化、监管全面化、结果有效化"的设计理念开展经费监管信息化工作。

三、高校经费监管信息化的设计思路

经济业务是经费监管的直接标的物，也就是经费监管的靶点，经济业务的合法、合规，也就意味着教育经费使用的合法合规。会计凭证包含着摘要、会计科目、金额、往来单位等各种信息，是教育经费使用主体对经济业务规范化的记录，是经费监管的直接对象。随着信息化技术的发展，数据处理的速度已经不再是监管信息化水平提高的关键，关键在于设计有效的监管策略，将信息载体（会计凭证）进行数据化处理，通过大数据技术分析数据间的内在关联，确保教育经费合理、合规使用。监控策略模型主要分为控制型策略与穿透型策略两类。

（一）控制型策略的特点及运用

控制型策略是通过对会计凭证中各项财务信息的监控，对违反监管策略设定的疑似问题业务实时预警，以便于管理人员及时发现问题，纠正偏差，确保教育经费按照预算及财务制度得到安全、合法、有效的使用。为实现经费监管的实时性，控制型策略一般与财务管理系统直接结合。控制型策略监控对象不是经济业务的原始资料，而是会计凭证中经过整理的会计信息，例如，对于零余额资金转实有资金账户的违规行为的监控，可以将监控策略设置为：当会计凭证中出现"零余额"科目的贷方金额与"银行存款"科目的借方金额相等时即触发预警，该条策略应用了"两个会计科目与两个金额共同监控一种违规行为"；对于"三公"经费违规使用行为的监控，可以将策略设置为：当会计凭证中经济分类为"公务接待费"且与"零余额"会计科目同时出现时即进行自动预警。结合会计信息设计监控策略可能会出现错误预警的现象，为了更精准地监控问题业务，减少错误预警，需要对监控策略进行更为详细的设计。例如，零余额资金转实有资金账户的业务中，可能包含社保费用、代扣所得税等可以转入实有资金账户的情况，这种情况是符合零余额资金管理规定的，当会计凭证中出现"零余额"科目的贷方金额与"银行存款"科目的借方金额相等时即触发预警，此时可能出现错误预警，那么我们可以加入一个条件，即在满足"零余额"科目的贷方金额与"银行存款"科目的借方金额相等的同时，"摘要"中不包含社保、个税等关键字的情况下触发预警。这就要求高校在设计监控策略模型初始，认真总结会计信息间的关系，针对一项业务，首先设计出基本的预警策略，再根据特殊情况进行完善，逐步提高预警的精确性，减少错误预警的数量。

控制型策略制定的重点在于总结会计信息的使用规律及其相互的内在关系，策略设计的核心思路是记账凭证包含会计信息相互间的牵制机制或者制衡机制。尽管各种经济业务需要设计不同的监控策略，但所有控制策略都围绕着一个中心点，即会计信息间的制衡关系而进行设计。由于控制型策略的监控对象是规范化的会计信息，这一类型的监控策略可以提高经费监管工作的效率，但经过规范整理的会计信息可能无法全面反映经济业务的真实情况,对于经济业务真实性的判断可能会出现偏差。

(二)穿透型策略的特点及运用

为了对经济业务的真实性进行判断,可以通过构造数据分析模型对特定时间或范围内的经济业务进行穿透式分析,即透过记账凭证中的会计信息,深入经济业务的实质,通过一段时间多项经济业务信息交叉比对,分析经济业务是否真实合理。穿透型策略不以单独的会计凭证为监控对象,而是以特定时间或范围内的全部会计凭证记载的信息为监控对象,并逐步扩展至高校整体经济业务原始信息资料。采用穿透式数据分析,透过业务表面挖掘经济业务之间的内在联系,从微观到宏观各个角度验证经济业务的真实性,对数据分析中超出阈值的交易触发预警。穿透型策略可用于在经济业务实施前进行可行性分析与风险评估,也可用于经济业务完成后总结经验、改进措施,进一步提高财务管理水平。

穿透型控制策略的特点可以归纳为纵向到底、横向到边。纵向到底是指深入挖掘经济业务除会计信息之外的财务或非财务信息,包括项目负责人、往来单位、交易频率、购买商品或服务种类等各种经济信息;横向到边指获取的分析数据范围要尽可能广,通过校内数据平台获取科研项目、资产、人事等校内信息,将获得的信息汇总后进行多层次分析比较,通过财务、资产等管理系统中的相关信息(经费来源、项目名称、项目负责人、往来单位等),分析出负责人频繁交易、项目频繁交易、企业频繁交易、突击花钱、虚构经济业务套取经费等违规行为(见图 1)。

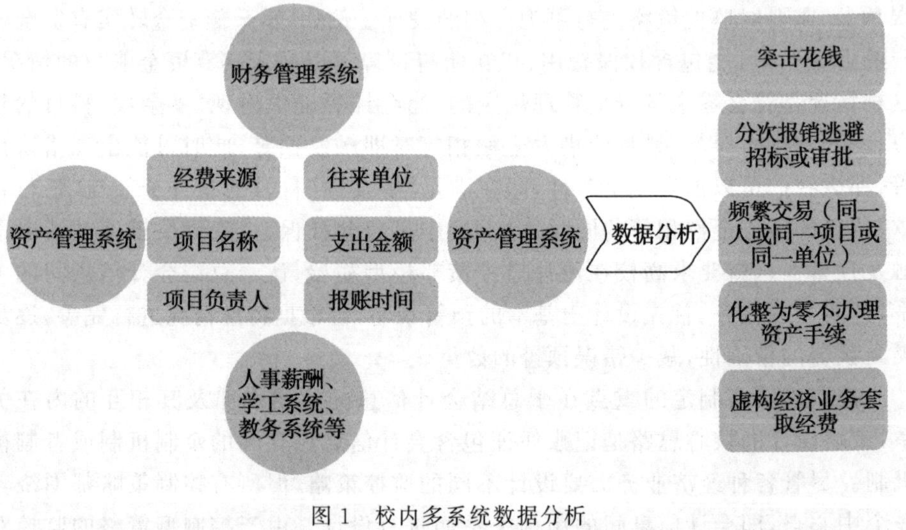

图 1 校内多系统数据分析

我们也可以通过连接外部数据库获取工商、税务等信息,以学校财务数据为中心，对校内外不同数据进行匹配，根据不同的问题模型，分析确认各类财务风险，例如"关联交易""交易企业状态异常""超企业经营范围交易""高频交易""高值交易""敏感交易"等。以关联交易为例，我们可以从财务系统中读取项目名称、交易金额、项目负责人、交易企业等信息，通过检索比对工商税务数据中法定代表人、股东或高级管理人员姓名等信息，发现学校项目负责人与交易企业的法定代表人、股东或高级管理人员为同一人的，则认为该笔交易为疑似关联交易（见图 2）。

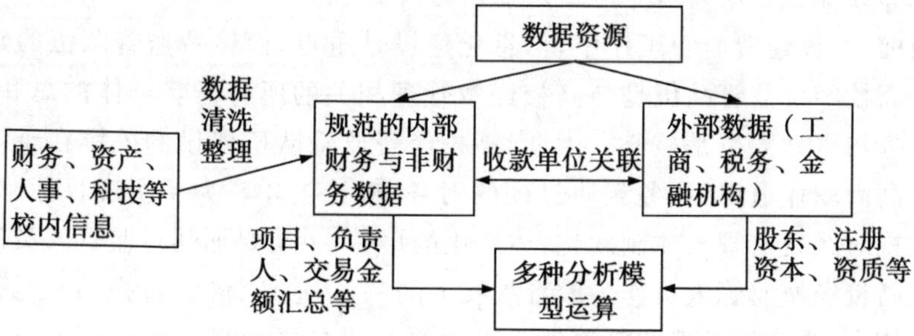

图 2　校内校外大数据分析

四、高校经费监管信息化建设的重点及建议

（一）加强对数据资源获取及利用的能力建设

高校经费监管信息化重点在于对教育经费进行数据分析，在技术层面主要存在以下两方面的难点：一是高校内控监管制度不完善，对经济业务整体流程的内控环节分析不够充分，未能分辨出有效的监控点，业财融合的能力不足，针对大量的财务或非财务基础数据，无法设计出有效的监控模型，无法最大限度地发挥数据效益。二是高校信息化建设水平不高，基础数据标准化工作不成熟，在学校各部门甚至在部门内部分布着大小不一的信息孤岛，数据资料采集量不够或数据质量不高，导致没有充足的数据支持实现监控策略模型的设计思路。

解决以上两方面的问题，一是要求学校进一步完善经费监管体制机制建设，开展经费监管专项研究与讨论，对审计、巡视中发现的问题提出监管思路和预防措施，再通过大数据的方式予以模型化。二是高校信息管理要加强顶层设计，统筹完善学校各业务系统建设，改变系统建设各自为政的状态。高校规范信息数据处理工作，将基础数据和业务数据标准化，在各业务部门管好数据源头治理的基础上，建立数据仓库或数据中心等数据共享平台，打破"信息孤岛"和"数据烟囱"的困扰，提升经费监管部门获取业务数据的全面性、准确性和及时性。

（二）努力提升高校经费监管系统的运行效率

高校经费监管信息化设计要关注运行效率，既要保证经费使用的安全合理，也要提高监管准确性,尽量减少对正常业务的干扰,而监控策略设计质量过关是提高经费监管效率的关键。在实践研究中发现,监控策略设计主要存在两方面的问题:一是部分监控策略存在与经济业务关联度不够、耦合度不紧密等问题,需要从监控规则适配度和管理自由度等方面对监控策略进行升级;二是部分监控策略为了增加预警敏感性,存在对正常经济业务报警的现象,这种错误的信息反馈可以通过算法升级、大数据自主学习优化预警阈值等方式予以避免,也可以通过设置不同的预警级别进行区分,有效提高稽核工作人员的工作效率。

(三)经费监管人才培养与业财融合的问题

当前,高校经费监管工作中,信息化建设是重点,而经费监管队伍的建设是关键。高校经费监管队伍是与高校经费管理相关的所有监督群体的总和,其中高校财务与审计人员是核心。因此,高校经费监管队伍建设的关键在于培养一批具有高尚职业道德、业务素质过硬的财务、审计人才。为了实现目标,高校应充分重视对经费监管人才制度化、体系化的培养:一是要加强对监管人员的思想教育。高校经费监管人员作为教育战线上的一员,应心怀"教育报国、立德树人"的初心使命,为高校经费监管事业贡献力量。二是要加强经费监管人员综合业务素质的培养,既要组织审计知识与国家法律法规的学习,使经费监管人员具备扎实的理论基础及实务知识,同时也要求经费监管人员掌握高校教学科研、经济管理的科学规律,跳出财务、审计思维局限,从管理业务角度分析问题,确保经费监管人员作出合理的职业判断、掌握问题实质。三是要加强对经费监管人员创新思维的培养,丰富监管人员的知识结构,拓展他们的知识框架,提高思维的敏锐度和分析、驾驭数据的能力,应对大数据背景下高校经费监管的工作要求。

主要参考文献

[1]田冠军,袁媛.大数据审计下的对外投资企业社会责任合规管理[J].财会月刊,2020(9):93-97.

[2]王栋.大数据智能经费监控系统在高校财务稽核中的研究与应用[J].经济师,2019(2):78-79.

[3]周代数.金融科技监管:一个探索性框架[J].金融理论与实践,2020(5):62-68.

[4]邹静.试论十三五教育经费监管模式创新[J].教育财会研究,2016(3):22-24.

[5]张丽,张明慧.高校科研经费的协同监管机制构建研究[J].教育财会研究,2017(2):55-58.

[6]周谡楠.大数据背景下的政府审计方法研究[D].杭州:浙江工商大学,2019.

[7]王艺.大数据背景下地方政府审计信息化建设研究[D].上海:上海师范大学,2017.

[8]陈志伟.大数据方法论的新特征及其哲学反思[J].湖南师范大学社会科学学报,2020(1):25-31.

[9]刘垠聪,胡兵.高校经费监管软环境分析及创新研究[J].教育财会研究,2020(3):67-70.

[10]夏德玲,刘殿红.智慧校园下高校科研经费生态型监管模式研究[J].中国管理信息化,2021(15):206-210.

[11]耿晓霞等.高等学校财务管理改革创新研究[J].教育财会研究,2021(2):24-27.

[作者单位:中国石油大学(华东)财务处]

高校执行政府会计制度的有效性研究

——以A大学为例

刘 扬　魏利平　李秀艳　李凯南

【摘要】 截至2021年年底，政府会计制度落地执行已经过三个完整的会计年度，对制度执行效率和效果的探讨被提上议程。本文构建了高校政府会计制度执行效果评价指标体系，以A大学为例详细评价高校执行政府会计制度的有效性；根据评价的结果和发现的问题，提出相应建议。

【关键词】 政府会计　评价指标体系　层次分析法　模糊综合评价法

一、引言

截至2021年年底，政府会计制度落地实施并有序推进已经过三个完整的会计年度，对制度执行效率和效果的探讨被提上议程。由于我国政府会计标准体系处于建立的初级阶段，制度执行面临复杂的内外环境，现有针对执行成效的研究多为理论推演，构建理想化的制度实施机制，对执行效果的评价缺乏实践支撑。因此，本文将研究视角聚焦于高校这一相对独立的个体，构建高校政府会计制度执行效果评价指标体系；以A大学为例评价政府会计制度执行的有效性，查摆问题并提出相应的建议，为提高政府会计制度执行成效，持续推进政府会计改革提供参考。

二、高校政府会计制度执行效果评价指标体系的构建

通过梳理学者们的研究成果，我们发现，政府会计制度执行的主要影响因素包括准则体系完备程度、会计主体行为选择、利益群体认知水平和配套机制协同程度四个方面。本文将采用层次分析法构建评价指标体系，以高校政府会计制度执行效果为目标层，以上述四个影响因素为一级指标，并将一级指标的影响要素进一步分解细化为二级指标，构建高校政府会计制度执行效果评价指标体系，如表1所示。

表1　高校政府会计制度执行效果评价指标体系

目标层	一级指标	二级指标
高校政府会计制度执行效果 X	准则体系完备程度 X_1	会计制度可操作性 X_{11}
		配套制度完善程度 X_{12}
	会计主体行为选择 X_2	账务处理 X_{21}
		报表编制 X_{22}
		会计控制 X_{23}
	利益群体认知水平 X_3	决策者科学决策 X_{31}
		内部利益群体监督 X_{32}
		外部利益群体监督 X_{33}
	配套机制协同程度 X_4	财务人员业务能力 X_{41}
		多部门沟通互联 X_{42}
		信息数据协同 X_{43}

三、高校执行政府会计制度的效果评价

(一)案例背景

A大学是一所办学历史近70年,以工为主、石油石化特色鲜明、多学科协调发展的教育部直属重点高校。作为政府会计改革的试点单位之一,A大学自2018年起在学校层面成立了政府会计制度改革小组,扎实推进政府会计改革工作,顺利完成财务系统升级和新旧制度衔接,实现了政府会计制度在学校的平稳运行。总体上看,A大学在政府会计制度执行方面表现出起步早、高层重视、基础扎实、稳步推进的特点,但在制度制定和落地执行的交互过程中也存在一些问题,影响了制度的执行效果。

(二)执行效果评价

1.执行效果评价过程

本文首先聘请六名在高校长期从事会计工作、具有高级职称的会计人员为专家,分别对各层次指标进行比较评分,再按照专家职务和资历作为权重,求得指标评分的加权平均值,构造判断矩阵。其次利用matlab软件求得判断矩阵最大特征值λ_{max}和CR值,并进行一致性检验。最后得出各层次指标权重W_{ij}($i/j=1,2,3,4$)。判断矩阵和各指标权重如表2至表6所示。

表2 一级指标判断矩阵

	准则体系完备程度 X_1	会计主体行为选择 X_2	利益群体认知水平 X_3	配套机制协同程度 X_4	权重 W_i
准则体系完备程度 X_1	1	3	5	7	0.5713
会计主体行为选择 X_2	1/3	1	5	3	0.2568
利益群体认知水平 X_3	1/5	1/5	1	1/3	0.0624
配套机制协同程度 X_4	1/7	1/3	3	1	0.1095

根据一级指标判断矩阵得出一致性检验结果 $\lambda_{max}=4.2370$，$CR=0.0888<0.1$，通过一致性检验。

表3 准则体系完备程度 X_1 的判断矩阵

	会计制度可操作性 X_{11}	配套制度完善程度 X_{12}	权重 W_{1j}
会计制度可操作性 X_{11}	1	3	0.7500
配套制度完善程度 X_{12}	1/3	1	0.2500

二阶判断矩阵本身具有完全一致性，因此不需要进行一致性检验。

表4 会计主体行为选择 X_2 的判断矩阵

	账务处理 X_{21}	报表编制 X_{22}	会计控制 X_{23}	权重 W_{2j}
账务处理 X_{21}	1	2	4	0.5584
报表编制 X_{22}	1/2	1	3	0.3196
会计控制 X_{23}	1/4	1/3	1	0.1220

根据会计主体行为选择 X_2 的判断矩阵得出一致性检验结果 $\lambda_{max}=3.0183$，$CR=0.0176<0.1$，通过一致性检验。

表5 利益群体认知水平 X_3 的判断矩阵

	决策者科学决策 X_{31}	内部利益群体监督 X_{32}	外部利益群体监督 X_{33}	权重 W_{3j}
决策者科学决策 X_{31}	1	2	3	0.5396
内部利益群体监督 X_{32}	1/2	1	2	0.2970
外部利益群体监督 X_{33}	1/3	1/2	1	0.1634

根据利益群体认知水平 X_3 的判断矩阵得出一致性检验结果 $\lambda_{max}=3.0092$，$CR=0.0088<0.1$，通过一致性检验。

表6 配套机制协同程度 X_4 的判断矩阵

	财务人员业务能力 X_{41}	多部门沟通互联 X_{42}	信息数据协同 X_{43}	权重 W_{4j}
财务人员业务能力 X_{41}	1	3	4	0.6250
多部门沟通互联 X_{42}	1/3	1	2	0.2385
信息数据协同 X_{43}	1/4	1/2	1	0.1365

根据配套机制协同程度 X_4 的判断矩阵得出一致性检验结果 $\lambda_{max}=3.0183$，$CR=0.0176<0.1$，通过一致性检验。

设置评语集 B=(优 良 中 差)，请六名专家分别对二级指标作出评价，计算每个二级指标的隶属度矩阵 $\boldsymbol{R}_n$（$n=1,2,3,4$），如表7至表10所示。

表7 准则体系完备程度 X_1 的评语集及隶属度矩阵

	评语集				隶属度矩阵 $\boldsymbol{R}_1$			
	优	良	中	差				
会计制度可操作性 X_{11}	2	3	1	0	1/3	1/2	1/6	0
配套制度完善程度 X_{12}	0	3	3	0	0	1/2	1/2	0

表8　会计主体行为选择 X_2 的评语集及隶属度矩阵

	评语集				隶属度矩阵 R_2			
	优	良	中	差				
账务处理 X_{21}	4	2	0	0	2/3	1/3	0	0
报表编制 X_{22}	3	2	1	0	1/2	1/3	1/6	0
会计控制 X_{23}	2	3	1	0	1/3	1/2	1/6	0

表9　利益群体认知水平 X_3 的评语集及隶属度矩阵

	评语集				隶属度矩阵 R_3			
	优	良	中	差				
决策者科学决策 X_{31}	4	2	0	0	2/3	1/3	0	0
内部利益群体监督 X_{32}	0	2	3	1	0	1/3	1/2	1/6
外部利益群体监督 X_{33}	0	1	3	2	0	1/6	1/2	1/3

表10　配套机制协同程度 X_4 的评语集及隶属度矩阵

	评语集				隶属度矩阵 R_4			
	优	良	中	差				
财务人员业务能力 X_{41}	4	2	0	0	2/3	1/3	0	0
多部门沟通互联 X_{42}	2	3	1	0	1/3	1/2	1/6	0
信息数据协同 X_{43}	1	3	2	0	1/6	1/2	1/3	0

根据隶属度矩阵 $\boldsymbol{R}_n$ 和各层次指标权重 W_{ij}，按照 $\boldsymbol{P}=\boldsymbol{W}\times\boldsymbol{R}$，计算各层次指标综合评价系数，具体结果如表11所示。

$$\boldsymbol{P}_1=\boldsymbol{W}_{1j}\times\boldsymbol{R}_1=(0.7500\ 0.2500)\times\begin{bmatrix}1/3 & 1/2 & 1/6 & 0\\ 0 & 1/2 & 1/2 & 0\end{bmatrix}$$

$$=(0.2500\ 0.5000\ 0.2500\ 0)$$

$$\boldsymbol{P}_2=\boldsymbol{W}_{2j}\times\boldsymbol{R}_2=(0.5584\ 0.3196\ 0.1220)\times\begin{bmatrix}2/3 & 1/3 & 0 & 0\\ 1/2 & 1/3 & 1/6 & 0\\ 1/3 & 1/2 & 1/6 & 0\end{bmatrix}$$

$$=(0.5727\ 0.3537\ 0.0736\ 0)$$

$$P_3 = W_{3j} \times R_3 = (0.5396\ 0.2970\ 0.1634) \times \begin{bmatrix} 2/3 & 1/3 & 0 & 0 \\ 0 & 1/3 & 1/2 & 1/6 \\ 0 & 1/6 & 1/2 & 1/3 \end{bmatrix}$$

$$= (0.3597\ 0.3061\ 0.2302\ 0.1040)$$

$$P_4 = W_{4j} \times R_4 = (0.6250\ 0.2385\ 0.1365) \times \begin{bmatrix} 2/3 & 1/3 & 0 & 0 \\ 1/3 & 1/2 & 1/6 & 0 \\ 1/6 & 1/2 & 1/3 & 0 \end{bmatrix}$$

$$= (0.5189\ 0.3958\ 0.0852\ 0)$$

记A大学政府会计制度执行效果 X 的综合评价系数矩阵为 $\boldsymbol{R}$，则：

$$\boldsymbol{R} = \begin{pmatrix} \boldsymbol{P}_1 \\ \boldsymbol{P}_2 \\ \boldsymbol{P}_3 \\ \boldsymbol{P}_4 \end{pmatrix} = \begin{bmatrix} 0.2500 & 0.5000 & 0.2500 & 0 \\ 0.5727 & 0.3537 & 0.0736 & 0 \\ 0.3597 & 0.3061 & 0.2302 & 0.1040 \\ 0.5189 & 0.3958 & 0.0852 & 0 \end{bmatrix}$$

一级指标权重 $\boldsymbol{W} = (\boldsymbol{W}_1\ \boldsymbol{W}_2\ \boldsymbol{W}_3\ \boldsymbol{W}_4) = (0.5713\ 0.2568\ 0.0624\ 0.1095)$，因此A大学政府会计制度执行有效性评价的结果为：

$$\boldsymbol{P} = \boldsymbol{W} \times \boldsymbol{R} = (0.5713\ 0.2568\ 0.0624\ 0.1095) \times \begin{bmatrix} 0.2500 & 0.5000 & 0.2500 & 0 \\ 0.5727 & 0.3537 & 0.0736 & 0 \\ 0.3597 & 0.3061 & 0.2302 & 0.1040 \\ 0.5189 & 0.3958 & 0.0852 & 0 \end{bmatrix}$$

$$= (0.3692\ 0.4389\ 0.1854\ 0.0065)$$

表11　综合评价系数

	评语集			
	优	良	中	差
A大学政府会计制度执行效果 X	0.3692	0.4389	0.1854	0.0065
准则体系完备程度 X_1	0.2500	0.5000	0.2500	0
会计主体行为选择 X_2	0.5727	0.3537	0.0736	0
利益群体认知水平 X_3	0.3597	0.3061	0.2302	0.1040
配套机制协同程度 X_4	0.5189	0.3958	0.0852	0

2.执行效果评价结果

本文用 $\boldsymbol{Q} = (q_1, q_2, q_3, q_4)^{\mathrm{T}}$ 表示政府会计制度执行效果的最终得分，满分为10分，按照等差值打分，则 $q_1 = 10$ 分，$q_2 = 7.5$ 分，$q_3 = 5$ 分，$q_4 = 2.5$ 分。0—

2.5 分表示制度执行效果较差,2.5—5 分表示制度执行效果一般,5—7.5 分表示制度执行效果良好,7.5—10 分表示制度执行效果非常好。结合上文得出的综合评价系数,计算出一级指标的评分值和 A 大学政府会计制度执行效果总分值。

准则体系完备程度 X_1 的评分值 $\boldsymbol{Q}_1=\boldsymbol{P}_1\times(10,7.5,5,2.5)^{T}=7.5000$(分)

会计主体行为选择 X_2 的评分值 $\boldsymbol{Q}_2=\boldsymbol{P}_2\times(10,7.5,5,2.5)^{T}=8.7478$(分)

利益群体认知水平 X_3 的评分值 $\boldsymbol{Q}_3=\boldsymbol{P}_3\times(10,7.5,5,2.5)^{T}=7.3038$(分)

配套机制协同程度 X_4 的评分值 $\boldsymbol{Q}_4=\boldsymbol{P}_4\times(10,7.5,5,2.5)^{T}=8.5835$(分)

A 大学政府会计制度执行效果 X 的总分值 $\boldsymbol{Q}=\boldsymbol{P}\times(10,7.5,5,2.5)^{T}=7.9270$(分)

总评分位于 7.5—10 分,说明 A 大学政府会计制度执行效果非常好,但一级指标的评分值和总分值距离满分还存在一定差距。其中,准则体系完备程度为 7.5 分,处于执行效果良好的临界值;利益群体认知水平为 7.3038 分,执行效果良好。根据以上得分情况,结合 A 大学执行政府会计制度过程中的具体做法,我们认为,影响制度有效性的问题包括以下几点。

(1)准则体系完备程度方面,部分条款可操作性差,配套制度有待完善。新的政府会计制度引入了企业会计准则的部分内容,旨在全面反映会计主体的财务状况,但由于判断标准过于原则化,缺少行业的特殊性,部分条款在实际操作中难以被准确把握,使 A 大学的制度执行效率大打折扣。例如制度规定,对采用预收款或应收款方式核算的科研收入,在财务会计中按照“合同完成进度”确认。由于高校科研项目管理相对复杂,在没有针对收入确认的具体准则或指南的情况下,A 大学不得不采用“以支定收”的方式确认收入,但常常出现费用列支与合同完成进度脱节的情况。另外,与政府会计改革相呼应的预算管理、内部控制、绩效管理等改革措施在顶层设计中没有整合统一,导致包括 A 大学在内的高校无法整合有限的资源,只能以碎片式资源应对碎片式工作。

(2)会计主体行为选择方面,部分账务处理有待规范,报表编制和会计控制有待加强。虽然 A 大学注重会计核算基础工作,按照制度的要求进行账务处理,但由于部分条款执行成本大于预期收益,A 大学选择等待更明确的制度出台再执行。例如制度规定,从事研究(开发)及其辅助活动人员的薪酬在“研发支出”这一科目归集。但在高校,教师承担教学科研双重任务,区分教学、研发的工作量涉及院系、教务、科技、人事、财务等职能部门,执行成本颇高,因此 A 大学选择暂不执行此条款。高校日常业务涉及的单位广泛,在编制财务报表的过程中,由于单位基础信息表提供的信息有限,A 大学在根据单位的隶属关系判断类别时存在困难,基础信息的日常维护工作需要进一步加强。

(3)利益群体认知水平方面,多数利益相关者认知相对固化。财政拨款历来是A大学的主要收入来源，利益相关者大多数对资金的认识还停留在“供养”上，对资源使用效率、成本控制、财务风险等信息关注较低，直接影响了政府会计制度在高校的执行效果。A大学现有教职工3000余人、全日制学生28000余人，但在学校信息公开网站上，部门预决算的浏览次数普遍在1000次左右，明显低于学校师生总数，说明A大学利益群体对学校财务信息的重视程度不够，缺乏利用会计信息进行决策和监督的主动性。当然这与我国高校机械、被动地公开信息的大环境密切相关。一方面，高校现阶段公开的财务信息采用统一格式和专业术语，晦涩难懂，多数利益群体仿佛“财务文盲”，无法提出意见或建议；另一方面，《高等学校信息公开办法》和《高等学校信息公开事项清单》的出台似乎为高校提供了信息公开的最低标准，利益群体获得的财务信息有限，政府会计的监督制约效应未得到彰显。

(4)配套机制协同程度方面，财务人员业务能力有待提升，部门沟通联络机制有待加强，信息数据协同程度不足。首先，受原有收付实现制的会计核算模式和理念的潜在干扰，A大学财务人员在不同程度上仍然存在认识上的“路径依赖”，影响政府会计制度的执行效果；其次，A大学“人财务”协同格局仍未形成，财务、资产、审计、采购、监察等部门的沟通联络机制不完善，难以覆盖学校财务治理的方方面面。另外，A大学在信息化建设方面虽已初步实现了基础数据流转、存储和查询，但仍无法实现跨部门、跨系统的数据有效串联和分析研判，缺乏自动稽核管理机制，信息沟通交换成本较大，业财融合程度不足。比如受管理手段及信息数据条件的制约，A大学尚未实现对水电气暖等能源费用的细化分摊，不能满足学校开展成本核算的需要。

四、结论和建议

实施并推进政府会计改革是高校的一次自我革新。基于已有文献，本文首先构建了高校政府会计制度执行效果评价指标体系；其次通过具体案例评价高校执行政府会计制度的有效性，并对结果进行简要分析。根据发现的问题，本文提出以下建议。

(一)完善政府会计改革顶层设计

“十四五”时期政府会计改革的重点任务是健全完善政府会计标准体系并推进全面有效实施。建议针对高校这一具体行业的业务性质，细化和完善顶层设计。一是在完善政府会计标准体系的基础上细化高校特殊会计业务规定，结合高校实际情况对会计要素的确认条件、确认时点和计量方式作出具体规定，统一口径，提高高校会计信息的可比性。二是科学设计和完善高校财务报告分析应用体系，构建全方位反映高校财务运行状况、定性与定量相结合的分析指标体系，加大分析报告的应用力度，与高校资源配置、绩效考核等挂钩。三是细化和完善高校财务报告审计规范,建立健全高校信息公开机制。四是积极推进高校成本核算政策落地落实,科学反映高校运行成本,对资源耗费等情况进行合理评判,为科学评价高校受托责任履行情况提供真实、有效、可比的信息。

(二)强化会计主体执行力度

由于政府会计制度的执行行为受预期收益和预期成本影响,因此建议从增加预期收益或降低预期惩罚成本两个方面强化高校的执行力度。在国家层面上,首先是应加强法律法规建设,2017年修订的《会计法》仅对公司、企业会计核算作出特别规定,未对政府会计核算进行规定,因此应继续修订《会计法》,明确政府会计核算的法律地位,增强政府会计实施的权威性和刚性约束力。其次是应加大外部监督抽查力度,建立监督抽查机制,定期抽查高校执行情况,对违规高校采取通报批评、督促整改等处罚措施,提高制度违规执行的惩罚成本。最后是应建立利益引导机制,将政府会计制度的执行情况同财政拨款挂钩,以经费手段推动高校优化执行行为。在高校层面上,一是增强制度执行意识,高度认同政府会计改革的价值,并落实到实际工作中;二是结合实际加强理论研究,确保制度在执行过程中"不变形""不走样";三是提升高校财务治理水平,合理选择经济业务履行方式,缩小会计人员判断范围,降低账务处理差错率,提升会计信息质量;四是加强政府会计信息的实际应用,从高校治理的角度引导、培育信息使用者,提高会计信息在高校各项决策中的有用性,提升制度执行的预期收益。

(三)构建全方位协同保障机制

宏观层面上,首先,应加强制度协同,做好政府会计改革和预算、绩效、审计等领域改革的深度融合,转变会计主体的工作机制,强化政府会计制度的执行成效。其次,应注重政府会计人力资源建设,除加强现有政府会计人员职业技能培训外,还应从学历学位教育和资格考试入手,在会计专业课程中提高政府会计知识比重,在会计专业技术资格考试和注册会计师考试中增加政府会计相关内容,壮大政府会计人才队伍。最后,应建立健全内外监督体系,加强内外部审计,对制度执行过程及结果追踪问责,注重对传播媒介的应用,利用社会公众和新闻媒体有效实施监督。

微观层面上,高校应加强财务队伍建设,通过"请进来"和"走出去"拓宽政府会计培训渠道和问题解决途径,提升财务人员"业财双通"的能力;重构资产管理、合同管理、内部控制等业务流程,搭建内部财务共享中心和外部数据开放共享平台,鼓励多元主体共同参与高校治理,构建"大财务"格局,提升政府会计制度执行效率;同时,以"互联网+"、大数据和人工智能为背景,立足高校整体构建深度交互的"业财融合"信息化系统,强化会计信息基础数据的场景应用,实现数据在高校治理中的高度融合、深度挖掘,以高质量的会计信息辅助决策,支持高校全方位可持续发展。

主要参考文献

[1]财政部.会计改革与发展“十四五”规划纲要[EB/OL].(2021-11-24)[2022-12-21].https://www.gov.cn/zhengce/zhengceku/2021-11/30/5654912/files/1c9b024220cc4fc4889f338cb03b3883.pdf.

[作者单位:中国石油大学(华东)]

预算管理制度改革背景下地方高校预算管理思路创新

——以山东省A高校为例

崔大同　张盼盼

【摘要】《国务院关于进一步深化预算管理制度改革的意见》强调,要通过进一步深化预算管理制度改革,规范管理、提高效率、挖掘潜力、释放活力。目前,山东省属高校财务正处于紧平衡状态,收支矛盾较为突出。在此背景下,以院校两级预算管理体制改革为突破口,进行预算管理思路创新,是深化教育综合改革的重要手段。本文选取了国内部分高校作为调查对象,通过经验梳理,结合山东省A高校办学实际,进行了院校两级预算管理体制改革实施方案设计,以期为省属高校提供创新思路。

【关键词】 预算管理　预算管理制度改革　院校两级预算

一、国内高校院校两级预算管理体制改革现状

(一)部属、山东省属院校情况

山东省属院校与部属院校发展规模差异较大,预算总量相差甚远,如表1所示。

表1　2023年部分教育部直属高校和山东省属高校预算情况

学校名称	收入总计(亿元)	学校名称	收入总计(亿元)
清华大学	410.93	山东第一医科大学(山东省医学科学院)	41.08
浙江大学	309.01	齐鲁工业大学	40.75
上海交通大学	265.16	青岛大学	28.26
北京大学	222.47	山东师范大学	23.15

续表

学校名称	收入总计(亿元)	学校名称	收入总计(亿元)
中山大学	197.14	山东农业大学	23.13
复旦大学	178.69	山东科技大学	22.28
山东大学	166.58	济南大学	20.27
同济大学	152.04	鲁东大学	20.12
武汉大学	151.36	青岛科技大学	20.07
西安交通大学	146.29	烟台大学	20.01
东南大学	145.49	山东理工大学	18.78
华中科技大学	137.37	山东财经大学	18.62
华南理工大学	125.26	临沂大学	18.43
四川大学	124.01	青岛农业大学	18.09
中南大学	120.00	曲阜师范大学	17.84
北京师范大学	115.69	山东建筑大学	16.39
厦门大学	113.17	青岛理工大学	13.73
大连理工大学	106.13	聊城大学	13.40
吉林大学	104.72	山东中医药大学	13.24
中国人民大学	104.48	山东交通学院	11.95
南京大学	97.49		

从资金规模角度来看,山东省属院校与部属院校差异较大。但是部属院校对院校两级预算管理体制进行的探索实践,仍然是我们经验借鉴的良好路径。

郭德红、林光彬、洪煜在《关于校院两级管理体制改革的思考》一文中对国内高校推进校院两级管理体制改革模式进行了研究,本文梳理总结如表2所示。

表 2　国内部分高校校院两级管理体制改革模式

	主要做法
以北京大学为代表——完善聘约模式	完善教师聘期合约、考核与晋升标准,按照一流管理者的标准聘请院级领导,明确党政领导班子职责分工和运行机制,推动资源配置向院系倾斜。推动校部机关改革。按照"管办分离"和"收支两条线"原则,剥离管理服务部门的直接办学职能和成本补偿服务项目
以上海交通大学、中山大学为代表——目标协议模式	一是推动综合预算改革。试点学院提出学院年度预算,提交学校审核,批准同意后,学校将经费打包给学院,学院可在预算框架内自主支配。二是以协议授权和目标责任清单形式将部分权力下放给学院。学校按照授权协议对执行情况进行抽查或定期核查,如发生严重问题,展开问责
以复旦大学为代表——下放权力模式	一是对校级行政部门精兵简政。二是办学资源"打包"下放。三是强化监督机制。四是建立学院权力负面清单等
以武汉大学、厦门大学、华中师范大学、西北工业大学等校为代表——财务导向模式	以财务管理和预算编制为突破口,学校财务管理模式由"统一领导、集中管理"逐步过渡到"统一领导、分级管理、集中核算"的运行模式,以财务预算改革带动校院两级管理体制改革
以北京师范大学为代表——学部学科模式	依托学部制改革,全面下放办学自主权,简化学校对学部的各类行政审批,给予学部更多的人事管理权、资源配置权、教学改革权等办学自主权

此外,浙江大学在 2020 年 5 月启动了校院两级预算管理体制改革,首批试点院系 5 家,同年 9 月扩展至 10 家。2021 年 5 月新增第二批试点院系 8 家。其改革主要围绕"扩大院系财务自主权,提升院系科学理财能力,提高院系整体绩效水平,为学校实现可持续发展提供坚实的财力保障"这一总体目标开展工作。

山东大学在 2020 年出台了《山东大学学院综合预算改革实施方案(试行)》,选取部分学院进行了综合预算改革试点,构建起由基础发展经费、重点学科建设经费和引导性专项经费等三类经费组成的预算体系。同时强调要适时调整经济分配政策,充分调动学院自筹收入积极性,完善学院绩效考核机制,注重考核结果运用。

（二）山东省属高校情况

2023年，有两所山东省属高校预算超过了40亿元。通过调研发现，省属高校目前面临的收支矛盾问题比较突出。如何激发学院的内生动力，解决好资金压力大、资源配置效益低等问题，成为省属高校面临的挑战。

山东农业大学早在2015年就进行了关于校院两级预算管理体制改革实践。其主要做法为：学校将资金切块分配给职能部门，由其根据业务性质，采用因素法进行经费二次划拨。其实质仍然是学校在有限的经费条件下对学院发展实施兜底保障。

山东第一医科大学（山东省医学科学院）在2022年5月修订了学院预算管理办法。学校拨款分为基础性拨款、绩效性拨款和竞争性拨款三类。其中绩效性拨款中的绩效考核部分引入了院内综合分类考核和财务管理考核因子，但仍然是总量兜底保障。竞争性拨款部分，由各职能部门进行统筹安排。

（三）国内高校改革经验总结

通过分析可以看出，部属高校和省属高校关于改革有诸多共同点：两者都围绕着把学院作为办学实体、下移管理重心、充分落实学院办学自主权、实现事权与财权相匹配这一目标进行；把目标责任制与激励机制、监督机制相结合，作为激发学院办学内生动力和创新活力、推动学校高质量发展的重要手段。但是，改革不是一蹴而就的，具体怎么改，是一步到位还是局部先行，是全面铺开还是试点推进，需要结合学校的办学实际稳步推进。

二、省属高校预算管理现状分析——以山东省属A高校为例

（一）A高校预算管理机制现状

A高校预算按财政年度编制，由校级预算和校内预算组成。本次研究只针对校内预算展开。A高校目前实行的是一级预算管理机制。学校仅对院级单位教学业务费进行定额拨付，人员经费及专项资金均由业务归口部门进行管理分配。其中人员经费包括高层次人才经费等，均由学校兜底保障。

（二）A高校预算管理机制存在的主要问题

一是财权主要集中在职能部门。与学院发展相关的专项经费均由部门统一分配，由学院具体执行。财权和事权的不统一，造成学院办学积极性、主动性和创造性都明显不足。二是职能部门监管责任无法有效落实。职能部门申请的专项经费经二次划拨至院级单位，职能部门既不能对经费开支范围和合规性进行有效监管，也无法实现对分配资金的实时有效调度，换言之，无法有效实现“谁花钱，谁负责，谁编制预算”。三是学校层面资金压力过大。一方面，目前学校尚未实现真正意义上的“零基预算”，学院经二次分配取得的项目资金留存余额较大，无法有效控制年度预算支出；另一方面，学校对院级单位的兜底经费压力过大。

四是学院缺乏项目库管理理念。学院内生动力不足,对项目实施可行性、必要性论证不足,出现执行效率较低、资金反复跨年留存现象。以上均制约了资金使用效益的有效发挥。

(三)A 高校 2021—2023 年预算收支情况分析

通过图 1 数据可以看出,近年来 A 校可支配财力与正常运转发展所需经费之间尚有较大缺口。在此背景下,拓展筹资渠道、激发学院的创收积极性,成为解决此矛盾的主要方向。

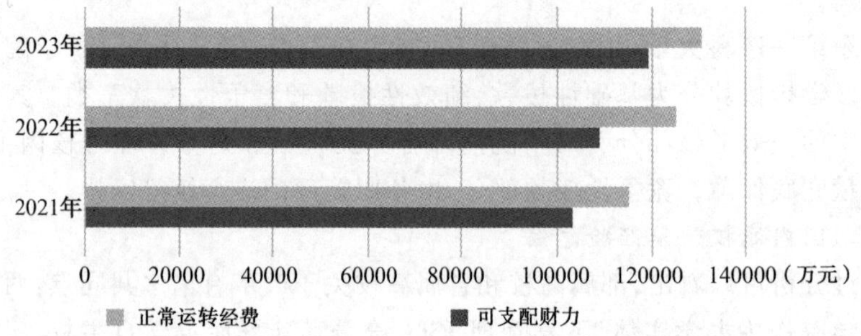

图 1　A 大学 2021—2023 年可支配财力与正常运转经费情况

三、A 高校学院综合财务现状分析

(一)学院基本情况

目前,A 高校共设有 21 个院系,涉及文科、理科、艺术、体育、外语等学科,在学生数量、学费收入、职工人数、人才管理、学科建设、科研创收、社会服务创收等多方面均存在差异(见表 3)。

表 3 A 高校学院办学基本情况

部门名称	本科生人数（人）	留学生人数（人）	研究生人数（人）		本科生学费（万元）	研究生学费（万元）	教职工人数（人）					高层次人才数量（人）		
			硕士	博士			合计	高级	副高	中级	初级	合计	国家级	省部级
合计	25953	132	7563	585	13788	7822	2194	341	690	912	76	121	42	79
文学院	1627	2	459	55	680	442	120	26	36	45	3	9	2	7
外国语学院	1550		198		623	168	157	13	38	83	11	1		1
历史文化学院	1123		244	18	474	226	78	12	22	36	4	3	2	1
马克思主义学院	949		284	69	360	291	113	23	39	32	13	6	6	
数学科学学院	1446		365	23	639	338	115	18	38	50	4	5	2	3
物理与电子科学学院	1836	5	546	43	771	521	163	36	57	58	5	19	5	14
化学化工与材料科学学院	1455		404	82	666	392	156	28	59	57	3	22	6	16
生命科学学院	1677	9	668	51	654	645	141	30	36	63	4	17	7	10
地理与环境学院	1499	2	335	33	706	317	116	20	34	50	4	6		6

续表

部门名称	本科生人数（人）	留学生人数（人）	研究生人数（人）		本科生学费（万元）	研究生学费（万元）	教职工人数(人)					高层次人才数量(人)		
			硕士	博士			合计	高级	副高	中级	初级	合计	国家级	省部级
信息科学与工程学院	1556		561	45	672	552	138	19	44	66	3	12	3	9
体育学院	1248		288		569	270	106	16	37	33	4			
美术学院	824		268	16	688	270	80	11	25	35	3	2		2
音乐学院	1625		295	2	1496	279	93	8	28	36	2	2	1	1
新闻与传媒学院	1136		314		799	296	82	8	28	36	2	1	1	
心理学院	627	7	380	43	294	371	66	16	23	21		6	4	2
经济学院	825	10	153	19	406	158	78	8	23	40	2	3	1	2
法学院	771		185		365	173	59	6	14	31	2			
公共管理学院	811	1	438		356	635	58	6	16	29		1	1	
国际教育学院	360	132	93		154	90	39	4	12	14	2			
商学院	1822	26	654	20	2006	952	139	15	45	67	3	2		2
教育学部	1186	1	431	56	410	436	97	18	36	30	2	4	1	3

（二）学校对学院投入情况

本次调研中，就学校对学院的投入部分，我们对创收项目和科研项目进行了剔除，仅包括学校预算分配项目。具体情况如图 2 所示。

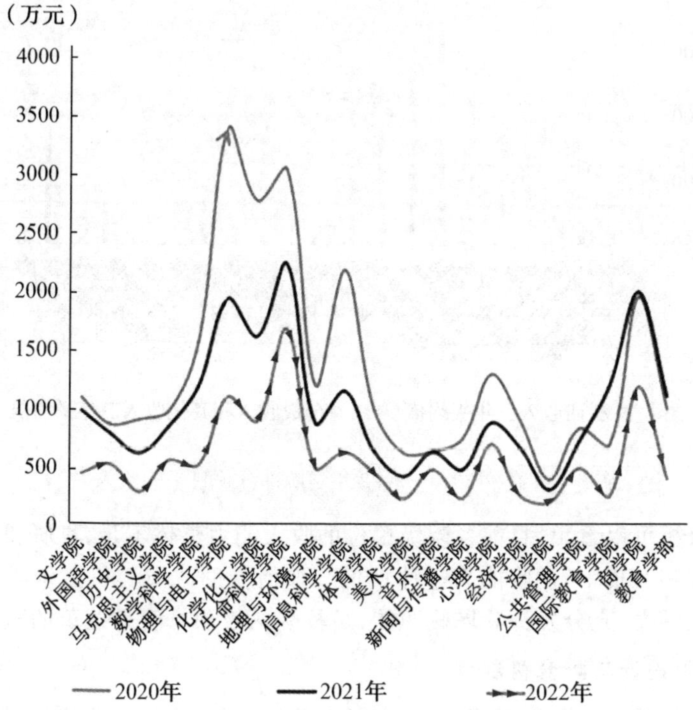

图 2　2020—2022 年 A 高校投入各学院情况

可以看出，一方面，学校投入相对比较集中，对部分学科倾斜明显；另一方面，学校总体投入有所下降，学校资金日益趋紧。因此，该大学亟须建立更为合理的投入机制，既能激发学院办学内生动力，又能为学院良性发展提供保障。

（三）学院收入能力情况

该部分调研主要侧重分析学院开源增收能力。基于非同级财政拨款来源的不确定性，本次研究选取科研收入、分成收入和其他收入进行了分析。如图 3 所示。

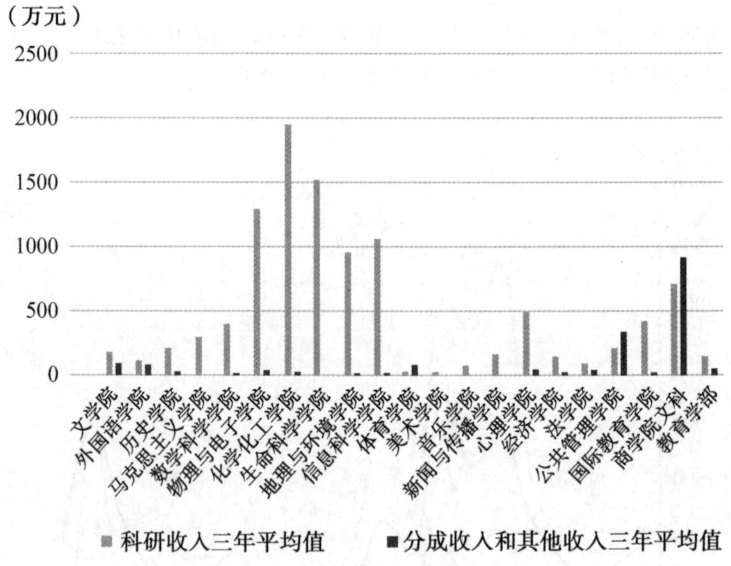

图3　A高校2020—2022年学院部分项目平均收入

通过分析可以看出,目前各院级单位的收入能力整体不足,科研和分成收入在部分学院相对集中,创收能力整体偏低。如何借助改革契机激发学院的内生动力和发展活力,充分发挥其增收职能,是校院两级预算管理改革的重要目标。

四、方案设计与配套机制

要进行校院两级预算管理改革,有两个前提条件:一是需要解决好学院项目沉淀资金清理问题;二是需要厘清校、院及职能部门的人权、事权和财权。

一方面需要摸清财力家底,尤其是对可支配财力和保障性经费支出要做好统计分析;另一方面也需要协同相关职能部门对学院办学规模、学生人数、教职工人数、人才引进情况、学校投入情况、科研收入能力、社会服务创收能力、学科发展能力、学费收费情况、绩效支出、运行支出、课时量、实验数量、实习具体情况等进行综合梳理。

(一)方案设计

1.基础性拨款

采用“综合定额+因素法”进行核定。综合定额是指以学校近三年年度预算总收入,扣除必须支出的人员经费、各项运行经费、财政专项经费、科研经费、学校重点发展项目资金、绩效工资总量等后的可支配财力为基数,计算出标准学生生均定额。因素法是指综合考虑各学院的基础条件、办学规模、学科特点、建设目标等客观因素,确定适当的因素调整系数,为学院教学运行提供合理水平的经费保障。学校将根据校院两级预算改革实施情况和学院发展实际需要，适时调整学校层面负担的经费范围、生均定额拨款标准和因素调整资金额度。

2.绩效性拨款

绩效性拨款主要是指可用于发放职工奖励性绩效工资的部分。在学校年度绩效考核后，考虑各学院的考核情况、重点工作任务目标完成情况等因素，以注册学费、学分学费、合作办学上缴学校部分、研究生学费等作为学费收入总量，按照一定的比例系数进行计算划拨。比例由财务处、教务处、人事处协同测算确定。

3.竞争性拨款

竞争性拨款主要指学科专业平台建设、人才队伍建设、教师队伍建设、教学质量工程、科学研究、国际交流与合作等方面的竞争性专项经费拨款。主要涉及重点校内项目经费、重点财政项目经费，如“双高”建设经费、中央支持地方改革专项经费、中期规划项目经费、专项债券等。该部分经费由相关职能部门出台工作方案，各学院根据有关规定和要求进行申报，由学校研究确定。

4.自筹经费

学院自筹经费主要包括三部分：一是第二学位、合作办学、MPA 办学等分成收入；二是社会服务创收收入，根据有关规定执行，并根据改革推动程度适时进行具体调整。

（二）改革运行配套机制

1.强化学院预算管理主体责任

学校试行“统一领导、两级管理、集中核算”的财务管理体制。学院在执行学校统一的财务管理制度下，享有授权范围内的预算管理自主权和财力支配权。学院可根据学校下达的工作任务目标和学院事业发展规划，按照学校预算编报程序自主编制本学院全口径（除学校层面负担的外）收入和支出预算，合理配置资金，自主统筹安排使用，优先保证重点学科建设任务和各专项建设任务，规范使用各类办学经费。

2.增强学院自筹经费能力

学院应统筹考虑事业规划和工作任务，着力提升自筹收入能力，将自筹经费作为学院、学科发展的重要渠道。学校结合校院两级财力情况，适时调整鼓励学院依法多渠道组织创收的经济分配政策，充分调动学院自筹收入积极性，努力提高办学经费总量。

3.扩大学院经费管理使用自主权

强化学院办学主体地位，加强经费统筹使用自主权、扩大经费支出审批权、下放预算审核事项权。增强学院理财能力、充分挖掘创收潜力，促进学院统筹能力、谋事能力和发展能力整体提升,推动学院谋大事、干大事、成大事。

4.加强学院绩效考核工作

学校相关职能部门组成联合绩效评价小组,完善各职能部门协同配合的绩效考核机制,以学院学科建设目标实现程度和年度预算执行情况作为主要依据开展综合绩效评价,同时强调考核结果应用。

主要参考文献

[1]郭德红,林光彬,洪煜.关于校院两级管理体制改革的思考[J].北京教育(高教),2019(9):76-79.

[2]国务院关于进一步深化预算管理制度改革的意见[EB/OL].(2021-04-13)[2023-05-16].https://www.gov.cn/zhengce/content/2021-04/13/content_5599346.htm.

[3]南方医学教育."重心下移"激活二级学院办学活力——北京师范大学校院两级管理体制改革经验介绍[EB/OL].(2021-08-23)[2021-12-01].https://mp.weixin.qq.com/s/6n7-wfrSmCSfDQ5Rqaa0ug.

[4]山东省人民政府关于进一步深化预算管理制度改革的实施意见[EB/OL].(2021-12-13)[2021-12-16].http://www.shandong.gov.cn/art/2021/12/16/art_107851_115959.html.

(作者单位:山东师范大学)

基于 DEA 的高等学校财务预决算差异性分析

马赫　吴高波　罗文奇　郝俊英　张星艺

【摘要】 本文以山东省地方高校为例，一方面，从收支总额的角度分析地方高校预决算差异，将 40 所地方高校 2022 年度各项具体指标作为研究数据；另一方面，以各项收支预决算差异的绝对量为切入口，利用 DEA 分析方法，通过构建 CCR 模型，选取财政拨款、教育事业收入、科研事业收入、其他收入、工资福利支出、商品和服务支出、对个人和家庭的补助支出、资本性支出等作为分析指标，综合分析收支差额效益和改善情况。最后综合分析其结果，并提出针对性建议。

【关键词】 预决算差异　预算管理　DEA 分析法　CCR 模型

一、引言

近年来，高校年度预决算差异大已成为决算审计报告中经常列示的问题，如何缩小高校预决算差异性进而提高预算管理水平，已成为一个现实问题。本文以山东省地方高校为例，一方面，从总收支的层面出发，对各所学校的预决算差异进行分析，发现其中存在的问题；另一方面，为了对收支之间的差异进行度量，本文选择了收支指标，并利用数据包络分析方法（DEA），分析了地方高校的预决算差异的绝对量，以期为山东省地方高校的预算管理工作提供一些有益的借鉴。

二、DEA 在高校预决算差异中的应用分析

高校预决算差异指的是高校预决算收支情况的差异程度，可以用公式（决算－预算）/预算来表示，也就是预决算差异额与预算之间的比值，在不考虑差异方向的情况下，可以将其表示为预决算差异绝对量与预算之间的比值。面对较多的收入和支出项目，如何将复杂的收入和支出变得简单，用各个收入和支出的预决算差异度来评估高校的总体差异度，并在此基础上找出可以改善的方向，这就是本文要探讨的问题。在此基础上，本文提出了一种新的优化方法，该方法以最小化预决算差异度为目标。在这种情况下，如果把预决算差额的绝对量当作投

入,把预算当作产出,那么,就可以把预决算差异当作效率。以数据包络分析的基本原则为依据,可以利用线性规划给高校的各项预决算收支差异额分配相应的权重,再以加权预算和加权预决算差异绝对量的比值来反映高校预决算差别程度。这里得到的效率值是各个高校间的相对效率值,可以用来对比和分析不同高校间的预决算差异。

三、基于总收支的预决算差异分析

本研究选择山东省地方高校作为研究对象,基于各地方高校预算和决算编制报表,分析和评估了40所高等院校在2022年的总收支预决算差异状况。40所大学分别用U1,U2,U3,…,U40表示。

(一)总收入预决算差异分析

以40所地方高校2022年总收入预决算数据为基础,计算出各高校的收入差异度及40所高校的平均收入差异度。

在2022年,40所地方高校的总收入预决算平均差异度达到了5.14%,15所高校的预决算差异度低于平均值,其中有5所高校预决算差异度控制在1%以下,表现最好;有18所高校预决算差异度在10%以上,其中3所差异度超20%,分别为24.29%、25.76%、31.96%。究其原因,一是科研事业收入和其他收入预决算差异较大,二是其他收入预决算差异较大,三是科研事业收入预决算差异较大。相较于财政拨款和教育事业收入,科研事业收入和其他收入当年度可能存在较大出入,仍需加强预算管理,确保预算编制的合理性。

同时,由于大部分高校的总收入预算差异度都没有超过15%,所以,一年中的预决算差异并不代表其预算编制的好坏及执行水平的高低。另外,大部分高校的总收入预决算呈正向差异,少量出现负向差异,这表明大部分高校除了收入预算松散之外,还出现了大量的“超收”现象。

从40所地方高校的总收入预决算差异情况来看,随着高校的发展和加强预算管理,总收入预决算的差异度得到了很好的控制,差异度有所减小,但是仍有“超收”的情况。通过对不同高校的分析和评估,发现造成总预决算差距较大的因素有:(1)省级专项经费的追加;(2)由于对其他收入的估算不准确,预决算有很大的偏差,造成差异性增加。

(二)总支出预决算差异分析

以40所地方高校2022年总支出预决算数据为基础,计算出各个高校的支出差异度和40所高校的平均支出差异度。

在2022年,40所地方高校总支出预决算的平均差异度达到了4.66%,只有11所高校的预决算差异度低于平均值,其中有4所高校预决算差异度控制在1%以下,表现较好;有15所高校预决算差异度在10%以上,其中又有5所高校差异度超20%,分别为22.19%、26.69%、26.81%、34.72%、45.24%,分析其共性原因,主要是其基建及大型维修等预决算差异较大。另外,绝大多数高校的总支出预决算存在负向差异,少数存在正向差异,说明近年来随着经济形势下行,各高校在不断拓宽增收渠道的同时,也在努力控制支出。

四、基于收支结构的预决算差异分析

本文主要从预算差额的绝对量来分析高校预算差异度。具体而言,我们要以预决算编制的内容为依据,从各个收支项目中选择能够代表收支状况的指标,将所选择的指标的预决算差异度取绝对值,也就是差异绝对量。因为预算与决算是两个不同的环节,对于同一项收入或支出,预决算的权重也不一样,所以将各项收入或支出的差异绝对量给予权重系数后进行加法。类似地,对相应的收入或支出指标的预算给予权重系数,再进行加法,用两者的比值来表示以差异绝对量为基础的预决算差异度,从而更深一步地分析高校预决算差异度。

(一)预决算差异度分析指标体系的构建

在运用DEA对高校预决算差异度进行分析时,如果指标数目过多,被评价高校数目过少,则会造成在包络前沿的高校数目过多,也就是效率值为1,不能获得更为准确的评价结果。而本文所研究的是2022年山东省地方高等院校预算差异的程度,已经确定了高校的数目,但是高校的具体收支项目很多,在有限的高校数量中,为了保证评估结果的准确性,不能将各项收支进行详细的细分。尽管目前还没有准确的数量关系,但是根据现有的资料,我们应该对收入和支出进行一个合理的分类,从而建立一个比较完善的指标体系。最后,利用数据包络分析的结果,对收支预决算差异度进行评价。

本文所选取的数据均来自各高校预决算公开数据,结合上述要求,最终选取收入指标为财政拨款、教育事业收入、科研事业收入、其他收入4项;支出指标为工资福利支出、商品和服务支出、对个人和家庭的补助支出、资本性支出4项。

(二)基于DEA的收入预决算差异分析

我们使用了MaxDEA 12.0软件来进行实证分析,选择以输入为导向的CCR模型,在2022年的收入指标上,进行了以下几个方面的研究。

1.收入预决算差异效率分析

利用CCR模型,可以获得40所地方高校2022年收入预决算差异度的效率值以及各高校效率值的平均值。其中,效率值越高,表示预决算差异度越小。

高校效率值中,等于1的即位于强有效生产前沿的高校,共有14所高校,其中有5所高校总收入差异度在1%以下,且效率值最高,说明其总收入预决算差异小的情况下,其内在各项收入预算差异度也相对较小。其他9所高校虽然总收入差异度相对较差,但财政拨款、教育事业收入、其他收入等预决算差异相对其他高校来说较小。效率值低于0.5的高校有13所,其中有2所高校总收入差异度相对较小,但效率值较差,说明其内部各项收入差异度较大。有1所高校总收入差异度仅1.97%,但效率值在40所高校中排名最后,仅0.18。分析其原因可知,该校财政拨款和其他收入差异度较大,但因其正负差异相抵,其总差异度较小。因此,通过效率值分析,能够更加准确地判断其内部各项收入的差异情况,其排名也更具有参考价值。

2.收入预决算差异改进潜力分析

利用CCR模型的运算,不仅能得到各高校预决算差异度的效率值,还能得到各个指标的松弛变量及目标值,也就是达到强有效前沿对输入指标的消减程度和输出指标的增加程度。本文对预决算差异度进行研究的前提是在预算已经确定的情况下,对预决算差异绝对量的大小进行分析,也就是预算和决算差额的绝对值。所以,从现实意义上来说,本文将把注意力集中在一个输入指标上,也就是各种收支预决算差异额绝对值的改进,从而为预决算差异度分析提供一个明确的指导方向。

由于每一项收入的输入指标值都不相同,因此,计算得到的改进值无法相互对比。同时,唯一不能和原输入指标进行对比的就是改进值。在此基础上,本文提出了用每个收入输入指标的改进值与原始差异度比来衡量学校的改进程度。如表1所示,为达到最佳效率值,各高校财政拨款预决算差异值无需改进,其他收入次之,其中科研事业收入需要改进的高校较多,因此下一步各高校分析并改进预决算差异度的重点应放在科研事业收入上。其中U21教育事业收入改进占比及U27科研事业收入改进占比较大,下一步需特别注意。

表1　各项收入差异值改进占比情况(截取部分)

高校	财政拨款	教育事业收入	科研事业收入	其他收入
U1		45.04%	24.29%	
U2		23.89%	53.43%	6.15%
U3			30.33%	
U5			13.36%	
U8			28.98%	
U10			15.71%	
U13			25.62%	
U15		33.88%		

续表

高校	财政拨款	教育事业收入	科研事业收入	其他收入
U21		86.75%	38.22%	
U26		39.42%	2.69%	
U27			74.02%	
U29		11.51%	39.23%	
U30			24.47%	
U31			23.29%	
U34			48.53%	
U39			37.51%	

（三）基于DEA的支出预决算差异分析

1.支出预决算差异效率分析

通过CCR模型，计算出40所地方高校2022年支出预决算差异度的效率值以及各高校效率值的平均值。其中，效率值越高，表示预决算差异度越小。

高校效率值中，等于1的即位于强有效生产前沿的高校，共有20所高校，其中有5所高校总支出差异度较低，且效率值较高，说明其总支出预决算差异小的情况下，其内在各项支出预算差异度也相对较小。其他15所高校虽然总收入差异度相对较差，但工资福利支出、商品和服务支出、对个人和家庭的补助支出、资本性支出等各项具体支出预决算差异相对其他高校来说较小。效率值低于0.6的高校有11所，其中2所高校总支出差异度均低于1%，但效率值较差，说明其内部各项支出差异度较大。有1所高校总支出差异度仅为0.62%，但效率值在40所高校中排名38，仅为0.41。分析其原因可知，该校商品和服务支出及资本性支出差异度较大，但因其正负差异相抵，其总差异度较小。

2.支出预决算差异改进潜力分析

通过CCR模型的运算，求得工资福利支出、商品和服务支出、对个人和家庭的补助支出、资本性支出需要改进的差异度绝对量，进一步求出其占原差异绝对量之比，从而对支出预决算差异度改进潜力进行分析，如表2所示。由于本文所研究的预决算差异度是在预算既定的情况下，分析相对于预算，预决算差异绝对量的大小，即预算与决算差额的绝对值，因此，表2中各高校支出预决算差异相对较好，为达到最佳效率值，需改进的值相对较少，其中U13、U33相对改进值占比较大，需进一步加强对个人和家庭的补助支出的预算执行管理。

表2　各项支出差异值改进占比情况(截取部分)

高校	工资福利支出	商品和服务支出	对个人和家庭的补助支出	资本性支出
U4			24.50%	
U8	36.04%			
U13		2.08%	64.16%	
U14		1.92%		
U23		25.16%		20.28%
U25				37.35%
U27	7.05%			
U28			23.19%	
U32		21.20%		13.64%
U33	28.84%		48.21%	
U40				25.29%

五、收支预决算差异结果综合分析及对策建议

(一)收支预决算差异结果综合分析

1.预算管控不断加强,但不同高校间仍存在一定差距

不同高校间总收支预决算差异度差距较大,部分高校预决算差异度可控制在1%以下,但也有高校预决算差异度可达40%以上;同一高校对收入预决算差异度和支出预决算差异度的把控不一,存在收入好、支出差或收入差、支出好的情况。

2.DEA方法在预决算差异分析中能够较好地发挥作用

单纯比较总收支预决算差异情况无法分析出各项具体的收支预决算差异,而单独对比各项收支预决算差异耗时耗力,且没有一个统一的标准。利用DEA方法,可综合分析各高校预决算差异情况,且排名具有一定的参考性。但本文受限于高校的数量和年度数据,无法将收支指标进行进一步的细化分解,在此仅为上级主管部门提供一种分析考核评价思路。上级主管部门及各高校可根据工作实际设定收支指标,进而进行预决算差异分析。

(二)对策与建议

1.持续深化预算管理,完善绩效考核体系

科学编细编实年度校内预算,强化预算执行,突出预算刚性约束,坚决杜绝无预算、超预算支出。加大资金统筹力度,集中力量办大事、要事。开展项目库

管理，建立健全项目入库评审机制及项目库滚动管理机制。推进支出标准体系建设，开展运行成本核算，探索校内资源有偿使用和成本分担机制。强化预算绩效管理，进一步完善全方位、全过程、全覆盖的预算绩效管理体系。

2.统一预决算编制口径，加强预决算可对比性

为了更好地对比预决算数据，必须统一编制口径，特别是对高校重点管控的收支项目来说更是如此。而当前对于项目支出的细化及分类存在较大的问题，在决算报表的编制中，应进行合理的规划，不能仅对项目支出中的具体支出科目，如办公费、差旅费进行细分，应针对各个项目进行全面完整的分类，从而实现项目支出预决算编制口径的统一。

（作者单位：山东科技大学）

高等学校财务预决算差异性分析研究

葛洪朋

【摘要】 决算报告作为预算执行情况的总结性文件，编报质量与高校的预算管理水平、政府会计核算水平密切相关。本文基于预决算差异的视角，分析了高校在预算管理及政府会计核算过程中存在的不足，并从预算管理、预算会计核算、决算编报以及预决算差异计算等维度，提出了提高全员参与程度、完善预算全流程管理、实施数字化转型、灵活设置预算会计科目，以及完善预决算差异指标体系等建议，以提高财务治理能力，降低预决算差异率，保障预算资源配置效率和使用效益，促进高等教育事业快速可持续发展。

【关键词】 决算报告　预决算差异　预算管理　预算会计核算

一、引言

财务预算是高校的年度收支计划，是学校年度重点工作部署、发展决策的体现，规定了高校预算收入的来源与渠道，以及预算支出的方向与用途；财务决算是高校预算执行结果的综合反映，是预算会计核算的结果性文件，由收入支出决算总表、项目收入支出决算总表、部门决算量化评价表等主表、附表和解释构成。

预决算差异是指经立法机关审查批准的政府预算收支同作为其实际执行结果的政府决算收支之间的差异。同理，高校财务预决算差异是高校年度预算收支与作为实际执行结果的决算收支之间的差异，包括预算收入差异和预算支出差异。

本文在梳理预决算差异现状的基础上，拟对高校预算编制、预算执行、决算编报以及预决算差异计算等环节进行深入研究，探寻降低高校财务预决算差异的有效路径。

二、高校财务预决算差异研究现状

当下，学术界对高校预决算差异的研究并不多，但通过有限的资料仍可以整理出高校预决算差异的基本状况。

肖东芝等通过对复旦大学 2012—2017 年的预决算信息进行分析发现：除

2013 年度收入预决算偏离度处于±5%的合理区间，其余年度的偏离度均处于±20%之间，2016 年偏离度达到 51.97%，超预算收入现象明显；支出预决算偏离度则呈逐年递减现象，趋势较好，但波动幅度仍较大，除 2015 年偏离度处于合理区间，其余年度的偏离度均处于±20%之间。

刘世红通过对 S 高校 2015—2019 年预决算收支情况的分析发现：S 高校观测期的收入预决算偏离度分别为－1.54%、－1.68%、5.45%、13.38%和 7.44%，前两年的偏离度较低且存在减少现象，后三年的偏离度较大且存在超收现象；每年的决算支出均低于预算，普遍存在“减支”现象。其中，前四年的预算支出偏离度保持在合理范围之内，第五年的预算支出偏离度较大，达到－8.42%。

李金京从江苏省属高校中随机抽取了 20 所院校，对 2014—2015 年的预决算收支情况进行分析发现：样本高校都存在预决算偏离现象，“超收”现象严重，2014 年的收入偏离度平均值为 30.99%，2015 年下降到 25.70%。

杨波通过对湖北省属公办本科高校 2016—2020 年预决算偏离问题研究发现，五年间高校总体偏离度的中位数在波动中处于上升态势，各高校偏离度平均值的中位数为 9%，收入偏离度明显高于支出偏离度。

由此可见，当下各高校的预决算收支普遍存在差异，收入预决算总体以“超收”为主，各类收入之间则是“超收”与“短收”现象并存；支出预决算总体以“超支”为主，各支出经济分类科目之间“超支”与“短支”现象并存。

三、高校财务预决算差异原因分析

通过对高校财务预决算差异形成过程的深入分析，发现整个过程中的任何一个环节都可能导致高校财务预决算出现差异。具体包括以下几个方面。

（一）预算编制质量不高，导致财务预决算出现差异

预算是高校的年度收支计划。如果在编制环节不能对各种影响因素充分预估，执行过程中就会出现各种超预算、无预算收入，或无法完成预算收入，造成“超收”或“短收”。如 2022 年 11 月，SD 省财政部门按照年初基础拨款等比例拨付各高校“双高建设工程项目”等财政拨款，导致各高校财政拨款形成“超收”；另外，由于疫情影响，LD 大学接受委托的多项培训计划无法实施，导致培训预算收入形成“短收”。

同理，高校如果不能对影响支出的因素进行充分、科学预估，预算执行过程中将会出现各种超预算、无预算支出，或无法实现预算支出，造成“超支”或“短支”。如 2022 年，为加强对新型冠状病毒肺炎防控，LD 大学投入大量资金购置测温设施、消毒杀菌材料，组织医护人员为师生提供健康检测、加强校园隔离安保等工作，导致疫情防控超预算支出；同样由于疫情影响，原计划的各种外出调研、参会、参培活动由线下转入线上，导致相关的差旅费支出无法实现。

(二)预算执行过程不严,导致财务预决算出现差异

预算草案经立法机关审核批复后就具有法律效力,预算单位应严格按照预算支出方向使用资金。实践工作中,部分高校预算法律意识不强,存在不同程度改变资金用途的现象。如在SD省财政支出监督检查工作中发现,部分高校改变资金用途,将中央支持地方高校发展专项资金用于学校的在职人员工资福利支出,导致预算项目支出的经济分类出现"短支",学校人员经费的工资福利支出形成"超支"。

(三)预算调整业务不规范,导致财务预决算出现差异

在预算执行过程中,为了适应客观情况的变化,可以对预算进行局部调整,包括追加追减、预算划转、预算调剂、用预备费等多种方式。无论采用哪种方式,都需要遵循规范的调整流程。部分高校规范意识淡薄或出于预算考核考虑,不按照规范调整预算,导致出现各种不合规现象。

(四)预算会计科目设置不科学,导致财务预决算出现差异

"双体系"核算模式下,财务会计与预算会计的科目设置存在明显差异。财务会计体系设有"其他应收款""其他应付款"等往来科目进行权利、义务核算;而预算会计体系没有往来科目,不进行相关权利、义务核算。对于代扣代缴个人所得税、职工水电费(房租)等分步骤多次收付款项的经济业务,财务会计通过往来科目可以对业务活动的资金属性、部门、项目等信息进行溯源;而预算会计只能根据资金的实际流动进行会计核算,无法对业务信息进行溯源,导致预算会计对后续付款业务的核算质量不高,影响决算报告编制质量,造成财务预决算差异。

(五)决算编报质量不高,导致财务预决算出现差异

决算是高校预算收支和结余的年度执行结果。决算报告中的"部门决算量化评价表"包含财政拨款收入预决算差异率等18个三级指标,财政部门根据评价得分对预算单位进行考核。部分高校出于财政考核压力,忽略预算执行的真实情况,按照财政考核要点、编报要求、披露内容、报表数据之间的钩稽关系等,以年初批复预算为基础人为编制决算报告。由此出现决算报告与预算实际执行情况相偏离,甚至账簿信息与决算报告信息严重不符的现象,导致决算报告质量严重失真。

(六)预决算差异指标设计不科学,导致财务预决算出现差异

财政部门对预算单位考核的18个三级指标中,包括7个预算编制准确完整性指标、6个预算执行的有效性指标、2个预算编制及执行的规范性指标、1个资产状况指标和2个负债状况指标。大部分指标设计较为合理,但也有部分指标设计不够科学。如财政拨款收入预决算差异率=(财政拨款收入决算数-年初预算数)/年初预算数×100%。由于财政拨款收入预算额度并非完全由部门单位自

行管控，是经财政部门审核后在预算“一下”环节下达给预算部门；而决算数是财政部门的实际拨款金额，如果年中出现追加财政拨款收入的情况，必然导致该指标大于0，形成预决算差异，显然运用该指标无法真正考核预算部门的管理水平。

四、降低财务预决算差异的具体措施

为有效降低财务预决算差异，高校应针对预决算管理特点、现状及存在的不足，从预决算管理流程及相关影响因素入手，全面提升管理能力和水平。

（一）加强组织动员、深入宣传培训，提高全员参与程度

在严峻的经济形势下，国家提出了“量入为出、收支平衡”“保基本民生、保工资、保运转”的预算编制基本原则，并要求实施预算与绩效一体化管理。针对国家深化预算管理改革要求，高校应结合自身财务管理特点加强组织动员、深入宣传培训，加深高校管理者和广大教职员工对预算管理、绩效管理以及降低财务预决算差异对学校战略发展重要性的理解和认识。

（二）加强项目库建设、深化预算管理改革，提升全流程预算管理水平

高校预算包括预算收入和预算支出。预算编报包括收入预算编报和支出预算编报。为提高预算编制质量，高校应明确预算编报原则、编报主体、编报方法、编报依据，对预算年度可能实现的收入和可能发生的支出进行充分预估。收入预算编制要做到合法合规、积极稳妥、全面完整、留有余地，没有把握的收入项目和数额，不能纳入预算；支出预算编制要以入库项目的支出测算为基础，坚决落实“政府过紧日子”要求，优化支出结构，创新支持方式，兜牢安全发展底线，夯实预算管理基础，提升预算及预算绩效目标的编制质量。

预算执行过程中要落实二级学院、部门单位等项目实施单位的管理责任，定期组织预算执行及绩效目标完成情况“双监控”工作，一旦偏离绩效目标，及时采取措施，规范调整预算及预算绩效目标，以降低损失，保障高校稳定健康发展。预算执行完毕，按规定及时对预算资金的流入、流出和结转结余情况以及绩效目标完成情况进行总结，编制决算报告。

（三）分析业务特点、灵活设置科目，提升预算会计核算能力

新一轮政府会计准则制度改革构建了“双体系”“双基础”“双功能”会计核算模式，预算会计采用收付实现制会计核算基础，对部门、单位、项目的现金流入流出情况进行核算。现金基础模式能够保证一次性收付款业务的核算质量，却无法反映多批次收付款业务的活动全貌，不同批次付款之间的业务信息衔接不全，容易出现差错，无法保证预算会计信息质量。

针对分步骤多批次支付款项业务的核算问题，课题组建议整理归纳类似业务，分析业务特点，巧设明细会计科目，解决相关业务的信息溯源问题。如在“事业支出”科目下，设置“代扣个人所得税归集”明细科目，并按照资金来源、部门、项目、支出经济分类等进行明细核算，以便在缴纳税金时能够对经济业务信息进

行准确溯源。以发放校外人员劳务费6300元(含税)、代扣个人所得税1008元业务的预算会计核算为例,具体核算步骤如下:

第一步,支付税后劳务费:

借:事业支出—其他资金支出—劳务费　　6300

　事业支出—代扣代缴个人所得税归集—其他资金—劳务费　　—1008

　贷:资金结存—货币资金　　5292

通过"事业支出—代扣代缴个人所得税归集—劳务费"收集汇总业务信息,解决信息溯源难题,既保障"事业支出"科目核算的准确性,同时也保障资金支出方式的准确性。

第二步,代缴个人所得税:

借:事业支出—代扣代缴个人所得税归集—其他资金—劳务费　　1008

　贷:资金结存—货币资金　　1008

(四)实施数字化转型、构建信息中台,提高预决算管理的精细化水平

所谓"经济越发展,会计越重要",高校的财务人应充分利用快速发展的大数据、人工智能、移动互联网等数字信息技术,在会计集中核算的基础上实施数字化转型,赋能教学、科研和高等教育事业,构建财务服务共享平台,深度实施业财融合,梳理有用信息,拓展会计职能,提升高校内部决策支持能力和服务宏观经济发展能力。

在数字技术支持下,高校以财务共享服务平台为基础,可以有效衔接项目库申报评审系统、预算与绩效管理系统、招投标及采购系统、合同管理系统、资产管理系统、网上商城以及商旅服务系统,构建信息中台。实现预算(支出)编报、预算执行(采购与合同管理)、资产入库、会计核算、款项支付(国库集中支付)的闭环管理,实现预算活动的目标导向管理和预算绩效的"全过程"在线管理。通过对业务信息进行整理分析,实现业务管理的"数据化"和"数字化"转型,赋能教学科研业务活动,提升管理能力和管理水平,降低财务预决算差异。

(五)明确考核目标、完善指标设置,提高预决算差异考核质量

科学的预决算差异指标在反映预算执行结果与预期规划之间差异以及预算管理质量的同时,还能够反映导致出现差异的原因和责任,以便不断调整政策、完善管理,提升预算管理能力和水平。

故而,课题组建议在加强预算管理的基础上,也要关注和完善预决算差异指标设置的科学性,进一步落实预算单位的管理职责。如财政拨款收入预决算差异率=(财政拨款收入决算数－财政拨款收入年初预算数)/财政拨款收入年初预算数×100%,很显然财政拨款年初预算数的下达以及预算执行过程中的调整都超出预算单位的职责范畴。如果将上述指标计算公式调整为:财政拨款收入预决算差异率=(财政拨款收入决算数－财政拨款收入预算调整数)/财政拨款

收入预算调整数×100%，则可以考核预算单位的收入预算调整的规范性。

五、结论与展望

课题组通过梳理高校预决算差异现状、存在的问题及其影响因素，提出改进管理、降低差异的有效措施。加强管理，降低预决算差异，提高资金使用绩效，是高校战略发展的内在要求，是高校管理者及每一名教职员工的责任与义务，但一定范围内的预决算差异将长期存在。高校管理者要关注和研究差异，分析导致差异的原因，采取具有针对性的改进措施，提升管理绩效，促进高校快速稳健发展。

随着信息化、数字化技术的不断进步，高校的预算管理能力和水平不断提升，应以预算管理为平台，融合采购管理、资产管理、人事管理、学生管理、教学管理等业务信息，构建数据管理中台。通过信息"共享共用"促进高校业财融合发展和数字化转型，发挥数据资源的管理效用，助力信息化战略决策，提升高校的管理绩效，促进高校战略化发展。

主要参考文献

[1]高培勇.关注预决算偏离度[J].涉外税务，2008(1)：5-6.

[2]马赫.预决算偏离视角下高校预算管理评价研究——以东部某省地方高校为例[D].青岛：山东科技大学，2018.

[3]肖东芝，苏静.中国高等院校部门预决算分析——以复旦大学为例[J].现代教育科学，2019(4)：30-37.

[4]刘世红.政府会计制度下高校降低预决算偏离度的路径探讨[J].商业会计，2021(11)：106-109.

[5]杨璐，汤烈.新政府会计制度下省属高校预算管理存在的问题及原因分析[J].商讯，2021(22)：85-86.

[6]李金京.高校预决算偏离度问题研究——基于S大学的调查分析[D].南京：南京师范大学，2017.

[7]杨波，林娇娇.湖北省属公办本科高校预决算偏离问题研究(2016—2020)[J].教育财会研究，2022(3)：3-10.

本文为山东省教育会计学会2022年度课题项目"高等学校财务预决算差异性分析研究(SDJK2022032)"的研究成果，发表于《教育财会研究》2023年第1期，有改动。

(作者单位：鲁东大学)

高校内控建设现状、困难及对策

——基于Q高校内控报告

胡芸玮　范若联　曹雯彤　蔡晨静

【摘要】 本文以Q高校2017—2022年《行政事业单位内控报告》为样本，从内控报告整体架构、内控总体情况、单位层面内控情况、业务层面内控情况等入手，对Q高校近6年来的内控实施状况与存在的问题进行了分析和研究，认为Q高校内控体系建设取得了一定成效，但在内控长效工作机制、内控文化建设、风险管理、内控评价、流程再造及内控信息化等方面还存在一些短板和不足，据此提出营造内控建设文化氛围、独立设置内控工作主体机构、工作流程梳理和再造、分步实施内控信息化建设、推动风险管理和内控评价常态化、提高内控报告编制水平和质量的建议，对高校做好内控建设工作具有参考意义。

【关键词】 高等学校　内控　报告

2023年4月14日，财政部以财会〔2023〕6号发布《关于开展2022年度行政事业单位内部控制报告编报工作的通知》，同时指出将对2022年度内控报告编报工作进行总结通报，通报结果将被纳入财政部对各部门预算管理绩效考核、各地区财政管理绩效考核、各地监管局财政监管工作考核的指标体系。从2017年起到2022年，《行政事业单位内控报告》编报工作已连续开展6年，其目的主要是通过"以报促建"的方式加强各级各类行政事业单位内控建设。

一、我国行政事业单位内控改革回顾

2012年，财政部以财会〔2012〕21号印发《行政事业单位内部控制规范(试行)》，自2014年1月1日起施行，该《规范》主要从风险评估和控制方法、单位层面内控、业务层面内控、评价与监督等方面明确了内控建设要求。

2015年，财政部以财会〔2015〕24号印发《关于全面推进行政事业单位内部控制建设的指导意见》，该《意见》明确了行政事业单位内控建设的主要任务，要求行政事业单位于2016年年底前完成内控的建立与实施工作。

2016年，教育部以教财厅〔2016〕2号印发《教育部直属高校经济活动内部控制指南(试行)》，包括1项实施指南、15项应用指南和1项评价指南，推动部属高校进一步完善内控体系；同年，财政部以财会〔2016〕11号印发《关于开展行政

事业单位内部控制基础性评价工作的通知》,以量化评价为导向,对内控基础情况进行了“摸底”评价。

2017 年,财政部以财会〔2017〕1 号印发《行政事业单位内部控制报告管理制度(试行)》,自 2017 年 3 月 1 日起施行,规范了行政事业单位内控报告的编制、报送、使用及报告信息质量的监督检查等工作,为行政事业单位内控报告质量提供制度保障。

2018 年,财政部发布《全面推进全国行政事业单位内部控制建设》专报,着重从内控报告编报基本情况、内控建设存在的主要问题及下一步工作建议等方面作了专题报告。

2019 年,财政部会计司和东北财经大学发布《2017 年全国行政事业单位内部控制建设分析报告》,报告认为 2017 年全国各级各类单位持续推进内控建设,为 2020 年全面建成并有效实施行政事业单位内控机制奠定了坚实基础。

2022 年,财政部会计司发布《扎实推进企业和行政事业单位内部控制建设 为推进国家治理体系和治理能力现代化提供重要支撑》,主要对“十四五”时期内控规范体系建设与实施面临的形势和挑战、工作重点及具体措施等方面作出具体解读。

2023 年,中共中央办公厅、国务院办公厅印发了《关于进一步加强财会监督工作的意见》,指出要加强对财务管理、内控的监督,督促指导相关单位规范财务管理,提升内部管理水平,建立权责清晰、约束有力的内部财会监督机制和内控体系,完善内控制度,提升内部管理水平。

从 2012 年《行政事业单位内部控制规范(试行)》到 2023 年《关于进一步加强财会监督工作的意见》,行政事业单位内控建设工作已经走完第一个十年,内控体系逐步完善,全面推进内控建设已经取得明显成效,下一步将逐步迈入内控规范有序的常态化发展阶段。

二、内控报告架构分析

之所以要建立行政事业单位内控报告管理制度,是为了实现“以评促建”。本文选取高校 2017—2022 年《行政事业单位内控报告》为样本,对高校内控建设情况展开具体分析。

具体来看,内控报告主要分为四大部分,分别是内控情况总体评价、内控总体成果、内控存在的问题和建议以及单位内控报告审核情况。值得注意的是,从 2021 年度开始,行政事业单位内控报告结构有了较大调整,主要将原来表单格式为主的内控报告调整为“报告正文加附表”的报告结构,正文部分主要由单位内控工作基本情况、内控存在问题及其整改情况、单位内控报告审核情况、单位内控工作经验做法和取得成效、有关意见建议组成,附表部分的具体指标内容较以前年度无较大实质性改变,只是在附表表单的格式上略有简化。

内控报告的主要部分是第二部分——内控总体成果,主要由单位层面、业务层面、内控信息化、经验做法和取得的成效、新问题新挑战、下一步工作计划、有关意见建议组成。其中,单位层面内控情况主要包括内控机构组成情况、内控机构运行情况、规范权力运行情况、内控相关问题整改情况、政府会计改革、组织机构改革情况六大方面,涉及48个具体内控评价指标;业务层面内控情况主要包括关键岗位轮岗情况(或开展专项审计)、建立健全内控制度情况、职责分离情况和内控制度执行情况四个方面,涉及59个具体评价指标。

内控信息化情况也是报告的主要组成部分,主要涉及信息化建设阶段与投入资金规模、信息化建设方式、信息化覆盖情况、信息化模块联通情况、基于制度更新的内控信息化建设改造升级领域、是否联通政府会计核算模块、内控大数据平台建立情况7个具体评价指标。

报告第二部分中的单位内控工作的经验做法和取得的成效,新问题、新挑战,下一步工作计划,有关意见建议,第三部分内控存在的问题和建议,第四部分单位内控报告审核情况,主要以定性文字描述形式体现,不涉及具体内控评价指标。

报告中涉及的具体评价指标,主要是在财政部印发的《关于开展行政事业单位内部控制基础性评价工作的通知》中规定的行政事业单位内控评价指标体系的基础上,根据每个报告年度实际情况进行优化、完善、调整后形成的。比如,为了规范行政事业单位的会计核算,保证会计信息质量,适用于各级各类行政单位和事业单位的《政府会计制度》自2019年1月1日起施行,自2020年起,政府会计改革涉及的6条指标被逐步纳入行政事业单位内控报告评价体系。

通过分析近6年的内控报告发现,2017—2022年中涉及的具体指标数量分别是65条、102条、88条、82条、76条、75条。2018年是《行政事业单位内部控制报告管理制度(试行)》实行的第二年,涉及的指标数量最多。从2018年开始,内控报告中涉及的具体指标数量呈逐年下降趋势,也充分契合了财政部会计司发布的《〈会计改革与发展"十四五"规划纲要〉系列解读》中对内控报告编报的要求。

三、Q高校内控现状及问题

Q高校创建于1952年,学校现有教职工2000余人,全日制在校生3万余人,是国家首批地方高校"111计划"建设单位、全国首批深化创新创业教育改革示范高校、全国首批国家级创新创业教育实践基地、省重点建设的应用基础型人才培养特色名校、省首批高水平大学"强特色"建设高校。

(一)内控情况总体评价分析

Q高校2017—2020年的《行政事业单位内控报告》中的第一部分——单位内控情况总体评价结果均为"良"。单位内控情况总体评价结果是填报单位在系统中设定好指标值，并在“附件池”中上传会议纪要、风险评估报告、内控评价方案、内控制度等相关佐证材料后，由系统后台运算后自动生成的，填报单位无法手动修改，排除了因填报人员的主观因素影响总体评价效果的情况。因此，Q高校内控总体运行情况良好这一总体评价是较为客观的。从2021年起，内控报告将原第一部分的单位内控情况总体评价进行了删减，报告中未能体现本单位内控总体运行情况。

（二）单位层面内控情况分析

1.内控机构组成情况

内控机构组成情况评价指标主要包括内控领导小组、内控工作小组、内控牵头部门以及内控评价监督部门四个方面。内控领导和工作小组方面，2016年Q高校印发《全面推进单位内控建设工作实施方案》，成立“全面推进内控建设工作领导小组”，负责组织制定学校全面推进内控建设工作方案、协调解决重大事项、监督指导工作开展，内控领导小组下设办公室，办公室设在财务处，负责日常管理、协调、宣传、咨询及整理汇编工作。成立“全面推进内控建设联合工作组”，由党委校长办公室、财务处、国有资产管理处、基建处、组织部、人事处、审计处、纪委监察室、后勤处等部门组成，在内控领导小组领导下，具体负责全校各单位内控建设的组织实施、协调推进、督促检查等工作。2019年和2021年学校对内控机构成员进行了部分调整。领导小组组长由学校校长担任，副组长由其他班子成员担任，成员由相关部门负责人组成，内控建设牵头部门设在财务处，内控评价与监督部门设在审计处，牵头部门与评价监督部门相互分离。Q高校内控机构设置较为健全。

2.内控机构运行情况

内控机构运行情况评价指标主要包括内控领导小组会议开展情况、内控工作小组会议开展情况、内控培训情况、内控手册建立情况、风险评估覆盖和风险清单建立情况、内控体系各阶段建设方式、内控考核评价情况等七个方面。从内控报告数据看，Q高校每年都会召开1—2次内控领导小组会议，且都由学校主要负责人参加，但是内控工作小组会议并没有每年都召开，特别是内控相关培训仅在2020年举办过一次。风险评估方面，仅在2019年委托第三方开展过一次全面风险评估并出具风险清单。2019年学校出台了《重大决策风险评估办法（试行）》，2022年对《办法》进行了修订，为学校重大决策方面的风险管理工作提供了有力支撑，学校风险管理意识有了一定加强，但是还不够全面系统。内控考核评价方面，从2017年开始均以学校内部自我评价形式开展，例如2017年审计处对学校内控建设情况开展了专项审计，形成了《关于内控建设情况的专项审计报告》，出具了相关审计意见和建议，但是目前还没有形成统一的规范或标准，可操作性不强，影响评价与监督的效率和效果。

3.规范权力运行情况

规范权力运行情况评价指标主要包括“分事行权、分岗设权、分级授权”情况、关键岗位轮岗情况、不具备轮岗条件的业务或岗位开展专项审计情况、职责明晰情况、议事决策机制建设情况五个方面。2021年,Q高校制定了《机构优化调整方案》,进行了组织机构优化调整,形成了权责更加明确、结构更趋合理、运转更加高效的管理体制和运行机制;对职能相近的部分机构进行适当合并,并根据相关要求和事业发展需要增设相应机构。在关键岗位开展干部交流或定期轮岗方面,Q高校执行学校2020年印发的《党政领导干部选拔任用工作实施细则》要求,处级领导干部实行任期制,任期为三年,任期内根据工作需要充实调整,在同一职位连续任职一般不超过两个任期,实行干部交流制度。在不具备轮岗条件的业务或岗位开展专项审计方面,Q高校执行学校2021年印发的《党政主要领导干部经济责任审计实施办法(修订)》要求,领导干部经济责任审计对象包括二级学院(系部)及党政工作部门的正职领导干部或者主持工作一年以上的副职领导干部。Q高校已建立较为完善的议事决策机制,出台了《党委领导下的校长负责制实施细则》《校长办公会议议事规则》《党委书记和校长经常性沟通制度》《重大决策风险评估办法》等,议事决策制度实施方面也较为成熟。从内控报告上传的有关附件来看,Q高校在规范权力运行方面有较为全面和完善的制度保障,基本上符合内控规范的要求。

4.内控相关问题整改情况

内控相关问题整改情况评价指标主要包括内控评价、巡视、纪检监察及审计发现与内控相关问题整改情况四个方面。2017—2022年,Q高校先后经历了学校审计处对学校内控建设情况专项审计、省委巡视组巡视、省委教育工委重点领域廉政问题专项整治、省纪委监委三类“四风”突出问题专项整治以及省审计厅对Q高校党委书记、校长任职以来履行经济责任审计等各类内外部监督和检查,同时也发现了Q高校在内控建设方面的一些薄弱环节,集中在关键岗位分离、收入管理、国有资产管理、合同管理等方面。针对内外部监督和检查发现的各类内控问题,Q高校在整改中注意分析问题背后的深层次原因,找准问题症结和根源,做到追根溯源、深挖病灶、综合研判、标本兼治,并将其作为学校建立履行经济责任、规范内控管理长效机制的契机和全面提升治理能力、治理水平的重要抓手。

5.政府会计改革

政府会计改革情况评价指标主要包括开展预算和财务会计核算情况、对固定资产和无形资产计提折旧或摊销情况、将基本建设投资纳入统一账簿进行会计核算情况、财务报告数据的分析与应用情况四个方面。Q高校自2019年起按照政府会计制度要求,对学校各类经济业务实行“双基础”“双分录”的会计核算方式,补提2019年以前折旧(摊销)、计提每月折旧(摊销),满足“固定资产六大类核算并每月计提折旧”的核算要求,将基本建设投资纳入统一账簿进行会计核算。但是在具体执行过程中,Q高校还存在权责发生制应用不到位的情况,比如收入核算大多还没有实行权责发生制,未按照“合同成本比例、工作量完成比例、实际完工进度、合同执行时间比例”等方法确认事业收入,同样也存在没有按权责发生制的要求来计提费用的情况,而是在资金支付时一次性确认费用,主要原因是学校合同管理信息没有与财务管理系统实现有效对接。

(三)业务层面内控情况分析

1.关键岗位轮岗情况

Q高校分别在2018年和2021年进行了两次全校范围内较大规模的领导干部任职调整。在这两次调整中,与内控业务层面密切相关的党政办公室、财务处、资产与实验室管理处、基本建设处、招投标管理服务中心等部门的正副职领导及关键岗位工作人员均进行了相应的轮岗和交流调整,符合Q高校“领导干部实行任期制,任期为三年,任期内根据工作需要充实调整”的选拔任用要求和内控管理要求。Q高校审计处在2020年对12个学院的院长2018—2019年任期经济责任进行了专项审计,形成专项审计报告;同时2020年审计处对学校新冠肺炎防控基金和防控物资管理情况进行了专项审计。从以上情况来看,Q高校在关键岗位轮岗情况(或开展专项审计)方面开展了比较扎实的工作,符合内控规范的要求。

2.职责分离情况

不相容岗位相互分离是单位八大内控方法中的一种,从Q高校内控报告填报情况和上传材料来看,Q高校根据实际需要设置了内部职能机构,并印发了《Q大学部门单位工作职责》,明确了各机构的职责,避免职能交叉、缺失或权责过于集成,形成各司其职、各负其责、相互协调的工作机制。单位内各部门定岗定职,明确分工,每个部门都提供了学校备案的《岗位职责说明书》,坚持不相容岗位的有效分离,相互制约、相互牵制、相互监督,形成了有效的制衡机制;但是由于人员变动、人员配备不足等不确定性因素的影响,Q高校部分岗位存在短暂性配备不到位的情况。

3.建立健全内控制度情况

Q高校在2021—2022年集中开展了规章制度“废改立”工作,共保留制度260项,修订制度110项,废止制度76项,制订制度46项,形成了《Q大学规章制度汇编工作方案》,将学校现行规章制度分为“综合管理”“党务管理”“行政管理”三卷,包括组织制度、统战工作制度、宣传思想工作制度等内容。同时,注重“废改立”成果运用,编制《Q大学规章制度应知应会200题》,在全校营造“学制度、用制度、守制度”的良好氛围。Q高校在2023年推行“规章制度宣传落实年”活动,进一步强化规章制度执行,加强规章制度的学习、宣传和解读。学校特推出党政干部应知应会制度清单和教师应知应会制度清单,通过多种途径抓好规章制度学习和贯彻落实工作,严格执行程序和制度规定,防范各类风险,确保学校工作平稳有序推进。

Q高校已建立了较为完善的内控制度,并且都是以学校正式文件的形式印发,主要内控管理制度包括预决算、收支、采购、合同、基建和资产管理六项基本业务,基本覆盖了各个环节的关键管控节点。但在内控流程图建设方面,Q高校暂时没有以学校正式文件印发的标准化、系统化、个性化的内控流程图。高校推进内控规范最严峻的挑战就是流程再造。内控流程图是推进内控管理制度化、制度流程化、流程表单化、表单信息化过程中的关键环节,需要结合学校的实际情况,在委托第三方建立规范化的经济业务流程图的基础上,对内控流程图进行个性化修改后以正式文件印发执行。同时内控流程维护与更新是一项系统性工作,需要建立一套有效保证流程规范化运作的机制,并根据上位法和规范性文件以及学校内部业务调整需要及时作出调整。

4.内控制度执行情况

内控制度执行评价指标主要是在六大业务领域选取了部分可以量化评价的指标,其中大部分指标数据取自单位年度决算报表或者国有资产报表,比如本年应上缴非税收入、"三公"经费决算数、年末总资产账面金额等,另有部分数据需由填报人向职能管理部门收集数据和支撑资料后填报,比如本年订立合同数、本年经合法性审查的合同数。从Q高校上传的关于合同管理方面的支撑材料看,Q高校依据合同事务管理的职能和分工,将合同管理单位分为综合部门、归口部门和承办单位。合同综合部门为法律事务室,经学校授权,"合同专用章"由党政办公室管理和使用,"科技合同专用章"由科技处管理和使用,"合同专用章(2)"由L校区管理办公室负责管理和使用。但2019年Q高校订立合同数数据来源于党政办公室、科技处、L校区三个部门,需要填报人汇总合同签订数后填报,主要原因是Q高校未完全实现合同管理信息化,不能将合同的发起、审批、履行、监管、统计分析进行集中统一管理。

(四)内控信息化情况分析

内控信息化评价指标主要包括信息化建设阶段与投入资金规模、信息化建设方式、信息化模块联通情况、联通政府会计核算模块、大数据平台建立情况等方面。Q高校已建立预算管理系统、OA管理系统、资产管理系统、收支管理系统等,主要涉及财务管理、会计核算管理、资金管理、资产管理等方面,但是由于前期信息化建设相对粗放,大多只侧重于满足各自管理功能的实现,信息系统的供应商不尽相同,系统之间接口不兼容,各系统很难实现完全对接,导致不同的信息系统之间相互独立,存在信息孤岛现象,也无法实现数据共享,系统之间所需要的数据还需要人工导出,影响了工作效率的提高,存在财务信息不真实的风险,更难发挥信息系统相互牵制的作用。另外,Q高校在风险管理模块、内控评价模块以及合同管理和建设项目等方面的信息化程度也亟待进一步整合与提高。

四、Q高校内控改进措施

从2018—2022年内控报告分析结果来看，Q高校内控体系建设取得了一定成效，但是在内控长效工作机制、内控文化建设、风险管理、内控评价、流程再造及内控信息化等方面还存在一些短板和不足，内控体系需要进一步完善。应在遵循其自身发展规律的基础上，按照《行政事业单位内控规范》等要求，围绕学校发展目标，结合学校实际，从以下三方面继续推进学校内控建设工作。

（一）推进内控文化建设，建立工作长效机制

1.坚持目标和问题导向，推进内控文化建设

面对高校规模扩大化、资金来源多元化、内部管理层级化、利益诉求差别化、经济关系复杂化的新局势，必须充分认识到建立健全内控体系对推进高校治理结构和治理能力现代化的重要意义，要切实转变观念，树立抓内控就是抓教学科研、抓学科建设、抓学校健康稳定发展的思维，增强风险防范意识，实现从"要我内控"到"我要内控"的理念转变。坚持目标导向和问题导向，推进内控文化建设，明确内控文化建设要达到的目标和学校内控建设中存在的问题，有针对性和侧重点地对学校不同层面人员开展专题培训和讲座；从实现学校领导足够重视、中层干部认识充分、业务人员专业过硬、师生员工配合理解的内控文化氛围出发，确定培训和讲座的深度和广度。培训和讲座的具体内容应充分参考学校在风险管理和内控评价监督方面存在的比较突出的问题，也可以通过调查问卷和人员访谈的形式了解学校在内控建设方面宣传不到位的具体方面，全方位、广角度、多形式地营造内控建设的文化氛围。

2.建立工作长效机制，设置独立的内控机构

Q高校通过成立由相关部门主要负责人组成的内控建设联合工作组，同时确定内控牵头部门的形式开展内控工作，这种情况比较普遍，而且牵头部门一般是设立在学校财务部门。尽管内控主要是为了实现对单位经济活动的风险防范和管控，并且业务层面的预算业务控制和收支业务控制主要落在财务部门，但是也应摒弃内控建设就是财务部门工作职责的思想。财务部门作为与党政部门、资产部门、建设部门等平级的部门，在内控建设工作中的协调能力和统筹能力十分有限，很难按照学校的统一要求去布置和调动其他各部门的内控工作，容易出现内控建设工作效率不高和内控建设部门化、碎片化的现象。建议设置比如内控中心这种独立机构或部门，根据学校《全面推进单位内控建设工作的实施方案》推进内控建设工作、协调解决重大事项、监督指导工作开展。

（二）进行内控工作流程梳理和再造，分步实施内控信息化建设工作

1.以规章制度"废改立"和"宣传落实年"为契机，进行流程梳理和再造

Q高校在2021—2023年通过规章制度"废改立"工作和"规章制度宣传落实年"活动，对学校现有规章制度进行了较为全面的梳理和宣传。Q高校应以此为

契机,结合内部治理的实际情况,通过流程梳理和再造对服务于教学、科研等经济活动的各个方面、环节进行全面的调查研究和细致分析,制订切实可行的内控流程路线图和业务控制流程说明,对现有工作流程中不合理、不必要的环节进行优化调整,明确每个流程步骤的责任部门、责任岗位、具体描述、控制文档、关键控制点和控制要素等。制度流程设计与信息系统建设互为支撑、齐头并进,内控流程的表单化是实现内控信息化的前提条件,进行流程梳理和再造可以为下一步积极稳妥地推进内控信息化建设打好基础。流程再造后的维护与更新也是一项极为重要的工作,需要根据外部环境和内部管理需要的变化对既定流程实时调整、不断打磨。

2.分步实施内控信息化建设

"控制"功能是信息系统五个基本功能之一,内控不能流于形式,一定要通过信息化的方式落地。信息系统的特点是自动化、实时化、系统化、常态化,可以降低人为因素影响,有效预防舞弊和腐败,提高内控工作的效率和服务效果。内控信息化是高校内控体系建设走向更高水平的重要手段,是打基础、利长远、见长效的系统工程,需要制定切实可行的实施方案和年度计划,按照步骤分步实施。从目前Q高校的内控信息化建设情况看,应着眼做好以下工作:一是推行标准化和信息化专业队伍建设,实现学校各部门之间、学校与外部之间的数据统一规范,打造信息技术开发应用实施人才队伍,为数据共享、协同打下基础;二是以预算管理为核心,将科研、教学、人事、学生信息系统中的基础数据实时对接到预算管理系统,实现互联互通、业财融合、数据共治共享共用,达到多个系统共同服务于学校主要经济活动的目标;三是充分利用信息系统进行分析,为决策提供准确信息,实现内控评价常态化,提高评价效率。

(三)风险管理和内控评价常态化,提高内控报告编制质量

1.树立全面风险管理理念,健全风险评估管理办法

内控建设的一个侧重点就是要防范和管控风险,所以要把风险评估作为一项常规的工作定期开展,加强对风险点的监控和预警,科学分析确定风险等级,根据评估结果确定控制方法,及时发现并采取措施降低风险危害。Q大学结合学校实际,对重大决策的风险评估主体、风险评估原则以及具体的评估方法、内容、程序作出具体规定,要求形成风险评估报告和风险防控预案,学校党委常委会或校长办公会对决策事项及其风险程度和可控程度进行综合研判后,分别作出不实施、暂缓实施、可部分实施、可实施的决定。Q高校还应考虑制定重大决策之外影响学校稳定发展的风险评估办法,可以考虑建立风险评估机构,定期或不定期针对学校单位层面和业务层面开展风险评估工作,保证风险可防可控。

2.推动内控评价常态化,提高内控报告编制质量

笔者认为,内控报告属于内控评价报告的范畴,是年度内控评价监督工作的总结报告,在内控评价工作中,除了要在年中定期或不定期评价内控制度和机制

的建立与执行情况，还应该重视对《行政事业单位内部控制报告》的分析和利用，不能仅将报告的填报作为一次性工作；对于填报过程中发现的问题，应及时反馈，为下一步内控建设提供重要参考。应充分发挥内控领导工作小组的作用，每年内控报告填报前，应统一组织工作布置会和报告编报培训会，统筹协调内控相关部门，共同承担年度内控报告编报工作，全面梳理填报年度内控开展情况，在各类内控评价指标录入和佐证资料的上传方面应实现“全员参与、各司其职、共同总结”的局面，总结当年内控工作取得的成效，深入分析内控存在的问题与遇到的困难，提出意见建议，为下一步内控建设工作指明方向，这也是施行《行政事业单位内部控制报告管理制度》的初衷所在。

主要参考文献

[1]刘国平，唐大鹏.教育部直属高校内部控制制度建设框架设计[J].财会通讯，2019(32)：114-117.

[2]徐淑霞.高校内部控制建设的问题及改革研究[J].会计之友，2018(14)：126-128.

[3]杨从印，刘晓华.高校内部控制建设现状、困难及对策——基于高校内部控制建设自评报告的分析[J].财会通讯，2019(11)：122-125.

[4]王雁，文兴斌，刘东等.高校内部控制可持续性改进的障碍与策略分析[J].会计之友，2021(19)：71-77.

[5]陆文斌，颜端阳，吴杰.高校内部控制评价体系构建问题探讨[J].会计之友，2014(9)：82-85.

[6]宋菊屏.高校内部控制完善对策[J].财会通讯，2018(35)：111-113.

[7]梁芳，田雪.高校内部控制研究评述及展望[J].会计之友，2013(36)：117-121.

[8]吴俊文，王军，吕亮等.高校内控存在的不足及改进策略[J].财务与会计，2018(19)：77-78.

（作者单位：青岛理工大学）

业财融合下的高校预算事前绩效管理研究

杨国磊　孙显锋　单兵义　张晓莉　高蕾

【摘要】 业财融合下的高校预算事前管理对于实施全方位、全过程、全覆盖的全面预算绩效管理具有现实意义。通过业财融合，加强预算事前绩效管理，促进高校扩大经费来源，优化经费支出结构，促进高校内涵式发展。本文对业财融合下的高校预算事前管理的现状进行分析和探究，发现高校事前绩效管理存在的问题，以立项必要性、投入经济性、目标合理性、方案可行性、筹资合规性五个维度，构建业财融合下的高校预算事前绩效评价体系，并提出加强事前评估体制建设，建立绩效目标库，强化事前绩效管理理念，完善预算项目库建设，健全绩效结果反馈机制等建议。

【关键词】 业财融合　全面预算管理　事前绩效管理体系

一、引言

2018年中共中央、国务院印发了《关于全面实施预算绩效管理的意见》，要求建立全面预算管理体系。次年，山东省财政厅印发了《山东省省级政策和项目预算事前绩效评估管理暂行办法》，要求进一步规范省级项目预算事前绩效评估，提高事前评估质量。随着高校教育改革的深入，要求高校业务部门和财务部门立足于业财融合，做好预算事前绩效管理。

二、业财融合下高校预算事前绩效管理的内涵

事前绩效管理是高校预算管理的重要环节。业财融合下的高校预算事前绩效管理，是指预算事前管理活动能够嵌入和融入业务管理中，业务部门能够充分参与绩效评价等一系列预算管理工作，财务部门结合业务部门的目标及运行情况，了解预算绩效目标，将事前绩效评估结果作为资金分配、预算安排的重要依据，合理配置资源，提高预算的执行效率和资金的使用效益。

三、业财融合下高校事前绩效管理体系

目前，山东省财政厅对本省的事前绩效评估体系进行了规范，事前评估指标包含必要性、合理性、可行性、合规性和经济性五大维度，事前绩效管理目标的设定遵循合法合规、指向明确、重点突出、细化量化、合理可行的原则。各省属高校

根据上级主管部门的要求，分别制定了适合自身的事前绩效管理目标，对业财融合下的事前评估工作、事前评估目标的设定、项目事前绩效评估方法进行了界定，初步形成了业财融合下高校事前绩效评估的指标体系，如图1所示。

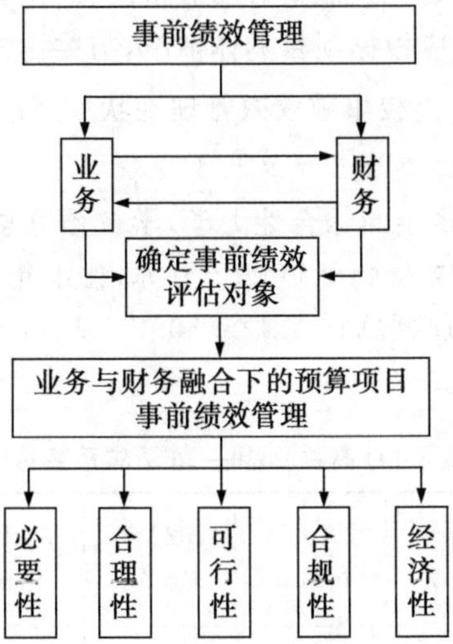

图1　业财融合下高校事前绩效评估的指标体系

（一）事前评估工作

事前评估工作包括三个方面：事前评估准备、组织实施、评估报告三个阶段。准备阶段一般须确定评估对象，高校根据中长期工作规划、年度工作任务安排等要求，对学校新设立的投资发展类项目和金额较大的维持类项目进行评估。组织实施分为三个方面：一是下达评估通知书，财务部门根据事前评估内容，明确评估对象和工作安排；二是业务部门根据通知要求，收集项目实施单位相关材料，通过咨询专家、查阅资料等方式，整理审核评估对象的数据资料；三是现场调研，业务部门根据评估工作安排，对项目进行实地了解。在评估报告形成阶段，评估专家组对照评估指标，对业务部门收集的资料和信息进行评分。关系高校发展的重大项目或者金额较大的项目，可组织专家就相关事项进行打分，形成最终的评估意见。委托第三方机构开展事前评估的，由第三方机构按上述要求成立评估工作组。

（二）事前评估目标的设定

绩效目标的设立一般遵循“谁申请资金，谁设立目标”的原则。绩效目标分为总体目标、绩效指标以及不同的指标值，分别从项目的实施依据、实施内容、实施任务、产出和效益等方面设定目标，为项目的总体绩效提供指导。绩效指标的设定应满足产出合理、成本可控的要求，并带来一定经济效益、社会效益、生态效益和可持续效益。

(三)业财融合下的项目事前绩效评估方法

山东省财政厅印发的《山东省省级政策和项目预算事前绩效评估工作规程》中提到,事前评估方法主要包括成本效益分析法、对比分析法、因素分析法、公众评判法、文献分析法等。应根据项目具体情况,与委托方进行商定。

四、业财融合下的Q高校事前绩效管理现状

(一)业财融合下的Q高校预决算收支现状

Q高校是一所建校多年的综合性大学,学校预算总收入支出呈持续增长趋势。2021年学校预算总收入118,114.12万元,比上年增长26,838.14万元,增长29.40%;2022年学校预算总收入126,309.76万元,比上年增长8,195.64万元,增长6.94%(见表1)。

表1 Q高校2020—2022年预算对比 (单位:万元)

	2020年总收入	2021年总收入	2022年总收入	2021年比2020年增长幅度	2022年比2021年增长幅度
一、财政拨款收入	49,849.26	60,531.76	48,391.83	21.43%	−20.06%
(一)教育经费拨款	49,809.66	54,371.76	48,034.97	9.16%	−11.65%
(二)其他经费拨款	39.60	6,160.00	336.86	15455.56%	−94.53%
二、事业收入	36,104.99	49,430.15	52,397.95	36.91%	6.00%
(一)教育事业收入	22,000.00	31,000.00	31,500.00	40.91%	1.61%
(二)科研事业收入	14,104.99	18,430.15	20,897.95	30.66%	13.39%
三、其他收入	5,321.73	8,152.21	25,519.97	53.19%	213.04%
合计	91,275.98	118,114.12	126,309.76	29.40%	6.94%

数据来源:Q高校信息公开网。

2021年学校预算总支出119,104.04万元,比上年增加16,815.03万元,增长16.44%。2022年学校预算总支出124,095.80万元,比上年增加4,991.76万元,增长4.19%(见表2)。

表 2　Q 高校 2020—2022 年预算执行情况　（单位：万元）

	决算			预算完成率		
	2020 年	2021 年	2022 年	2020 年	2021 年	2022 年
一、基本支出	60,004.67	72,923.26	73,427.40	94.13%	109.74%	104.11%
（一）人员经费	52,832.22	65,001.66	67,035.00	95.29%	111.76%	107.70%
（二）日常公用经费	7,172.46	7,921.61	6,392.39	86.42%	95.56%	77.11%
二、项目支出	42,284.34	46,180.78	50,668.40	85.59%	124.79%	119.88%
（一）基本建设类项目	0.00	0.00	—	0.00	0.00%	—
（二）行政事业类项目	42,284.34	46,180.78	50,668.40	85.59%	124.79%	119.88%
合计	102,289.01	119,104.04	124,095.80	90.40%	115.13%	110.02%

数据来源：Q 高校信息公开网。

（二）业财融合下的 Q 高校事前绩效管理现状

1.实行全面预算管理体制，事前绩效管理制度完善

Q 高校实行“统一领导、集中管理与分级管理相结合”的预算管理体制，先后出台了事前绩效评估、绩效运行监控、预算支出绩效评价暂行等办法，构建了全方位、全过程、全覆盖的全面预算管理体系，为事前绩效管理提供了完善的制度支撑。业财融合下的 Q 高校全面预算管理体系如图 2 所示。

2.项目事前论证和评估程序完善，项目库管理机制健全

目前，Q 高校构建了涉及校内 60 多个单位、380 余项基础运转类项目库和 150 余项投资发展类中长期预算项目库，实现项目动态储备、滚动管理、重点择优支持、适度平衡的功能。2022 年学校各单位储备维持类项目 708 项，涉及预算资金 194068 万元，投资发展类项目 146 项，涉及预算资金 57220 万元，2023 年项目库滚动入库项目 72 个，涉及金额 11412 万元。2022 年学校申报了教育部教育领域贴息贷款项目，项目总金额 41820 万元，获批的项目均从项目储备库中提取。

3.业务财务部门融合管理，职责分工明确

学校成立财经工作领导小组，领导开展事前评估工作，审议事前评估报告和评估结果指导结果应用；财务部门是事前评估的组织、协调部门，制定学校事前评估工作办法，组织开展学校年度事前评估工作，审核大类项目事前评估报告，根据事前评估结果完善项目库入库管理；审计部门是运行监控工作的审计监督部门；项目归口管理部门是事前评估的管理部门，负责成立评估组并做好事前评

估工作,汇总事前评估专家组评估意见并撰写大类项目事前评估报告;项目承担部门、院(系)是事前评估的实施部门,根据事前评估要求提供事前评估申报书和申报表等各项材料,并对材料真实性、合法性负责。

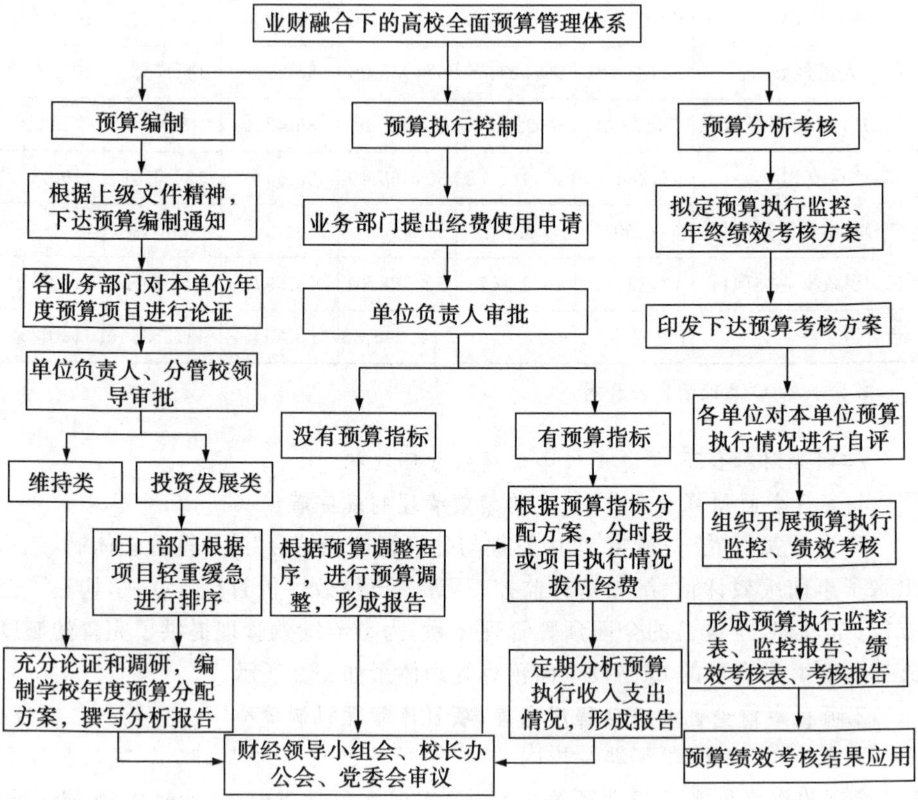

图2　业财融合下的Q高校全面预算管理体系

五、业财融合下高校预算事前绩效管理存在的问题

结合Q高校预算事前绩效管理现状可知,业财融合下的高校预算事前绩效管理仍然存在不少薄弱环节,事前绩效管理导向并没有贯穿预算编制、执行和监督的所有流程,从规章设计和组织协同上均缺少相应的管理机制。

(一)事前绩效机制不健全,没有形成统一的体系

事前绩效机制的不健全主要表现在评估对象、评估经费和绩效目标设立方面。一是评估对象没有明确的确立方法,不同高校评估对象的确立方法不同,评估对象的确立标准亦不同。二是事前绩效评估经费不足。项目通过论证并执行,经费可以由通过的项目列支;项目如果没有通过,对于该项经费如何列支,各

个高校并没有明确的规定。三是绩效目标设置不全面。绩效目标是预算编制的前置条件,是预算绩效评价的重要依据。绩效目标的设定应根据学校中长期发展规划和重点发展目标,涵盖项目的各个支出,对项目一定时期内能够达到的产出和效果进行预期。若绩效目标设置不全面,事前评估流于形式,将导致绩效管理缺乏依据,最终影响全面预算绩效管理。

(二)绩效管理部门权限不够,无法实现事前绩效评估

业财融合下,绩效管理部门的管理权限不足,表现在以下方面:一是高校预算绩效制度不完善,事前绩效评估工作不深入。高校全面预算管理体系应该涵盖预算编制、预算执行监督、预算绩效管理以及绩效结果应用等方面。在实际工作中,预算绩效管理重心大多在预算执行监督和预算事后绩效管理方面,事前绩效缺乏对项目的必要性、合理性、可行性、合规性等的客观评估,评估工作不深入。二是没有真正把预算管理全过程、全方位的理念贯穿于学校发展的各个环节,校内部门之间出现脱节,无法有效沟通,缺乏项目的总体规划和顶层设计,导致不能扎实组织项目事前论证。三是人员配备及知识的局限,导致预算事前绩效评估不够。目前高校预算绩效管理部门大多设在财务部门,财务人员对项目实施的权限有限,无法充分调动项目相关单位积极性来参与事前绩效评估。

(三)绩效评价体系不完善,绩效评价结果的应用不充分

业财融合下,高校全面预算绩效管理的实施目的是对绩效评价结果的应用,作为高校工作任务、项目库建设、预算编制和中长期工作规划的决策指导,与高校下一年的预算编制和预算执行相衔接。绩效评估结果是开展项目前期调研的重要环节,深究绩效结果不能充分应用的原因,主要有以下两点:一是绩效评价体系建设不完善,绩效评价广度受限。高校的经费来源除财政拨款之外,还有教育事业收入、创收收入、银行贷款和地方债券等,经费来源不确定,影响绩效评价的广度。二是预算绩效评价体系建设不完善,绩效评价深度受限。中长期建设项目的投入产出时间较长,预算编制工作虽每年进行,但无法及时为下一年预算编制提供结果反馈。

(四)项目库建设不完善,项目虽入库但未全面论证

项目库建设是全面预算管理的重要环节,进入项目库的项目,应按照程序进行事前绩效评估。目前各高校采用“统一领导、分级管理”或“统一领导、分级管理、集中核算”的管理体制。在该体制下,校内二级单位通过归口管理部门进行预算项目申报,财务部门根据年度经费情况和学校发展计划编入预算。各单位报送预算过程中,经费需求往往与学校财务预算相脱节,导致项目事前论证的经费不合理。此外,受评估人员的专业水平影响,项目事前论证存在采购设备参数模糊、工程量计算不准确等情况,制约了高校项目库的完善。

六、构建业财融合下的事前绩效管理体系

(一)构建科学的事前评估体制机制

第一,加强制度体系建设。高校通过出台事前绩效管理办法,加强对构建全方位、全过程、全覆盖的预算事前绩效管理体系的指导,规范预算项目事前评估申报、事中监控运行等工作流程,使得项目的申报有据可依。

第二,构建科学的事前绩效评价体系。科学地选取考核指标是项目事前绩效管理的基础和难点。高校在进行事前绩效评估时,可从立项必要性、投入经济性、目标合理性、方案可行性、筹资合规性五大方面进行设计,构建业财融合下的高校预算事前绩效管理体系(见图 3)。

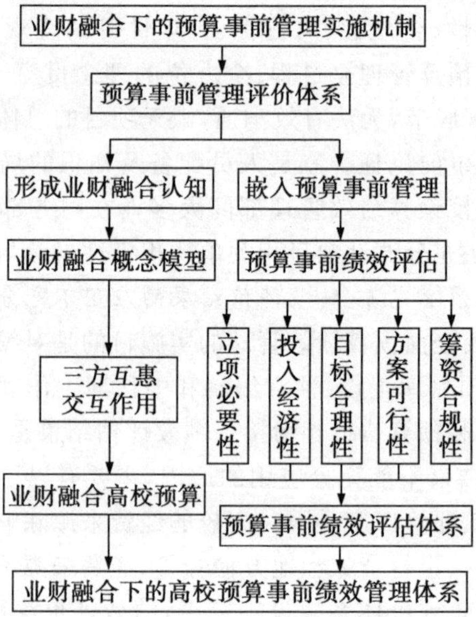

图 3　业财融合下的高校预算事前绩效管理体系

(二)建立完善的绩效目标库

根据高校自身的发展需求和重点发展规划,建立绩效目标库。申报项目绩效目标的时候,可参考绩效目标库进行选取,并探索绩效库项目目标与经费额度相衔接。

1.设定绩效目标

绩效目标应针对不同部门的具体项目加以确定,与高校中长期发展规划、项目特点相关联。指标来源可以参照财政部《中央部门项目支出核心绩效目标和指标设置及取值指引(试行)》和《预算绩效评价共性指标体系框架》等文件。指标具体可以分为成本指标、产出指标、效益指标和满意度指标。

2.设定绩效成本

相同的任务明细可以建立统一的支出标准，以山东省高水平大学建设、高水平学科建设和培育学科建设为例，2023 年高水平大学建设经费不低于 2000 万元，高水平学科建设经费不低于 1000 万元，文科类培育学科建设经费不低于 150 万元。项目申请单位在总成本基础上，细化支出经济分类。

（三）强化事前绩效管理理念

1.加强决策层面的事前绩效管理理念

高校现有的决策权集中在校党委，高校应建立由校党委为引领，业务部门、财务部门多方参与的决策层级，提高事前绩效管理的准确性。校党委作为学校的最高决策层，应把握财政和教育改革措施，统筹考虑学校发展目标，将项目绩效目标与学校年度和中长期发展规划相结合，以保证事前绩效目标的合理性。业务部门作为预算执行部门，应体现多方的利益和决策，根据本单位职能和责任，结合学校重点工作安排和财务情况，强化事前绩效理念，制定绩效目标。

2.设置独立的预算绩效管理机构

从学校顶层角度进行规划，由业务部门、财务部门和校领导组成一支专业的绩效管理队伍，共同参与到预算事前绩效评估工作中。学校经常组织业务培训，聘请专家讲解，开展业务财务部门内部交流研讨，加强与其他高校的经验交流，由点到面，将预算事前绩效理念植入每个人的思想意识中，提高预算事前绩效管理能力。

（四）利用信息化建设强化项目库管理

1.利用信息化建设，强化入库项目的战略目标

通过系统融合，降低入库项目数据提取和分析的难度，让预算编制部门充分了解学校的发展重点和方向，细化绩效目标，强化预算指标的量化作用。

2.利用信息化建设，制定科学有效的目标值

入库项目不仅要重视质量和成本指标，还应考虑影响学校发展的效益指标，加强业务部门和财务部门对指标的了解，促进业财融合下的项目事前绩效管理。

（五）健全绩效结果反馈机制

1.考评结果反馈

绩效评价完成后，学校预算绩效部门要及时将结果反馈给业务部门，提高预算绩效的透明度，同时根据学校事业发展规划，结合反馈情况，对绩效目标设定情况进行修正，形成科学完整的成本、产出、效益和满意度指标。

2.建立绩效问责机制

从项目的执行单位出发，充分利用信息化手段，对项目资金绩效目标实现程度实行“双监控”，推动项目执行及时纠偏，校准方向，改进管理。探索绩效评价

结果的反馈机制,实施“全覆盖、全周期”跟踪问效、问责,充分发挥绩效评价结果应用于事前绩效管理的实质性作用。

主要参考文献

[1]王潞.A高校预算绩效管理优化研究[D].郑州:河南财经政法大学,2020.

[2]赵长宝.如何事半功倍履行预算绩效评价制度[J].农村财政与财务,2012(8):27.

[3]孙保友.高校预算全过程绩效管理策略研究[J].经济师,2018(9):92-93.

[4]潘青锋.浅析开展财政预算评审与事前绩效评价有机结合的重要性[J].山西财税,2019(11):46-47.

[5]刘建强,祖红,刘萍,等.坚持“六字”方针 构建项目支出全过程预算绩效管理体系[J].预算管理与会计,2022(3):53-56.

[6]刘国永,熊羽.全面实施预算绩效管理视角下政府购买服务绩效评价体系构建[J].财政监督,2019(4):10-20.

(作者单位:青岛农业大学)

应用型本科高校建设专项资金绩效评价指标体系的设计与应用

——以D高校为例

滕艺　于钰　张红　房常华

【摘要】 为促进高等学校分类发展、内涵发展、特色发展，中央及地方财政部门、各高校逐步加大资金投入力度，着力推进应用型本科高校建设。本文围绕应用型本科高校建设重点和指导标准，结合当前高校绩效评价管理过程中存在的问题，科学引用平衡计分卡、关键绩效指标及层次分析法，设计构建了一套应用型本科高校专项资金绩效评价指标体系，并以D高校为例进行实例分析，以期为科学、合理地评价应用型本科高校建设成效提供借鉴。

【关键词】 应用型本科高校　平衡计分卡　关键绩效指标　层次分析法　评价指标体系

一、引言

2020年，山东省出台了《关于推进应用型本科高校建设的指导意见》(以下简称《指导意见》)，提出“四个转变”，明确了应用型本科高校建设的思路，同时围绕其性质特点，重点提出在办学定位与治理机制、产教融合模式、师资队伍、教学资源、人才培养、学生发展、科研与社会服务、文化传承与创新、国际交流与合作及办学特色等十个方面强化建设。省财政安排专门资金，根据学校建设基础和转型发展推进情况，分三批对推进成效明显的高校给予重点支持，引领带动其他高校向应用型大学转型。本文基于平衡计分卡法下的专项资金绩效评价指标体系的设计具有一定的指导和应用价值。

二、应用型本科高校专项资金绩效评价存在的问题

(一)专项资金绩效目标缺乏系统设计，与实际结合不明显

近年来，各高校虽能按照主管部门要求开展绩效评价工作，但对于优化教育资源配置、提高教育经费使用效益导向作用并不明显。其主要原因在于，各专项资金绩效目标往往不能结合学校发展战略进行系统设计，而是局限于项目建设本身，自下而上申报汇总而来，导致绩效评价目标与学校发展战略、规划脱节，依

据应用型大学建设重点自上而下将目标层层分解的大局意识比较淡薄,无法从绩效评价结果中得到有效信息。

(二)绩效评价主观性强,各高校可比性差,结果应用具有局限性

各高校按照自身发展规划编制绩效目标,指标内容及权重各不相同,评价标准各不统一,评价结果主观性较强,导致同类型的应用型本科高校之间也无法进行横向比较。同时,学校各专项资金绩效指标均由相关业务部门编制、财务部门人员审核,因双方专业知识受限,导致绩效指标编制缺乏科学性、合理性,且各专项绩效总体目标设置不一致,无法进行专项间纵向比较,绩效评价流于形式,且很少将评价结果与以后年度预算安排及资金使用效益相挂钩,导致权威性、严肃性不足。

(三)关键性、个性化指标设置规矩缺失,权重系数有待优化

一些高校设置绩效指标时往往追求"规范化",参照财政部共性指标体系框架设置共性指标,忽略了能够反映高校自身办学特色的个性化指标;一些高校替代性指标设置较多,指标间互补性较差,无法系统全面地评价绩效目标实现程度。关键性指标设置不明晰,无法体现学校核心发展任务,如一些延续性项目周期较长,其产出成效需要一定的转化时间,当年资金投入可能无法及时取得效果,针对该类项目的年度绩效评价就缺乏延续性和全面性。

三、应用型本科高校专项资金绩效评价指标体系设计

应用型本科高校的战略目标是通过不断转变人才培养定位,建设应用型人才队伍,开展应用型专业,加强产学研学科平台建设等方式促进学校内涵发展、特色发展。这与平衡计分卡(BSC)的理论基础一致,即以战略目标为导向,多角度分析如何获取未来核心竞争力。而关键绩效指标法(KPI)指以战略目标为中心,根据战略实施路径识别关键驱动因素,科学地选择和设置关键绩效指标。笔者通过对大量文献的查阅调研,以及在高校财务部门多年预算绩效管理工作的实践探索,认为 BSC 框架和 KPI 的组合运用是目前针对高校最科学合理兼具实用和可操作性的绩效评价指标体系构建方法。

(一) 应用型本科高校的平衡计分卡架构

因高校具有明显的公益类事业单位属性,所以在绩效评价方面与强调成本利润的企业有所不同。因此,本文将传统平衡计分卡四个维度整合为三个:将"客户维度"调整为"利益关联方维度",将"内部业务流程维度"调整为"实现方式维度",将"学习与成长维度"和"财务维度"整合为 "服务保障维度"。围绕应用型本科高校的战略目标,选取 10 项重点建设标准和资金保障作为关键驱动因素,分别与平衡计分卡三个维度一一对应,绘制应用型本科高校的平衡计分卡架构图,如图 1 所示。

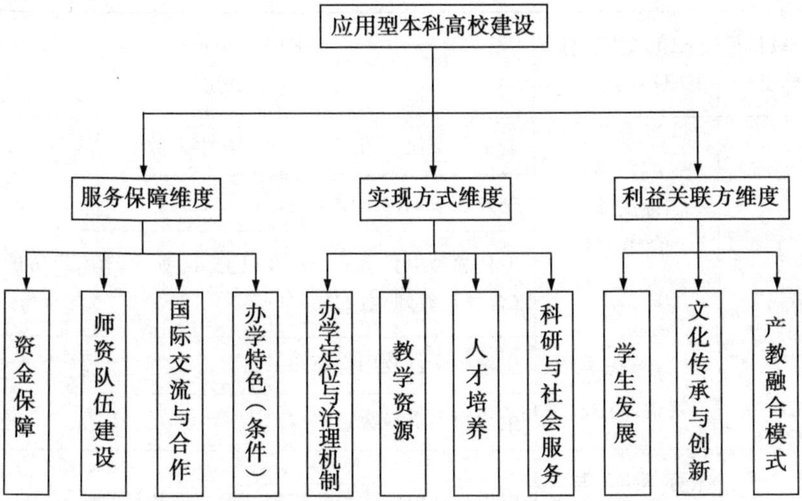

图 1　应用型本科高校的平衡计分卡架构

（二）应用型本科高校专项资金绩效评价指标构建

本文参考财政部《项目支出绩效评价管理办法》，结合行业专家学者研究成果等，对平衡计分卡各维度下各关键驱动因素层层细化分解，得到具体可操作、易衡量的核心关键性绩效指标，设计构建应用型本科高校建设专项资金绩效评价指标体系框架，如表 1 所示。

表 1　应用型本科高校建设专项资金绩效评价指标体系框架

BSC 一级指标（目标层）	KPI 二级指标（驱动因素层）	KPI 三级指标（方案层）
服务保障 $A1$	资金保障 $B1$	资金到位率 $C1$
		预算执行率 $C2$
		校友和社会捐赠收入 $C3$
		实践教学经费投入增长率 $C4$
	师资队伍建设 $B2$	专任教师中博士学位教师占比 $C5$
		学校拥有满足应用型人才培养的生师比 $C6$
		专任教师中，有企业工作或实践经历的教师数量 $C7$

续表

BSC一级指标（目标层）	KPI二级指标（驱动因素层）	KPI三级指标（方案层）
服务保障 A1	国际交流与合作 B3	赴境外交流学习三个月以上学生人数 C8
		举办或参加国际学术会议次数 C9
		专任教师中具有6个月及以上国(境)外学术经历的教师(含外籍教师)数 C10
	办学特色(条件)B4	生均教学行政用房面积 C11
		生均图书资料数量 C12
实现方式 A2	办学定位与治理机制 B5	应用型高校相关协作管理制度制定数量 C13
	教学资源 B6	省级及以上一流专业和高水平应用型专业数 C14
		校外实习实训基地和学生创新创业就业基地数 C15
		(国家/省级)一流本科课程数 C16
	人才培养 B7	以培养应用型人才为目标的省级及以上和校级教学改革项目数量 C17
		通过专业评估或专业认证的专业数量 C18
		人才培养方案中,实践学分最低比例 C19
	科研与社会服务 B8	横向课题到账经费总额 C20
		科技成果转移转化数 C21
		获省级及以上奖励的应用基础研究和应用技术研究项目数量 C22
		为地方企事业单位开展职业技能培训的人次数 C23
		与地方行业企业联合建设的智库和技术服务基地数 C24

续表

BSC一级指标（目标层）	KPI二级指标（驱动因素层）	KPI三级指标（方案层）
利益关联方 $A3$	学生发展 $B9$	学生创新创业与学科竞赛参与率 $C25$
		毕业生就业率 $C26$
		研究生考取率 $C27$
		家长满意度 $C28$
	文化传承与创新 $B10$	学生参与校园文化活动、社会实践、志愿服务人员比例 $C29$
	产教融合模式 $B11$	实施校企合作的本科专业数 $C30$
		校企共建合作平台数 $C31$
		用人单位满意度 $C32$

需要说明的是，应用型本科高校核心关键性绩效指标的选择因学校发展阶段及专项资金使用方向等变化会略有不同，学校应紧密结合战略目标和自身实际，适当调整驱动因素层下各关键绩效指标。

四、基于层次分析法的指标权重赋值

（一）构建成对比较矩阵

本文参考相关学者的提议，比较同一层次两个指标元素相对于上一层对应因素的重要性，用数量化相对权重值 M 表示，分别在 1—9 及其倒数中间赋值。

（二）一致性检验

成对比较矩阵中，各项指标相对权重是由各专家主观赋值获得，为减少主观评价带来的偏差，需对各层次构建的成对比较矩阵进行一致性检验。首先计算成对比较矩阵（$n>1$ 阶方阵）特征向量及权重值，结合特征向量计算最大特征根，不一致程度指标 $CI=$（最大特征根$-n$）/（$n-1$）。根据平均随机一致性指标 RI 求算一致性比率 $CR=CI/RI$。如果 CR 小于 0.1，说明比较矩阵构建具有合理性。

（三）计算合成权重

根据各成对比较矩阵得出的权重值，求算各方案层指标合成权重，计算公式如下：

方案层指标合成权重＝各目标层权重×该目标层下对应关键因素层权重×该关键因素层下对应方案层权重

五、应用型本科高校专项资金绩效评价指标体系应用研究

本文结合应用型本科高校建设重点设计专家咨询表,通过向D高校及同批其他3所应用型本科高校的财务、教务、科研等领域专家进行调研,对应用型本科高校建设专项资金绩效评价各层指标重要性赋权,分别构建成对比较矩阵。

(一)应用型本科高校专项资金预算绩效评价指标层次研究

根据文中应用型本科高校建设专项资金绩效评价指标框架,对BSC一级指标构成的三个目标层($A1$—$A3$)进行层次分析法研究,计算分析得到特征向量为(0.491,1.617,0.892),$CI=0.005$,$CR=0.009<0.1$,说明该矩阵通过一致性检验,各层次指标权重具有一致性,能够比较客观地反映各指标对整个评价体系的重要性。

依次分析BSC各目标层($A1$—$A3$)下驱动因素层构建的成对比较矩阵,并分别进行权重赋值和一致性检验(由于篇幅限制在此不再赘述)。

经测算,驱动因素层($B1$—$B11$)、方案层($C1$—$C32$)分别构建的成对比较矩阵的CR均小于0.1,满足一致性检验,计算所得权重具有一致性。

(二)应用型本科高校建设专项资金绩效评价指标权重分析

通过层次分析法求算应用型本科高校建设专项资金绩效评价指标加权权重,得到平衡计分卡三个目标层中实现方式层($A2$)所占比重最高(53.9%),在目标实现过程中最为重要。由方案层各关键绩效指标加权权重可以看出,权重较大的有7项指标,均在5%以上,主要集中在教学资源、人才培养、学生发展及用人单位满意度等方面,这与应用型本科高校建设目标相契合(因篇幅所限权重分析表省略)。

在进行绩效评价时,可将加权权重作为各指标得分进行赋值,根据各层次下KPI三级指标实际完成率与指标得分之积求得各指标单项分值,最终单项分值汇总求和得到该专项资金预算绩效综合得分,便于对该专项资金使用效益作出整体评价。

由于该指标体系中驱动因素层涵盖了应用型大学重点建设的10个方面,各层次下三级指标均选取具有代表性的关键绩效指标,因此笔者认为,该指标体系可以用于同类应用型本科高校建设水平横向对比,通过各层单项得分及整体分值对比分析,能够比较清晰地发现优势劣势所在,为学校发展规划提供可靠依据。

六、实例分析——以D高校“应用型本科高校建设”专项资金为例

（一）D高校专项资金绩效评价指标年度统计结果

作为应用型本科高校建设首批支持单位，D高校自获批“应用型本科高校建设”专项经费以来，该项目经费主要用于一流专业建设，稳步提升学生培养及专业建设质量，为建设高水平应用型大学提供支持。根据该项目资金支持建设周期，本文搜集了2021—2022年该项目资金建设相关数据。数据主要来源于D高校公开的预决算报告、教育经费统计报表及项目成效采集表等，其中除比率指标外，其余以绝对数表示的KPI三级指标的目标值、完成值均为当年新增数值而非累计数，具体绩效评价指标统计结果如表2所示。

表2　D高校“应用型本科高校建设”专项资金绩效评价结果

KPI三级指标代码（方案层）	2021年实际完成率	2021年综合得分	2022年实际完成率	2022年综合得分
C1	100.00%	0.76	100.00%	0.76
C2	100.00%	1.27	100.00%	1.27
C3	100.00%	0.38	50.75%	0.19
C4	100.00%	2.91	100.00%	2.91
C5	96.29%	1.00	100.00%	1.04
C6	90.00%	1.80	96.00%	1.80
C7	100.00%	4.71	100.00%	4.71
C8	100.00%	1.26	30.00%	0.38
C9	100.00%	0.28	100.00%	0.28
C10	10.00%	0.07	100.00%	0.72
C11	93.52%	0.23	100.00%	0.25
C12	98.00%	0.96	100.00%	0.98
C13	100.00%	3.79	100.00%	3.79
C14	50.00%	5.99	100.00%	11.98
C15	100.00%	6.88	100.00%	6.88
C16	100.00%	2.64	0.00%	0.00

续表

KPI三级指标代码(方案层)	2021年实际完成率	2021年综合得分	2022年实际完成率	2022年综合得分
C17	100.00%	10.44	100.00%	10.44
C18	100.00%	1.80	100.00%	1.80
C19	100.00%	6.14	100.00%	6.14
C20	97.36%	0.62	100.00%	0.64
C21	100.00%	1.38	100.00%	1.38
C22	100.00%	4.23	100.00%	4.23
C23	100.00%	2.67	100.00%	2.67
C24	100.00%	1.32	100.00%	1.32
C25	100.00%	8.29	100.00%	8.29
C26	100.00%	5.90	74.61%	4.40
C27	89.96%	1.44	100.00%	1.60
C28	100.00%	2.62	100.00%	2.62
C29	100.00%	2.87	100.00%	2.87
C30	95.00%	1.92	100.00%	2.02
C31	100.00%	1.16	100.00%	1.16
C32	100.00%	5.26	100.00%	5.26
	合计得分	92.99	合计得分	94.78

(二)D高校专项资金绩效评价分析

由表2可得,D高校“应用型本科高校建设”专项资金在2021—2022年的绩效评价综合得分均大于90分,且逐年增加,说明项目整体建设表现优秀。项目资金执行状况良好,均未形成结转资金;学校战略目标导向性较强,教师学历结构不断优化,教育教学质量显著提高,实践教学能力全面提升。但是对各关键绩效指标进行年度横向对比不难发现,个别指标通过降低年度目标值,在实际年度建设值少于上年的情况下仍获得较高完成率,造成指标综合得分虚高,无法充分显示项目资金使用效益,绩效目标导向作用不足,无法合理进行横向比较。同时一些指标在设置时未进行充分论证,受政策、环境等外界影响因素较大,指标完成率可控性差,指标得分不稳定。

（三）提升D高校预算绩效管理的建议

1.提高政治站位,坚持系统观念,完善优化指标体系

绩效评价指标体系的构建是一个不断修正完善的过程,应统一思想,提高全员绩效管理意识,紧紧围绕应用型本科高校建设的战略目标,坚持问题导向,在有效调研的基础上,结合学校中长期工作规划及年度工作重点对专项资金绩效指标评价体系进行调整,同时组建绩效评价专家小组,对不同专项资金项目绩效目标设置进行审核,保证各项目在共性指标的基础上合理设计个性化指标,构建战略规划、预算编制、绩效评价相结合的全面预算绩效管理评价体系。

2.加强顶层设计,坚持问题导向,修订绩效管理制度

根据高等教育的特征和特点,积极探索高校成本核算方案,明确全面预算绩效管理的组织架构、主体责任、绩效目标,规范工作流程、评价方法、结果应用等。全面落实省属高校财务治理任务,完善相关管理制度、评价办法、实施细则,着力推动制度优势转化为治理效能,切实提高预算绩效管理的有序性及长效性。

3.深化教财融合,坚持综合施策,做实评价结果应用

加强预算绩效信息化管理,深入分析学校预算绩效管理实际情况,结合学校绩效管理模式,建立包括预算绩效申报、绩效目标编制、绩效中期考核、绩效自评、绩效结果分析等流程在内的完整有效的预算绩效管理系统。严格落实各项目单位绩效评价主体责任,对绩效目标实现程度和预算执行进度实行"双监控",将绩效评价结果运用到下一年度工作任务制定当中,并作为下一年度预算编制的重要依据。强化绩效结果运用,对绩效自评分值不高、效果不显著的项目引入淘汰机制,有效提升绩效评价结果的导向性及严肃性。

4.细化评价标准,高度协同一致,落实并细化财会监督

不断完善学校内部财务治理体系,提高财务治理能力,以开展全面预算绩效监督为切入点,持续强化预算绩效管理,对校内预算项目进行梳理归集,优化支出结构,实现经费使用和监督的归口管理。研究构建内部协作、外部联动、日常监控、风险预警、问题通报的监督机制,形成监督合力,实现对学校各项经济活动全过程、全方位的财会监督,切实提高办学资金和资源的使用效益。

主要参考文献

[1]柳佳,岳华,张婵娟,等.基于BSC的高校预算绩效评价指标体系研究——以H大学专项资金预算为例[J].教育财会研究,2022(4):27-30.

[2]张娟娟,王仕会,张强.高校专项资金绩效评价指标体系设计[J].新会计,2021(7):45-47.

[3]于鹏.公安公交派出所绩效评价指标体系设计研究——以G派出所为例

[J].山西警察学院学报,2022(1):32-38.

[4]陈芳,林炜基,陈彩红,等.高校科研项目绩效评价体系的指标构建研究——基于棱柱模型[J].商业会计,2021(16):61-64.

[5]卢一墨.基于AHP-fuzzy法的高校绩效评价指标体系研究——以S学院为例[J].中国经贸导刊(中),2020(10):121-123.

[6]李素英,谢明明.高校预算绩效评价指标体系的构建及应用研究[J].会计之友,2022(11):118-125.

[7]马晓睿.应用型大学全面预算绩效管理存在的问题及对策研究[J].当代会计,2021(20):73-75.

本文发表于《德州学院学报》2023年第4期,有改动。

(作者单位:德州学院)

高等学校财务机器人应用研究

王好辉　王 坤

【摘要】 财务机器人是“互联网＋”时代发展到一定阶段的新产物，是为了适应时代发展的一个必然趋势。近年来，机器人流程自动化(RPA)技术因其无须人为干预，高效、可持续运行，可实时调度，可扩展性强等优点，被大量应用于各行各业，而财务机器人正是其中最为突出的代表。通过系统的分析和实证，我们将重点关注财务机器人的技术应用，并考虑高校的实际情况，以期更好地探索其在教育领域的应用潜力。

【关键词】 财务机器人　RPA技术　风险管控

随着中国经济社会的发展和科技水平的提高，信息化技术在各个领域都得以广泛应用。其中，智能自动化技术在高校财务自动化管理方面的运用已经逐步发展。财务工作具有重复性和标准性的特点，智能自动化技术中的RPA技术可以与传统重复性的财务管理工作方式加以融合，用机器人取代人工作业，从而大大提高生产质量和管理水平，促进财务管理信息化，有利于解决跨部门系统集成或流程整合、系统之间数据传输、同步与共享以及业务信息化等关键问题。同时，推动财务服务理念的更新，促进财务工作效率和财务防控风险意识的提高，对高校高质量发展具有重要的支撑作用。

一、财务机器人的概念、现状、分类

(一)财务机器人的概念

财务机器人的出现和使用不仅是技术进步的具象体现，更是财务工作思维方式变化的抽象展现。财务机器人技术（RPA，Robotic Proccss Automation)，又称“机器人流程自动化”，它通过模拟人工进行计算机操作的行为，完成大量重复、琐碎的事务性工作。与传统的信息技术不同的是，RPA具备自主研发、不容易出错、24小时不间断工作、部署便捷等特性。了解到以上的信息后，我们可以发现RPA具备以下特征：其一，RPA并不是一个物理机器人，而是一款基于桌面记录的自动化软件，它可以完成重复性高、定义明确、有固定逻辑、无意外情况的工作。其二，RPA能够7×24小时×365天无间隙工作，具有相当于人工15

倍的超高工作效率。其三,机器人的使用规模可以按需求调整。其四,RPA具备极强的管控能力及审核能力,可以做到详细、实时地追踪所有流程步骤。其五,RPA机器人无须人工操作,不会发生错误并提供自动校验和流程检查。

(二)财务机器人的现状

RPA的进化主要分为以下几个阶段:

RPA 1.0(Assisted RPA,辅助性RPA),属于简单的桌面自动化操作软件,单机运行,可以解放部分劳动力,缺点是不支持端到端的自动化,无法形成规模。

RPA 2.0(Unassisted RPA,非辅助性RPA),具备机器人流程自动化的主要功能要求,实现端到端的自动化和规模化的应用,具有工作协调、机器人管理、性能分析等功能,部署在虚拟机上,缺点是需要人工控制和管理。

RPA 3.0(Autonomous RPA,自主性RPA),具备机器人流程自动化的主要功能要求,实现端到端的自动化和规模化虚拟化劳动力,弹性伸缩,动态负载均衡,具备情景感知、高级分析和工作流等功能,部署在云服务器(虚拟机)上,缺点是无法处理非结构化数据。

RPA 4.0(下一代RPA软件机器人),使用人工智能AI和机器学习等技术,实现处理非结构化数据,具备预测规范分析、自动任务接受处理等功能。

目前大多数的RPA软件产品都介于RPA 2.0和RPA 3.0之间,需要提升流程自动化程度来完善RPA软件产品,解决掉2.0和3.0的所有问题,同时要积极探索4.0技术(AI)的引入。

(三)财务机器人的分类

财务机器人已被广泛应用于财务工作的方方面面。按操作场景不同,可将财务机器人细分为查询类机器人、报送类机器人、操作类机器人、分析比对类机器人等四类。

二、高校财务机器人的应用现状

目前财务机器人的应用主要包括优势和不足两个方面。

(一)优势方面

第一,财务机器人可以完成会计和税务上大量、重复、耗时的基础性工作,并为银行对账、来款提醒、增值税账实检查和增值税票真伪查验等工作流程提供更好的服务,给财务工作带来很大的促进作用。

第二,提高工作效率,有效节约成本。引入机器人之前,财务人员需要耗费大量的精力在业务处理上,而机器人可以替代重复工作,提高工作效率,同时也节约人力成本的投入。

第三,增强会计信息可靠性,提高财务信息质量。财务机器人最大的特点就是能够自动执行基本的财务流程操作,流程的规范化、自动化能够在很大程度上避免人为操纵会计信息的现象,弥补因财务舞弊导致会计信息失真的漏洞,有利于增强会计信息的可靠性。

(二)不足方面

财务机器人固然执行的是比较基础的工作任务,不过还是保存着财务数据、客户信息、会计行为等重要信息,一旦遭到黑客恶意攻击,将重要信息泄露出去,将对高校产生不利影响。

三、高校财务机器人的应用场景

高校财务机器人的应用场景包含很多方面,具体如图 1 所示。

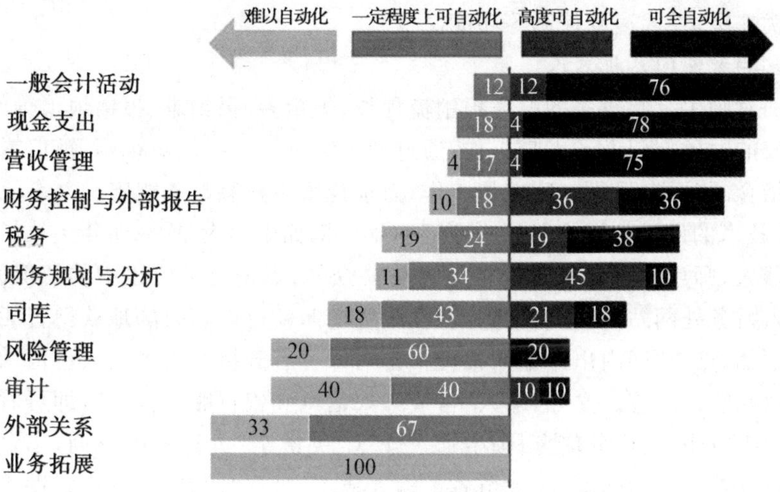

图 1　财务机器人的应用场景(单位:%)

(一)国库机器人

国库机器人是用来处理财务系统和预算一体化系统数据传递业务的。目前大多数省份的财政预算一体化系统是独立且不开放接口的,处理国库支付业务需要使用专线连接国库系统,所有的支付数据都需要财务人员手工录入系统,造成每一笔报销业务都需要重复处理两遍,业务量大,还容易出错,对账麻烦。国库机器人的出现很好地解决了这个问题,例如云杰系统开发的国库机器人,不但能够实现国库系统的自动登录、自动支付录入、指标自动读取等功能,而且与云杰财务系统实现了无缝对接,能够自动从云杰财务系统读取支付列表,并把财政一体化的指标自动推送到核算系统中,实现了云杰财务系统与财政一体化系统的双向数据交互。

支付录入能够模拟人工在财政一体化系统进行支付的自动录入。录入功能基于 RPA 和自动化分析处理技术,实现了财政一体化支付录入的完全自动化和智能化。录入机器人启动后,可以实现完全无人值守,录入完成后机器人自动进入休眠状态。云杰财务系统有新的录入数据后,机器人会自动启动从云杰财务系统读取支付列表并开始录入工作。

录入界面主要由“启动机器人”“关闭机器人”和控制台显示界面组成。启动和关闭按钮用于一键启动或关闭机器人,控制台程序用于直观地显示机器人的工作状态。点击“启动机器人”按钮后,机器人将进入无人值守工作状态,能够同时完成支付列表同步、指标同步、支付录入、工作休眠以及自动唤醒等工作。

机器人在提供了简易化和直观的操作界面的同时,也提供了非常灵活的配置功能,包括录入状态实时查询统计、支付摘要个性化配置、更换支付指标、设置录入优先级、录入速度控制等功能。

(二)智能问答机器人

面对师生反映较多的财务报销流程长、规矩多、报销难、报销烦琐等问题,多数高校的财务部门做了大量工作,通过现场宣讲、公众号、短视频、短信等线上线下相结合的方式,强化制度宣传工作,力求让师生熟悉财务规定和办事流程。现在AI技术的发展使问答机器人应运而生。例如中山大学2021年上线了财务职能机器人,师生只需要进入财务处微信公众号,点击财务资讯中的智能问答,或是进入财务处网站,点击右下角的“在线咨询”,就可以随时随地获得智能问答服务。例如,点击“国内出差如何报批报备”,即可看到报批报备的人员范围以及流程指引和管理问答。又如,输入“常规开票信息和银行账户信息”,即可看到中山大学的银行账户、税务信息;师生通过输入“关键字”进行模糊查询,小财助手即可实时推荐可能的问题,大大节省了输入成本,且在“回答”下方小财助手会提供相关的系列问题,师生可继续点击查看。例如,咨询“如何登录财务信息系统”,则会提示“财务信息系统包含哪些板块”等相关问题。其灵活多变,回答丰富多样,有链接、表格、文档、图片等,可最大限度地满足师生需求。当出现小财助手无法解决的师生留言提问时,财务处工作人员会及时查看回复,按需扩充知识库。通过不断训练小财助手,最大化挖掘潜力,提高其回答命中率,努力带给师生更好的服务体验。此外,无论师生身处何地,只要接入网络,进入聊天咨询窗口,小财助手将全天不间断地时刻陪伴师生解决报销难题,方便快捷。

除了以上两类机器人,还有其他类型的机器人也在高校财务管理中被实际应用,更多的财务机器人的使用,不但提高了财务信息化水平,还解放了劳动力,使财务人员可以将更多的精力用于精细化管理。

四、应用财务机器人的转型机制及风险管控

(一)财务机器人风险管理的必要性

“工欲善其事,必先利其器。”一个好的工具或者技术必须要经过生产者、使

用者、拥有者多方面的不断打磨才能称心。这是我们研究财务机器人应用的初衷和理念。财务机器人本身确实能够帮助财务工作者解决一些问题,但是作为日常工作业务流程“信息化系统—机器人—操作员”链条本身,要考虑的是整个链条的风险管理。

财务 RPA 机器人应用中所面临的风险通常分为 4 类,分别是监管合规风险、内部管控风险、数据准确性风险、信息安全风险。具体的情况如表 1 所示。

表 1　财务机器人风险分类

	分类描述
监管合规风险	财务机器人是否满足监管机构的各项要求,例如:银保监会对于银行的监管要求,证监会对上市公司的监管要求等
内部管控风险	基于企业内部管理,例如信息化管理、内部控制管理、内部审计管理等,明确具体的要求事项,财务机器人需要满足各事项的要求
数据准确性风险	如财务机器人涉及对业务财务数据的操作处理,需要降低机器人误操作导致的数据不准确等风险
信息安全风险	内外部人员恶意或非恶意的攻击,造成财务机器人运行受影响,或是进一步造成数据泄漏以及相关业务财务系统不稳定等风险

(二)按运行方式设计风险控制体系

按照机器人的特点,结合具体的财务性质,可将机器人运行方式分为定时触发、手工触发、外部参数键入触发等 3 种。按照业务执行频度将财务业务分为每日、每周、每月,对于频度固化且操作固化的财务业务,如银行流水的下载、制单、日调节表等业务,根据频度将机器人运行配置为定时运行。频度的划分应考虑财务机器人的运行方式,有些业务如回单的下载排序, 对业务人员而言可将业务分散于每日,也可集中在月底一次性进行,但是对机器人运行而言,我们要在划分频度之前充分考虑机器人的运行负载风险。此类业务最好的设计应将运行分散开,防止一次性并发产生的负载过大风险,同时每日运行有助于更好地进行风险控制。有些业务的逻辑固化但发生时间存在不确定性,如明细对账、批量付款等, 此类业务的运行触发由人工灵活控制,同时人工可及时对运行结果进行风险监控。还有一类业务整体操作、逻辑固化,但是某些节点需要人工进行一些机器人运行的参数配置,此时需由人工判断如何配置参数,这些参数存在一些不确定性,如会计期间的选择、费控参数的配置等。外部参数键入的触发方式更为灵活可控。

在机器人运行过程中,对于涉及系统操作的机器人流程,对业务关键节点要进行实时监控,关键节点出现异常要及时终止机器人,防止机器人的误操作风险;同时机器人在运行过程中应输出完备的日志,形成良好的实时提醒、告警预警机制;机器人运行过程中要有录像输出,保证机器人运行记录的可追溯性。

在机器人运行后,要对机器人运行结果进行人工复核。首先确保机器人的运行是正常运行终止的,机器人非正常运行结果一般会出现逻辑错误,从结果初步分析即可得出结论。如1000张回单的排序,排序率很低,应判断机器人运行非正常终止。此时应及时终止与此业务相关联的所有其他财务业务,及时把控关联性风险。判断机器人运行正常终止后,要对机器人运行的数据结果进行复核、检查,这里可以运用关联性检查或相关系统本身的校验机制。关联性检查适用于强耦合性的财务业务流,如结转损益凭证必须将多个会计区间的账务审核完毕,即账务审核为结转损益凭证的必要条件,此时即可通过后一个业务去检查机器人运行结果。有些财务机器人流程可通过系统本身的校验功能进行校验,如数据录入相关财务流程,税务报送、制单等,在机器人完成数据录入后,通过系统校验功能对机器人录入数据准确性进行校验。

(三)财务机器人应用风险预防措施

在财务机器人部署设计时,高校应制定相应的机器人制度,为机器人运行创造环境。机器人的管理一般应由专门技术人员负责,集中管理有利于提高精细化水平,实现整体机器人运行效率最大化。由系统管理员配合实际情况进行机器人的权限划分,无业务关联的机器人应相互独立运行;对因机器人本身运行出现的问题,管理人员应及时发现、定位、处理。同时,在安全合规的前提下,财务部门也应制定相关的财务制度配合机器人运行,如网银类业务集中化管理密钥、配备属于机器人权限的相关的系统账号等。

在机器人流程设计方面,应充分考虑各种异常情况的出现,在安全风险可控的前提下,提高流程的稳定性,在稳定运行的基础上提高机器人的运行效率。流程设计应选择适合机器人运行的场景,在机器人逻辑确认上,编程逻辑应结合具体业务性质,确保逻辑准确,与业务适配。开发人员与业务人员要紧密配合,防止因逻辑设计缺陷导致出错的风险。在机器人流程架构设计方面,应将所有可能的因素纳入设计中,根据不同情况加以分类,加入关键节点容错以及整体流程容错,保证机器人运行无差错,出现非流程本身的异常时能及时报警。同时要考虑好相应的补录机制,这就需要在流程设计时精准记录相关的运行结果,保证机器人在重新运行时有连续性,不会覆盖也不会出现断点,在测试中不断对流程设计进行优化调整。

对于业务人员而言,需要掌握基本的机器人运行原理,能够在机器人运行异常时初步分析出是何原因导致机器人运行出错。流程开发人员应将详细的流程设计思路与维护人员交接并输出相应的逻辑定义文档和流程维护文档，维护人员要熟悉流程设计思路，做到精准定位问题并进行处理。

五、总结

信息技术发展日新月异，高等学校的业务管理水平在不断提升，财务监管的各项要求也随着内外的发展不断作出调整。财务机器人同样也会不断发展，在给财务工作带来便利的同时，对财务人员的管理能力也带来了新的要求。财务工作者要与时俱进，不断接受新事物、新手段，也要勇敢面对新问题和新挑战。因此，财务机器人的使用和风险管控是一个长期的、持续的和动态的过程，需要及时进行效果评价，用以检查与评价财务机器人风险与控制过程的充分性和有效性，并根据评价结果对控制措施作出适当的优化与调整。

主要参考文献

[1]刘虹.基于RPA技术的财务机器人应用研究[J].河北青年管理干部学院学报，2023(2)：74-77.

[2]杨彩虹.RPA机器人在财务领域的应用研究[J].中国管理信息化，2023(1)：57-60.

[3]袁琴，李永锋.RPA财务机器人在财务共享服务中心的应用研究[J].现代商贸工业，2023(1)：141-143.

[4]龚秋玲."大智移云"背景下RPA在财务共享中心的应用探究[J].中小企业管理与科技，2022(22)：157-159.

[5]陈雪欣.RPA技术的发展与基于RPA技术的财务机器人的应用[J].数学技术与应用，2022(10)：30-32.

[6]上官立波，刘洋洋.智能财务背景下财务机器人流程自动化应用研究[J].活力，2022(10)：106-108.

[7]余委杰，陈诗淇，庞凯贤，等.财务机器人应用现状及发展趋势研究[J].河南科技，2021(27)：141-145.

（作者单位：青岛大学）

基于预算管理绩效评价的高等学校资源优化配置研究

——以山东省属Q高校为例

王丽梅　刘天真

【摘要】 本文以山东省属Q高校为例，结合高校资源配置实际，对高校预算管理绩效评价指标体系进行适当优化，据此建立高校资源配置模型，并尝试将预算管理绩效评价结果用于高校内部资源配置，形成高校间有序竞争局面，最终促进高等教育的内涵式、可持续发展。

【关键词】 预算管理　绩效评价　资源配置

一、引言

党的二十大报告指出，加快建设高质量教育体系，加强基础学科、新兴学科、交叉学科建设，加快建设中国特色、世界一流的大学和优势学科。以高等教育发展为引领，我国启动教育提质行动，系统推进教育综合改革，加快促进教育高质量发展。习近平总书记指出："要全面深化教育领域综合改革，增强教育改革的系统性、整体性、协同性。"而教育综合改革行动的推进，要以教育评价改革为牵引建设高质量教育体系，大力推动教育优质均衡发展。各省市积极响应中央的政策，相继出台了建设高水平大学、创一流学科的文件和配套措施。山东省提出，以启动实施一流学科建设"811"项目为突破，矢志增强高等教育综合实力。高等学校（以下简称"高校"）作为重要的高等教育主体，在人才培养、提供教育服务方面发挥着积极作用。后疫情时代，社会经济正在加快复苏，但优质教育资源依然相对紧缺，如何将有限的教育资源进行合理配置，使之实现效益最大化，是当前教育界关注和探讨的热点话题。

根据已有研究，本文基于山东省省属34所高校2019—2021年相关统计数据（根据山东省教育厅公布的数据整理），对现有高校预算管理绩效评价指标体系进行优化，进而构建高校资源配置模型，以增强预算管理绩效评价指标体系对高校资源配置的理论与实践指导作用。

二、高校预算管理绩效评价指标体系应用现状

预算管理绩效评价制度实施以来，绩效评价指标体系研究和应用呈现蓬勃发展的趋势，尤其在国家出台相关政策以来，预算管理绩效评价指标不断丰富，体系日趋健全。高校因其综合性较强，预算管理绩效评价指标体系的发展有自己的特点。

(一)应用范围有限，覆盖面不广

当前高校预算管理绩效评价指标体系主要针对财政资金，非财政资金、捐赠收入等自筹资金尚未全部涵盖，全过程、全方位、全覆盖的预算管理绩效评价指标体系还未形成。从已有的研究看，其大多从某一方面针对拨款经费即财政资金进行预算管理绩效评价，覆盖面有限。

(二)个性化的指标体系尚未形成

高校目前的预算管理绩效评价指标体系大多使用上级部门发布的指标，没有根据高校自身的特点和需求进行调整和设计，存在指标设置不尽合理、数据收集不尽完善的情况。调查发现，大部分地方普通高校直接采用上级教育部门发布的绩效评价指标体系，没有结合自身实际进行科学改进。

(三)评价标准趋于统一

国内外许多专家都在积极构建一套科学的全面绩效评价标准。各高校由于属性、定位和发展阶段等存在差异，预算管理绩效评价标准也应有所不同，在确定预算管理绩效评价指标体系时，要综合考虑各方面的影响因素，尽量避免主观性和不确定性。

(四)应用效果不尽如人意

近年来，高校普遍重视预算管理绩效评价指标体系的建设和应用，但实际中往往是在上级下发政策文件后，高校在规定的时间内突击完成预算管理绩效评价，数据收集不够广泛与切合实际，各个部门仅完成属于本部门的部分，部门间协同不畅，预算管理绩效评价指标体系的应用效果有限。

三、高校的资源配置现状

高校的资源主要分为财力、物力、人力及无形资源等，其中财力资源是基础。本文主要研究高校资源中的财力、物力、人力资源配置。

(一)高校人才队伍存在结构不尽合理、评价机制不够健全的现象

随着国家各项人才配套政策的落地，内部培养与外部引进相结合，待遇保障措施持续改善，高校的人才队伍建设已取得了可观的成就。截至 2021 年，山东全省教职工达 17.78 万人，比上年增加 0.58 万人，专任教师达 12.99 万人，比上年增加 0.57 万人。专任教师中具有高级专业技术职务的人数为 5.48 万人(其中

正高级1.53万人),占总数的42.19%;普通高校专任教师中硕士研究生及以上学历的人数为8.54万人(其中博士研究生学历3.57万人),占总数的65.74%。但相较部属高校,省属高校的高端人才数量较少,青年拔尖人才稀缺。从高端人才的构成情况上看,山东省属高校省级人才相对较多,国家级领军人才、教学名师等数量较少;院士与享受国务院特殊津贴的教师总数不多,分配不均匀,几所综合实力较强的高校占比较大,而有的高校甚至没有院士;中青年专家占比不高,青年人才相对紧缺。从教师梯队构成上看,2019—2022年专任教师以及教师相应的学历、学位、职称等方面都有不同程度的增长,但增长幅度有限,且从年龄结构上看,35岁及以下的专任教师占比较少。

高校人事管理模式得到不断创新,如公开社会招聘、专技岗位考评结合、绩效分配与聘期考核相结合等,传统的人事管理制度得以改进。然而,高校人事管理机制仍有不少的行政色彩。调查发现,高校的人事管理制度仍需较严格执行上级部门的行政指令与制度规定,没有真正落实薪酬与绩效评价结果挂钩,同时尚未形成合理的评价机制。

(二)大型仪器设备利用率不高、共享性较差

近年来,高校物力资源稳步增加,表现在校区数量、学校占地面积、校舍数量、实验室数量、教室及科研用房面积、固定资产购置量、图书数量等逐年增长。截至2021年,山东省有普通高校153所,其中本科院校70所(含4所独立学院),教学科研实习仪器设备资产值406.52亿元,比2020年增加53.06亿元,校均2.66亿元,生均16730元;数字终端85.07万台,比2020年增加4.25万台,校均5560台,每百名学生拥有35台。

但是,部分省属高校大型实验设备存在不同程度的闲置、重复购置、利用率低等现象,尚未实现资源共享与优化。各高校的国有资产与实验设备管理制度一直在不断完善,但实际操作中仍有制度执行不到位、监督不健全的情况发生。

(三)财政经费总量有限,自筹能力尚欠缺

从教育经费的投入情况来看,教育经费近年来投入总量有所增长(见表1)。山东省普通高校生均一般公共预算教育经费比2020年增长4.6%,生均一般公共预算教育事业费支出比2020年增长3.30%。随着高校办学规模不断扩张,单所高校的生均教育经费支出增长幅度有限。

表1　山东省高校 2019—2021 年教育经费执行情况　（单位：千元）

年份	一般公共预算教育经费	生均一般公共预算教育经费	生均一般公共预算教育事业费
2019	215495552.64	17.712	17.454
2020	228182139.59	17.509	17.556
2021	238701130.58	18.315	18.135

Q 高校的经费来源依然以财政拨款为主，测试费等在内的非财政拨款收入占比较小，高校的社会资金筹集能力仍存在较大空间（见表 2）。

表2　Q 高校 2019—2021 年教育经费来源构成情况

	财政拨款收入（占比）	事业收入（占比）	非同级财政拨款（占比）	捐款收入（占比）	其他收入（占比）
2019 年	50.14%	39.05%	1.96%	0.01%	8.83%
2020 年	47.99%	45.33%	2.04%	0.19%	4.44%
2021 年	47.64%	47.86%	1.88%	0.03%	2.58%
平均占比	48.59%	44.08%	1.96%	0.08%	5.28%

四、高校预算管理绩效评价指标体系的优化及资源配置模型构建

（一）高校预算管理绩效评价指标体系的优化

预算管理是通过绩效指标的计算衡量绩效目标，而绩效目标则通过绩效指标的计算对预算管理的执行结果进行反馈，因此，全面预算管理绩效评价指标体系的优化在于构建预算管理与绩效相结合的一体化系统，硬化预算与绩效“双约束”，进而运用绩效评价的结果优化校内外的资源配置。

首先，预算管理绩效评价指标的设计与选取要与高校的特点、发展阶段及战略目标紧密关联。不同类别的高校因其主管部门、发展阶段、发展目标的差异，绩效评价指标也应有所不同。应根据高校特点，将普适性的绩效指标进行个性化的优化，并根据这些指标对高校整体绩效的影响程度进行权重赋值，最终得到一个相对客观的绩效评价结果。

其次，进一步完善预算管理绩效标准体系建设，实行绩效评价指标的模块化管理，创新评价方法，构建整体共性绩效指标框架。高校应按照定性与定量相结合的原则，加快构建教育行业的核心绩效指标和标准体系，建立动态调整机制。

绩效指标要与公共服务标准、部门预算项目支出标准等匹配,重点考核实务绩效。

再次,持续推进绩效评价指标体系的信息化建设。预算管理绩效评价指标体系是一项复杂细致的工作,仅用传统的office办公软件进行操作分析,势必造成人力资源的过多占用和低效率,因此要依托业财一体化平台,将绩效管理深度融入预算管理各个环节,实现一体化运行。调研发现,山东各省属高校都不同程度地开展了信息化建设,取得了阶段性进展,虽然有的高校信息化建设还存在部门间软件相对独立而没有完全贯通的情况,但是随着信息化工作的深入开展,各个部门的信息化系统都将与预算管理绩效评价系统全面对接,为预算管理绩效评价工作的顺利开展提供条件。

最后,引导和规范第三方机构参与绩效评价工作。在开展专项资金绩效评价、项目绩效评价、重点学科绩效评价时,可以引入结构合理、专业的高水平预算管理第三方机构队伍,加强执业质量全过程跟踪与监管,有效发挥第三方机构的专业性和独立性。

综上,结合山东省Q高校自身的管理模式和特点,采用共性指标与个性指标、定性指标与定量指标相结合的方法,选取对高校产生关键影响力的绩效评价指标,建立山东省Q高校预算管理绩效评价指标体系(见表3)。

表3 Q高校预算管理绩效评价指标体系

一级指标	二级指标	三级指标
投入	预算配置	教育经费投入、科研经费投入、生均奖助学金、生均校舍面积、生均教学科研仪器设备数量、生均图书册数、筹集到账的师均社会经费
产出	学科建设	拥有ESI排名前1%学科数量,博士、硕士点建设数量,一级学科高绩点科研成果数量
	应用型专业建设	拥有和新增一流专业数量、通过认证的高水平专业数量、合作办学专业拥有和新增数量
	人才培养	师资队伍结构、教师教学获奖数量、专业实践教学占比、在校生的代表性创新创业成果数量(含高水平论文、获奖、专利、优秀学位论文)、学生体质健康合格率、毕业生就业率、学生深造率、校园恶性事件及安全事故发生率、论文抽检合格率

续表

一级指标	二级指标	三级指标
产出	科学研究	国家级科研项目数量、省级科研项目数量、科研成果获奖数量、高水平论文出版专著数量、国家发明专利授权数量、实用新型专利授权数量、横向课题到账经费额度
	社会服务	科技成果转化率或发挥智库作用、校外实习基地数量、产学研合作数量、承办有影响力的学术会议和重大活动数量
效益	满意度	教师满意度、学生满意度、家长满意度、用人单位满意度、社会满意度
	可持续影响	对口帮扶情况、合作交流情况

(二)基于预算管理绩效评价指标体系的资源配置模型构建

基于结果导向,以预算管理和会计核算为支撑,将绩效评价与资源配置有机连接起来,构建基于优化的预算管理绩效评价指标体系的资源配置模型(见图1)。根据可比性原则,将高校内部具有可比性的部门或者同质性的项目建立相对独立的模块,模块内根据部门、项目的自身特征设置相应的预算管理绩效指标,进而形成相对封闭的预算管理绩效评价指标体系。每一模块要有各自的标杆性绩效评价标准,该标准根据过去预算管理绩效评价结果的正态分布合理确定。模块间可根据属性及业务差异通过赋予不同的权重进行比较,对绩效评价结果好的项目或者学院、部门等进行资源优先保障,对绩效一般的进行督促改进、优化提升,对交叉重复的部分予以整合,这样就可以根据预算管理绩效评价的结果指导校内资源的配置。而校内资源配置效益的提高又会通过财务管理活动体现在整个高校的预算管理绩效评价结果上。因此,高校自身的预算管理绩效评价结果与资源配置效率的影响形成一个良性循环的有机体。同样,层次相同的高校在运用此方法时,可根据各自的特点进行差异化的设置,资源配置的主管单位通过对高校间的绩效评价结果进行比较排序,影响高校间的经费配置,如此“目标—结果—目标”的良性循环就会形成,最终会促进高校优化结构,实现有限资源的效率和效益最大化。

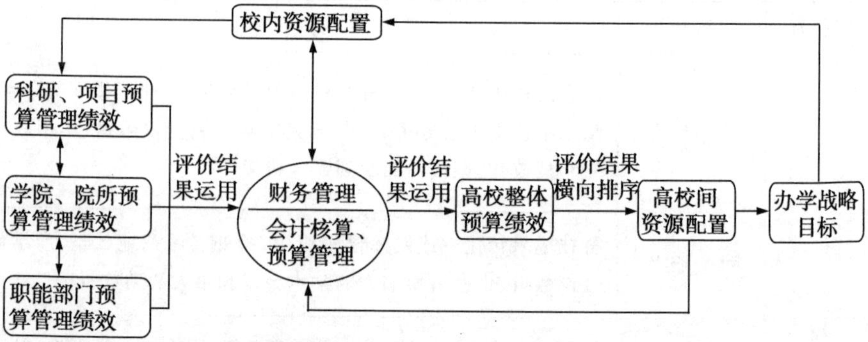

图1　高校预算管理绩效评价与资源配置模型

五、结论与建议

(一)研究结论

本文以现有国家及地方颁布的政策法规为基础,结合现有相关研究,对已有的预算管理绩效评价指标体系进行优化,尝试构建一套既具个性又兼具普适性的高校预算管理绩效评价指标体系。同时,基于结果导向,以预算管理和会计核算为支撑,将预算管理绩效评价与资源配置有机连接起来,实现高校资源配置的效率和效益最大化。

(二)高校优化资源配置的建议

首先,健全预算管理绩效管理制度,完善具体、个性化的评价体系。一个完善的预算管理绩效管理制度需要包含预算编制、执行、监督等多个环节。应将预算管理绩效评价完全融合于各个预算环节,进一步完善绩效评价指标体系,让预算管理绩效评价与资源配置模型发挥有益作用。

其次,强化过程导向,进行全过程监督管理。预算绩效管理需要以过程为导向,注重全流程的监督和管理。在预算的整个过程中,设立相应的监督管理反馈机制,提高预算管理成效。

再次,健全绩效评价结果的应用反馈机制,并及时调整内控制度。绩效管理的最终目的是提升高校的绩效,进而优化资源配置。因此,应建立有效的预算管理绩效评价结果应用反馈机制,根据评价结果及时调整内控制度,保障内外部资源配置的公开与公平。

最后,加强信息化建设。信息化建设是现代管理的重要手段,也是实施预算管理绩效评价的必要条件。高校需继续完善信息化建设,建立包括预算管理系统、绩效评价系统、内部控制系统等的一体化系统,为预算管理绩效评价及资源配置工作的开展提供坚实基础。

主要参考文献

[1]石毅铭.高校财力资源优化配置研究[J].教育财会研究,2021(2):39-43.

[2]杜晓伊.高校"双线"混合教学资源配置的优化策略[J].现代教育管理,2023(3):103-111.

[3]梁萌.高校预算绩效管理体系建设研究[J].行政事业资产与财务,2022(13):31-33.

[4]李素英,谢明明.高校预算绩效评价指标体系的构建及应用研究[J].会计之友,2022(11):118-125.

[5]郭艳萍.地方高校预算绩效管理与成本核算融合研究[J].教育财会研究,2023(3):30-35.

(作者单位:青岛科技大学)

高等学校债务风险管理研究

刘灵君　徐玲玉

【摘要】 本文分析了高校债务风险产生的原因，研究了债务风险带来的不良影响，并运用层次分析法分析了T高校近三年来学校债务风险的变化，使学校及时了解自身负债情况及债务风险程度，有针对性地制定并采取相应的措施，防止高校债务风险恶化。

【关键词】 债务　层次分析　风险

一、研究背景

随着社会的发展变革，各行各业都面临着巨大的挑战，高等教育制度也需要深入的改革，以适应社会发展的需要。高校招生规模的迅速扩张，令许多高等学校措手不及。一方面，教室、宿舍、教学设备等硬件设施日渐陈旧；另一方面，大力扩充教师队伍，需要投入的资金越来越多。但是，政府的财政拨款增加幅度不大，以学费为主的行政事业性收费标准很多年都基本没有变化。高校取得捐赠不仅难度很大，而且取得的金额并不多，对于高校资金的缺口来说就是杯水车薪。面对如此大的资金缺口，高校不得不与银行通过借贷形式获得资金，以满足对资金的巨大需求，实现办学资源的迅速扩张。向银行贷款确实在一定程度上缓解了高校资金紧缺的问题，但往往对可行性和必要性论证不够充分，对贷款金额的计算也不够准确，对贷款面临的风险认识不足，使高校处于巨大的债务风险中，给高校的财务管理带来了极大的考验。

二、国内外研究现状

国外高校大部分为私人办学，管理模式类似企业，设有类似企业的风险管理系统。国外有专家提出风险主要来源于债务取得的资金。也有专家认为财务风险一方面来自企业无法到期偿还债务引发的风险，另一方面则是财务杠杆的使用带来的利润变动风险。国外高校的资金主要来源于学费收入和政府拨款，高校根本无须从银行贷款，所以压根不会出现债务问题，因此国外的学者很少会研究高校自身债务风险问题。

相反，国内学者对高校债务的问题研究较多。多数学者认为，扩招是高校负债经营的基本原因，国家政策是高校负债经营的基础条件。祝华凤认为高校大规模负债办学的主要原因是固定资产的投入较大。费伟认为各大高校面临不同的问题，但归根到底离不开风险控制方法缺失、风险应对能力差、内部审计力度不足这几个方面。在预警指标方面，王萌构建了高校负债融资风险预警指标体系，并测算了高校贷款风险综合指数。由于高校未来现金流很难准确预测，所以学者们多通过控制贷款规模来缓解高校债务问题，但如此一来，其准确性与实用性方面就会大打折扣。

三、高校债务风险形成的原因

（一）高校大规模扩招，国家财政投入严重不足

2000 年以前，全国高校数量不到 2000 所，2000 年以后，增加到近 3000 所，高等教育毛入学率也大幅度增长，达到 50%以上。随着招生规模的增大，对于校园占地面积、教室以及实验仪器设备的需求与日俱增，与国家财政拨款减少的状况形成了巨大的供需矛盾，使得高校不得不从银行贷款，形成大量的贷款问题。

（二）财政拨入资金结构不合理

国家财政款中基本拨款和专项拨款的比例构成了高校的拨入资金结构。专项拨款要求进行单独核算，专款专用，不能挪作他用。国家对教育投入大部分是以专项经费名义下拨的，学校不能用专项拨款偿还债务，增加了高校偿还债务的难度，从而加剧了高校债务风险程度。

（三）高校筹资渠道少，筹资能力较弱

近年来，各地相继出台各类鼓励高校多渠道筹资的文件，但收效甚微，究其原因主要在于以下两方面：

一方面，我国实行以政府为主导的教育管理模式。政府在高校建设各方面起到了主要作用。高校过度依赖于政府的资源投入，缺乏主动通过市场行为及类似市场行为获取其他资源的意愿，丧失了通过自身能力建设来有效开展现有资源节流与效益提升方面的动力。

另一方面，由于高度集中的教育管理制度，我国高校自给自足能力较弱。与国外高校资金收入途径相比，我国高校收入途径相对较少，主要靠政府财政拨入和学费收入，在社会服务收入、资助项目收入、捐赠收入、投资收益等收入途径的探索方面与国外高校差距较大。

（四）本科教学工作水平评估“推波助澜”

教育部把本科教学工作水平评估作为判断普通高等学校本科办学水平高低和教育质量好坏的一种方式，对教学投入、生均教学设备值、生均用地面积等都

有明确规定。这将直接影响学校的排名、拨款额度等,最终影响到学校的生存和发展。为保证评估过关,学校都极力增加对教学基础设施的投入。

(五)内部财务管理制度不完善,缺乏科学的债务风险预警系统

高校财务管理体制不完善,导致教学科研资源和资金的使用效率不高,操作不规范、审核不严格等问题常常发生。同时,国内高校往往没有建立完善的财务预警系统。

(六)管理层债务风险意识淡薄

高校债务风险具有一定的隐蔽性,非财务专业出身人员往往很难发现,而高校领导往往是学术研究出身,财务知识相对欠缺,导致高校各级领导普遍对风险认识不足,对危机前兆重视不够,经验主义和主观主义使得高校集体进行的财务决策缺乏科学性。

(七)高等学校债务危机责任制度不明确,校办产业存在连带风险

为了实现学术成果的转化,很多高校创办了校办产业。科技处、后勤处、校产办等部门都可能对校办产业有一定的管理职责。当不同部门的管理思想不统一、管理方法不一致的时候,可能会导致校办企业运营资金出现异常状况。在这种情况下,学校很有可能为校办产业的负债承担连带责任。

四、债务风险带来的不利影响

(一)过高的债务风险影响学校持续性发展

受经费来源渠道限制,高校可支配的资金相对有限,再加上高额的到期贷款本息的财务压力,高校不得不降低教师待遇,造成人才流失,教学设施更新、教学环境改善及教师的职业发展受限,高校的教育水平都有可能跟着下降。这样一来,不仅严重影响了学校正常的教学、科研等工作的开展,而且使高校的可持续性发展受到极大制约。

(二)高校巨大债务给金融系统带来潜在危害

高校的巨大债务问题,如果不妥善解决,不仅会影响着教学质量,还会给金融系统和高校本身带来潜在的危害,造成社会面的消极影响。一方面,高校巨大的债务可能会使高校破产;另一方面,高校的巨大债务问题可能会造成巨大的金融风险,如果高校无法偿还其债务,银行的坏账就会增加,进而影响银行的正常经营,给金融市场带来风险。

五、T高校财务分析

T高校是S省属高校。近三年来,S省财政紧张,用于高校事业发展的经费有限。为满足国家对高校进一步扩大办学规模的要求,T高校采取了一系列措施。为落实人才引进,S省高校加入了“抢人大战”,用于人才引进的经费逐步大幅度增加,T高校只能通过银行贷款方式来实现引人的目标。2020年T高校为

落实事业单位养老保险制度改革政策，一次性缴纳本应由财政承担的相关费用2.52亿元。对于如此大规模的一次性投入，T高校全部使用银行贷款予以实现。

T高校目前实行的是“统一领导，集中管理”的财务管理模式，财务处作为学校的一级财务机构，在校长领导下统一管理学校财务工作。

（一）层次分析法

层次分析法采用分层的思想，将问题分而治之，更容易使管理者理清整个问题的本质。首先，将问题分解成所要实现的目标层、所需遵循的准则层以及具体方案层等层次，在这个基础上进行定性、定量分析。其次，分好层次之后，根据求解矩阵特征向量的办法，计算得到各层之间的权重值。最后，计算各方案对总目标的最终权重，最终权重的最大值为最优方案。各层之间的权重值是一个相对值，表示该方案在某种条件下的重要程度。

（二）高校债务风险预警指标体系

高校想要了解自身面临的债务风险情况，构建的债务风险预警体系中需包含合适的预警指标，以便达到有效的预警效果。本文所建立的预警指标体系主要包括四个方面，分别是偿债能力、现金流动能力、资产增长能力和发展能力。

1.偿债能力（$X1$）

偿债能力指高校偿还债务的能力，这是高校生存和发展的重要指标。

流动比率（$Y1$）＝流动资产/流动负债×100％

流动比率指标反映高校流动资产对流动负债的保障程度。

资产负债率（$Y2$）＝负债总额/资产总额×100％

资产负债率指标用来衡量高校利用贷款资金进行经营活动的能力，反映的是债权人发放贷款的安全程度。这一比率是衡量高校长期偿债能力的指标之一。

负债收入比（$Y3$）＝负债总额/收入总额×100％

负债收入比指标也是衡量高校偿还负债能力的指标。一般情况下，高校的负债收入比越低，说明偿还负债能力越高，反之说明偿还负债能力越低。

2.现金流动能力（$X2$）

收入支出比率（$Y4$）＝收入总额/支出总额×100％

收入支出比率反映的是在高校总支出中收入所占比例，能够体现高校财务运营能力。高校自我支付能力越弱，该指标值越小，说明筹资风险越大。

可供周转月数（$Y5$）＝（银行存款＋现金＋债券投资＋应收票据－应交税金）/（学校全年支出总额/12）

该指标说明一所高校的资金可以周转的时间。该指标值越小，表明该高校支付能力越弱，反之则越强。

3.资产增长能力($X3$)

净资产增长率($Y6$)=(本年净资产总额－上年净资产总额)/上年净资产总额×100%

高校的净资产增长能力越弱,净资产增长率就越小,高校的偿债能力也就越弱。

4.发展能力($X4$)

货币资金余额增长率($Y7$)=(本年货币资金－上年货币资金)/上年货币资金×100%

该指标直接体现了学校可以支配和周转的资金状况,反映了高校经济运行情况。该比率越高,说明财务调控能力和对债务的支付能力越强。

财政拨款收入增长率($Y8$)=(本年财政拨款预算收入－上年财政拨款预算收入)/上年财政拨款预算收入×100%

固定资产净值率($Y9$)=固定资产净值/固定资产原值×100%

固定资产净值率指标代表固定资产净值占原值的比重,反映了高校固定资产的新旧程度。数值越大,表明资产越新,设备更新维护能力较强,未来发展情况较好;反之,则表明高校的固定资产较旧,需对固定资产进行维护,未来的发展能力较弱。

(三)层次分析法具体应用

为了将目标层分解成所需遵循的准则层,需要根据专家和高校财务部门的意见确定两个指标之间的相对重要性,数字越大代表相对重要性越强。具体如表1所示。

表1 AHP数据

	偿债能力	现金流动能力	资产增长能力	发展能力
偿债能力	1.000	0.333	0.667	0.500
现金流动能力	3.000	1.000	2.000	2.000
资产增长能力	1.500	0.500	1.000	1.000
发展能力	2.000	0.500	1.000	1.000

利用偿债能力、现金流动能力、资产增长能力和发展能力构建4阶判断矩阵,进行层次法研究,分析得到特征向量为(0.530,1.702,0.851,0.917),这4项对应的权重值分别是13.254%、42.540%、21.270%、22.937%。具体见表2。

表 2　AHP 分析结果

	特征向量	权重值	最大特征值	*CI* 值
偿债能力	0.530	13.254%	4.010	0.003
现金流动能力	1.702	42.540%		
资产增长能力	0.851	21.270%		
发展能力	0.917	22.937%		

除此之外，结合特征向量可计算出最大特征根(4.010)，利用最大特征根值计算得到 *CI* 值(0.003)[*CI*＝(最大特征根－*n*)/(*n*－1)]，*CI* 值可用于下述的一致性检验。具体见表 3。

表 3　随机一致性检验

n 阶	3	4	5	6	7	8	9	10	11	12	13	14	15	16
RI 值	0.52	0.89	1.12	1.26	1.36	1.41	1.46	1.49	1.52	1.54	1.56	1.58	1.59	1.5943
n 阶	17	18	19	20	21	22	23	24	25	26	27	28	29	30
RI 值	1.6064	1.6133	1.6207	1.6292	1.6358	1.6403	1.6462	1.6497	1.6556	1.6587	1.6631	1.6670	1.6693	1.6724

本次研究构建出 4 阶判断矩阵，对应表 3 可以查询得到随机一致性 *RI* 值为 0.890，*RI* 值用于下述一致性检验计算使用(见表 4)。

表 4　一致性检验结果汇总

最大特征根	*CI* 值	*RI* 值	*CR* 值	一致性检验结果
4.010	0.003	0.890	0.004	通过

一般情况下，*CR* 值越小，说明判断矩阵一致性越好。通常 *CR* 值小于 0.1，则判断矩阵满足一致性检验；如果 *CR* 值大于 0.1，则说明没有一致性，应该对判断矩阵进行适当调整之后再次进行分析。本次针对 4 阶判断矩阵计算得到 *CI* 值为 0.003，针对 *RI* 值查表为 0.890，由此计算得到 *CR* 值为 0.004(＜0.1)，说明判断矩阵满足一致性检验，计算所得权重具有一致性，因此可以得到风险系数。公式为：$Z=0.530\times X1+1.702\times X2+0.851\times X3+0.917\times X4$。

按照同样的方法可以将准则层向下细化为具体的指标层，找到它们的特征向量，根据高校财务指标的具体值，分别计算出 T 高校 2020—2022 年的风险系数。公式为:$Z=0.530\times(0.892\times Y1+1.617\times Y2+0.491\times Y3)+1.702\times(1.5\times Y4+0.5\times Y5)+0.851\times Y6+0.917\times(0.672\times Y7+1.219\times Y8+1.108\times Y9)$。具体结果如表5所示。

表5 各指标层具体结果

		2020年	2021年	2022年
偿债能力 $X1$	流动比率 $Y1$	2.8200	2.8998	3.0705
	资产负债率 $Y2$	0.3629	0.4992	0.5214
	负债收入比 $Y3$	1.0760	1.3595	1.3293
现金流动能力 $X2$	收入支出比率 $Y4$	0.0192	−0.0032	−0.0041
	可供周转月数 $Y5$	0.9173	0.8262	0.9031
资产增长能力 $X3$	净资产增长率 $Y6$	−0.0451	−0.1818	−0.0767
发展能力 $X4$	货币资金余额增长率 $Y7$	−0.4589	−0.0574	−0.1688
	财政拨款收入增长率 $Y8$	−0.1835	0.0954	0.0378
	固定资产净值率 $Y9$	0.6490	0.7288	0.6924
风险系数		2.4284	3.0915	3.1273

(四)T高校财务风险评价分析

经测算,T高校2020—2022年的风险系数从2.4284攀升到3.1273,债务风险逐年增加,这说明T高校的财务状况有很大的提升空间。T高校必须进一步改进和完善自身的财务管理状况,将自身的财务风险降到最低。由T高校财务状况来推测高校的整体情况,说明高校建立财务风险预警模型非常重要且很有必要。

六、高校财务风险控制措施

(一)政府方面

1.完善相关制度,加大经费投入

一方面需要继续制定和完善高等教育方面的制度,完善金融方面的相关政策,制定支持并鼓励社会资本参与高校基本建设项目的相关政策;另一方面,政府需要加大对高校专项经费投入和财政保障力度,地方财政对区域内高校的基建项目提供持续的经济支持。

2.建立健全高校领导干部考核问责机制

(1)将高校债务相关指标、风险状况、旧债的化解情况等纳入高校领导的考核体系中，使高校领导具有债务风险意识和责任意识。

(2)强化高校举债问责机制。高校负责人对银行贷款负责，责任到人；资金使用方案和还款计划必须通过集体决策制度，银行贷款计划必须事先进行科学分析，听取专家意见，杜绝出现“拍脑门”的决策行为。

(二)高校方面

1.完善内控制度，建立债务风险监测和预警指标体系

教育部、财政部共同组织开发了高等学校银行贷款额度控制与风险评价模型，以此来指导高校管理债务。各高校按照这种模型，确定合理的贷款额度，掌握自身的财务风险状况。

2.多渠道筹资，努力开源节流

首先，高校应利用自身的科研优势，与各单位展开积极的科研合作，通过吸收社会资金来解决高校经费不足的问题；其次，高校应积极争取社会捐赠收入，充分利用社会各界关注教育的这一时机，多渠道吸收社会资源，增加社会捐赠收入；最后，高校应充分利用自身的办学资源，深入挖掘成人教育、函授、培训等社会服务市场来增加学校的收入。

3.明晰产权关系，实现事企分离

在积极推进后勤社会化和校办企业产业化的同时，高校要建立权、责、利分明的制度，使校办企业成为真正的独立法人实体。

七、结语

本文通过层次分析方法，为高校构建起债务风险预警体系，使高校可以相对准确地了解自身面临的债务风险情况，以便获得有效预警能力，降低高校的财务风险。

主要参考文献

[1]祝华凤.我国高校债务风险的控制研究[J].学术论坛，2013(6):166-169.

[2]费伟.浅议高校内控中的问题及对策[J].财会学习，2017(6):247-249.

[3]王萌.高校基建项目管理中常见问题及对策[J].中国招标，2024(1):159-161.

（作者单位：青岛理工大学）

高校财务共享中心建设问题研究

——基于扁平化理论

王华欣

【摘要】 财政对教育经费投入经历了由快速增长到逐步稳定的历程，在资金变动的冲击下高校传统的财务管理结构已无法应对环境的变化，亟须向以质量为重的方向发展。文章简述了现阶段我国高校财务共享中心建设中普遍存在的问题及扁平化理论的优势，并对A大学进行实例分析，以财务管理存在的问题为突破口阐述了财务共享中心建设的可行性，并在扁平化理论指导下深入剖析了财务共享中心的建设要点，以保障高校财务共享中心的顺利建设与应用。

【关键词】 扁平化理论　财务共享中心　高校

一、引言

高校为减轻因分校区增多、组织规模不断扩大而造成的财务管理负担，开始向企业借鉴学习财务共享模式。财务共享中心具有批量处理数据信息、降低成本、减少信息不对称和提高工作效率的优势。现阶段，我国企业在财务共享中心的建设与应用方面已经积累了较多的成功经验。高校作为社会文化中心，其教育及科研的特性使会计业务具有独特性和复杂性。扁平化理论主要通过精简组织和人员来提高信息沟通和决策下发执行的效率。财务共享中心是将财务业务数据归集至一处统一处理，且信息收集和决策下发直接与各部门联系，与扁平化理论存在异曲同工之处。基于此，本文借助已充分验证可行性和可靠性的扁平化理论来推动高校财务共享中心的建设，为高校价值创造注入新的发展活力。

二、高校财务共享中心建设存在的问题及扁平化理论的优势

（一）高校财务共享中心建设存在的问题

高校财务管理部门的决策需要依靠各个单位的业务及财务数据，数据信息之间的实时传递与共享、冗杂数据的处理是高校财务共享中心建立的目的和具体实施对象。大多数财务共享中心主要为内部客户提供服务，其专业水平和服

务水平会不断提高，促使其业务不断向外延伸。但是在实际中，高校各部门信息系统已经建设完成且大多为独立开发，兼容度较低，财务共享中心所需数据获取难度较大，若进行整体改造，会耗费较多成本和人力；且各信息系统自身流程及处理工作的目的不同，对各项业务财务数据的处理格式和标准不一致，在数据集成之后，数据的标准化处理问题较为突出，若处理时间过长，则会降低信息的时效性和决策的有效性。与此同时，财务共享中心的建立虽然在提高工作效率上成效显著，但高校财务管理人员对新建成的财务共享中心还需要一定时间来适应，短期内也势必缺乏专业的信息安全维护人员管理和保障中心数据安全，相应的规章制度也需要逐步健全，在此期间数据信息的安全难以得到有效保障。此外，高校财务人员知识范围及结构有限，对互联网技术和其他部门的业务知识不甚了解，各项业务财务数据信息汇集到财务共享中心后难以得到快速处理，无法彻底挖掘数据内部隐含的有效信息。

（二）扁平化理论在高校财务共享中心建设中的应用优势

扁平化理论指的是通过精简职能部门间的层级和人员来提高生产管理效率、快速作出决策并传达至各部门的组织管理模式。财务共享中心则是以客户需求为目的，通过简易化和专业化的处理流程降低成本和提高效率的财务管理模式，具有服务专业性、标准一致性、客户主导性和技术依赖性四个特点。两者都旨在提高经营效率和降低成本，而且财务共享中心还能促进高校产生规模集聚效应，促进高校效益的增长。财务共享中心要求高校的各项财务业务数据均集中于中心进行处理，与扁平化理论精简中间机构人员以实现信息的快速传递异曲同工，而且更能辅助财务共享中心的建设。扁平化的组织框架可以减少决策与行动间的时间消耗，且各部门的内耗降低，彼此之间的依赖性减弱，促使财务管理工作更为灵活化和柔性化，也变相推动了财务共享中心数据的快速收集和决策的快速执行。与此同时，扁平化管理还可以有效推动资金的最大化利用，精简的组织使得高校可以直接实现对重点项目的资金监管，通过立项预算、定额拨款、实时监督和事后评价的方式来降低财务管理难度，发挥资金的最大化效用。财务共享中心也可以在扁平化的组织结构中及时获取项目具体实施情况，进而对资金、人力及物资消耗进行统筹把握；同时，扁平化的组织结构有利于调动职工参与高校管理的积极性，各部门之间的沟通也更为便利，对财务共享中心作出的各项决策也能一致高效落实。除此之外，扁平化管理相较于传统财务管理方式而言更为注重各部门具体运行情况，以高校总体发展计划为目标对各部门权责进行再划定，而财务共享中心建立后也需要重新界定部门运作流程与权责，与扁平化管理方式趋同，可有效保障高校在建立财务共享中心后各部门能够及时转变以往工作方式，以高校利益最大化为目标，保障财务共享中心及高校自身正常高效运转，实现财务管理系统的有效统一。

三、基于扁平化理论的高校财务共享中心建设案例分析

(一)A大学财务工作存在的问题

1.组织结构权责划分不清,重财务轻服务

财务组织结构的基础是劳动分工,财务部门下设的科室分别按照自身职能来分工处理各项财务工作,各科室相互独立又互相联系,共同组成了财务组织结构。但在实际运行过程中,部分财务工作在各科室中有所交叉,各科室权责划分不清晰,当某一科室需要其他科室相关资料时需要耗费大量周转时间,部分重要资料还需要上级审批,降低了工作效率。财务部门的工作职责主要体现在收入及支出的预算及核算、资金的结转等决算工作上,仅突出了财务处理的部分,而为高校管理层提供决策支持等服务职责则未能体现。

2.财务管理制度不完善且覆盖范围偏小

当前,A大学的财务管理制度涉及多个部门,而各部门都有适合自身的工作处理流程,给财务业务数据信息的收集、处理和决策执行等都带来一定困难。同时,A大学正处于高速发展阶段,校内各项财务管理制度无法紧跟学校发展速度,部分新业务也未能及时纳入财务管理之中。作为一所公立院校,其建设资金主要来源于国家财政拨款,而具体使用缺乏有效的监督管理制度,使得学校的所有权与经营权分离,学校资源的利用与分配受到制约。而且,财务管理制度在实际运用中受约束较强的仅限于财务部门,其他相关部门对财务制度的执行较为松散,对财务管理工作造成了一定的负面影响。

3.信息化建设尚需完善

经过多年信息化建设,A大学已经基本实现了信息化管理,但是,由于缺乏前瞻性思想,早期的信息系统建设较为分散,仅以自身部门需求为基点,形成了各自管理和相互独立的处理系统。系统上的辅助功能无法相互联通,导致相同的信息需要在不同的系统中重复录入。与此同时,不同部门之间的数据协调共享性较差,统计口径及信息更新不一致等情况导致不同系统之间相同数据存在差异性,较大程度地降低了财务工作的效率及准确性。且不同系统要根据自身权责范围内掌握的信息来统计同一信息点的数据,系统之间的不衔接也导致更为复杂的数据需要花费更多人力物力进行统计。除此之外,各部门相互独立,其他部门无法直接参与财务工作,部门间信息不对称的现象较为严重,财务部门也不了解实际经济活动,造成数据分析和资源分配与实际情况匹配度较低。

(二)基于扁平化理论的A大学财务共享中心建设要点

1.定位向重服务方向转移

服务是平台最为核心的职能及发展方向,因此,在财务共享中心建设过程中,要牢牢把握核心理念,围绕高效率和低成本的目标。财务共享中心集中处理财务工作,可有效精简不必要的财务管理机构和中间传达部门,节省较多的人力物力资源,助推扁平化管理的实施,信息传达更为高效及时。管理者可在了解基

层业务情况的基础上，站在整体发展的角度看待财务共享中心，以高质量、高效率和高满意度为目标设置平台的组织架构和团队文化，同时还需要从财务人员的视角出发，设置更符合高校实际的业务财务处理工作流程，并制定完善的奖惩和考核机制，在保障按照规划发展的同时，充分发挥财务共享中心的积极作用。此外，财务共享中心还需要从负责人角度出发，设置保障中心运转的绩效目标，确保中心提供的服务可以满足管理层的需求，从而更好地为高校创造价值。

2.财务制度全面覆盖管理工作

财务共享中心可以覆盖所有经济业务和流程，以自身专业化、系统化的优势进行业务财务处理，具体操作情况为：财务共享中心制定专门详细的账务及业务处理流程规定，按照事项性质事先设置好相应的处理流程，明确划分各部门岗位的权利与义务，推动高校严格遵循规章制度办事，也提高了高校的内部控制水平。规范化的处理方式可以将责任明确到各部门甚至个人，同时系统也会按照事先设置好的程序主动向下一步骤传递，各岗位人员只需处理好分内事务就可以逐级传递直至任务完成。在建立财务共享中心并向扁平化管理过渡时，需要重新评定和设立标准化的财务制度，在制度框架规划的指导下对比梳理财务制度的优缺点，建立更完善和规范的制度，并保证各项制度在后续实务操作中可以持续优化完善，以应对不断发现的新财务管理问题，具体操作步骤如表1所示。

表1　A高校财务共享中心新制度制定步骤

步骤	主要内容
制度框架规划	结合工作及财务管理制度的内部需求和解决高校财务人员使用的外部需求，同时重点关注各校区、部门及岗位之间的协作问题，并建立相应的操作细则
制度对比梳理	对现有制度进行查缺补漏，以此为依据拟定编写计划
制定新制度	按照统一规范编制新制度，同时融入经费管理特征进行细化，形成财务共享中心的制度规范
持续优化更新	依照国家及会计政策的变动及时更改经费及管理要求

3.信息化向共享化方向转移

现阶段，建立财务共享中心进行业务财务的统一集成处理并实现信息共享是大势所趋。统一的、支持多组织层级和多账簿处理的财务共享模式对于拥有多个校区的高校来说显得尤为重要，专业、高效且集中的财务处理即财务共享模式也是高校当下迫切需要的新型财务管理方式。信息化设施是财务共享中心建设的基石。先进的信息技术可以辅助财务共享中心资金、费用和管控流程的自动化实施。通过互联网和信息系统作为硬件支撑,财务共享中心可以自动化进行数据的整合、处理和挖掘,基础性的会计报表可在录入原始数据的同时依照设定好的程序进行处理和列示,有效降低财务人员的工作量和失误概率,促使其积极发挥主观能动性进行价值创造型工作。而且,财务共享中心通过互联网技术解除了时间和空间的阻隔,管理人员可随时随地查询自身权限范围内的数据信息,对于各部门之间的沟通和上下级之间的信息传达发挥着积极作用,有效缓解了信息不对称问题,提高了信息传递的时效性。除此之外,高校各部门职工均可进入财务共享中心信息系统,及时传达各项信息,助推扁平化管理的发展与应用,信息时效性更强,提高了决策下发与落实的效率。

4.重点培养管理会计类复合型人才

在信息化背景下,集中处理式的财务共享中心可借助信息技术代替人工进行重复性工作,在提高效率的同时还能有效保障操作的准确性和可靠性。机器代替人工的模式必然会淘汰多余的传统会计人员,同时需要具备信息技术和财务管理知识的复合型人才。在职的传统会计人员需要积极向管理会计人才转变,为弥补中心建设初期复合型人才的短缺,可适当招聘部分具有相应工作经验的管理会计人员,引领高校职工的转型。扁平化理论推动了员工关系的转变,组织应引导员工树立与组织目标一致的个人目标并加强培训,提高其综合素质和工作能力。财务人员需要先行转变财务思维,做到业财融合,对高校内部运营情况具有更为清晰的认知。财务共享中心的高层管理者需要具备更高的职业素养和更丰富的财务管理知识,以统筹分析学校的运营及财务状况,深入挖掘学校存在的问题及原因,向学校高层提供更符合学校实际发展状况的专业化建议。

5.行业价值趋向业财融合

高校财务行业价值转型势在必行,财务部门需要不断提升管理水平和服务效率来实现价值创造,达成学校利益最大化的目的。财务行业价值需不断转型,积极推动业务与财务的融合。而财务共享中心则将服务产品化,进行人员、管理和工作流程共享,引导价值创造核心目的的回归,通过规模效应及扩展效应降低成本和提高工作效率。同时,附加值低、简单且重复性劳动得以集中规范化处理,促使财务人员将主要精力放在财务分析与管理方面。财务共享中心的建设也推动了扁平化组织结构的形成,精简了众多中间机构,极大地提升了财务管理效率,还能辅助学校高层识别资金运作风险、改善预算决策、合理纳税和加强内部控制建设。

四、结论与建议

借助扁平化理论与财务共享模式分析得出以下结论:一是当前财务管理工作存在组织结构权责划分不清、财务制度不完善且覆盖范围较窄、信息化建设不完善和管理会计人才缺乏等问题,难以为学校创造更多附加价值。二是财务共享中心的建设可有效解决财务管理问题,既降低了成本又提高了工作效率,而且还能推动学校扁平化管理进程,企业财务共享中心的建设与应用已经趋于成熟,可为高校提供成功经验,具备建设可行性。三是可从工作定位、制度建设、信息共享、人才培养和行业价值层面进行积极转型,以保障财务共享中心顺利建设并应用。财务共享中心是一种会计业务与管理相结合的系统性工程,其建立运行需要统筹规划和稳扎稳打。在具体建设过程中,应注重结合学校自身特色制定和规划建设方案,牢牢把握住建设进度与成本之间的平衡,保障学校的正常运营。财务共享中心建设完成后,可先行选定一个校区进行系统的试运行,验证财务共享中心的可靠性,也能借助试运行增强职工对中心的认同感。高校应改变原有的财务管理系统,鼓励职工积极适应财务共享中心新制度,帮助财务人员尽快进入工作状态,充分发挥财务共享中心的积极作用。

主要参考文献

[1]刘睿语,夏诗雨,莫菲菲,张宇昕.基于扎根理论的财务共享服务中心构建研究—— 以Z公司为例[J].财务与会计,2019(16):34-37.

[2]李静.高校财务管理:创新与发展[J].山西财经大学学报,2019(S1):40-41.

[3]杨蓉,王雯,刘婷婷.大学治理、财务管理与价值增值关系研究[J].华东师范大学学报(教育科学版),2019(6):83-93.

[4]王娜娜.组织扁平化趋势下员工关系重构的实践路径[J].领导科学,2018(17):42-44.

[5]阎雪菲.财务共享服务中心云平台在高校财务中的应用研究—— 以云账房为例[J].商业会计,2021(22):64-66.

本文发表于《商业会计》2023年第2期,有改动。

(作者单位:山东大学)

第三方机构参与高校预算绩效评价的问题研究

——以S高校引入第三方机构开展专项绩效评价为例

魏龙华　夏晓宇　朱广阔

【摘要】 第三方机构参与预算绩效评价可以有效弥补高校预算绩效评价专业性、独立性不足，解决高校管理的委托代理问题，是高校预算绩效管理改革进入"深水区"后提升绩效管理水平的重要改革方向。本文基于S高校引入第三方机构开展教学运行专项绩效评价的探索与实践，从外部环境、行业建设、业务委托三个角度分析第三方执业面临的诸多问题，并提出从明确准入门槛、探索分类管理、完善考核评估等方面入手，更好地发挥第三方机构"智库"作用。

【关键词】 第三方机构　绩效评价　高等院校

全面实施预算绩效管理是提高资金分配效率和使用效益、推动财政资金聚力增效的基本要求，也是高校贯彻落实党的二十大精神，探索促进高等教育高质量发展的重要保障。随着高校预算绩效管理改革进入"深水区"，纳入绩效评价范围的项目日益多样，评估理念、评估内容等渐趋多元，第三方机构逐渐被引入预算绩效管理实践，为提升高校预算绩效管理水平提供了有力支撑。但与此同时，第三方机构在能力水平、认识程度、监管体系等方面仍存不足，实施绩效评价还存在诸多问题，亟待优化。

一、第三方机构参与预算绩效评价的政策依据和作用机理

（一）第三方机构参与预算绩效评价的政策依据

党的十八大以来，党和国家作出一系列全面实施预算绩效管理的重大战略部署，并逐步将"引导和规范第三方机构参与预算绩效管理"纳入实施范畴。2018年，中共中央、国务院发布《关于全面实施预算绩效管理的意见》，提出"必要时可以组织第三方机构独立开展绩效评估"。同年，财政部发布《关于推进政府购买服务第三方绩效评价工作的指导意见》（财综〔2018〕42号），提出将政府购买第三方绩效评价服务作为政府购买服务改革的重要措施。在政策推动下，第三方机构积极参与绩效评价活动。2021年，财政部先后印发《关于委托第三

方机构参与预算绩效管理的指导意见》(财预〔2021〕6 号)、《第三方机构预算绩效评价业务监督管理暂行办法》(财监〔2021〕4 号),将“第三方机构参与预算绩效管理”提升到国家规章制度层面。

(二)第三方机构参与高校预算绩效评价的作用机理

1.第三方机构可以弥补高校预算绩效评价专业性、客观性不足

高等教育活动是具有特殊性的社会活动,办学资源投入产出复杂多样,与政府、企业相比,在高校投入—产出的“黑箱”中,实施预算绩效评价的“个性”较强,仅仅依靠财务部门来实施,不仅专业力量有限,还会影响评价的客观性。第三方机构参与高校预算绩效评价,可充分发挥其独立性、专业性等优势,有效提升预算绩效评价结果的客观性、权威性,同时借助于其专业能力,高校可以进一步规范自身预算绩效管理的工作架构,加快构建“全方位、全过程、全覆盖”的预算绩效管理体系。

2.第三方机构可以有效解决高等院校管理存在的委托代理问题

随着党的二十大对教育、科技、人才提出的更多要求,社会公众对于高校财政资金分配和使用的关注度更高,高校需要借助更科学的手段来回应社会公众需求。第三方机构作为独立的社会组织,以参与的方式介入预算绩效评价,可以有效解决高校管理的委托代理问题。第三方机构参与其中,一方面能在很大程度上确保预算绩效评价结果的公正性,提升高校的影响力、公信力和受认可度;另一方面,可以强化对高等教育财政资金使用的外部监督,是高等教育行业加强社会监督和扩大公众参与的重要体现。

二、S 高校引入第三方机构参与绩效评价的实践与成效

S 高校是一所综合性部属高校,位列国家“双一流”“985 工程”“211 工程”。按照党中央、国务院、教育部决策部署,学校制定全面实施预算绩效管理方案,并在部门预算项目自评基础上将校内专项纳入绩效评价范围,引入第三方机构需求较为迫切。S 高校的教学运行专项经费密切影响着教育事业发展,虽每年投入大量资金,但预算执行效果不佳。为全面分析教学运行经费执行效益,抓实抓细人才培养工作,校领导决议由财务部门牵头,委托第三方机构对教学运行专项进行绩效评价。

(一)教学运行专项第三方绩效评价实施过程

1.阶段一:选择第三方机构

鉴于高等教育行业绩效评价专业性要求高且评价“个性化”较强,结合 S 高校教学管理体制与经费管理模式,制定涵盖专业资质、研究能力、评价任务类型等因素的机构评分表,通过打分方式最终遴选出本次绩效评价实践的第三方机构。承接本次评价任务的团队为经济学院 L 教授团队,主评人为教授、硕士生

导师,多年从事绩效评价研究,在相关学术领域的权威性和公信力较高。该团队包括博士生一名、研究生两名,曾多次共同参与国家级、省级绩效管理相关课题。

2.阶段二:制定评估方案

经过与S高校各部门交流后,第三方机构制定了《S高校教学运行专项绩效评价工作实施方案》。《实施方案》明确绩效评价在学院自评基础上再开展集中分层评价,运用"基于证据+专家评价""全面评价与重点评价相结合"的评价方式,采用调查问卷法、成本效益分析法、比较法等评价方法,并对因教师、学生人数不同而对产出产生的影响,通过拨付经费数量指标进行调整。S高校财务部门与第三方机构协商确立财务数据分析、指标设计、集中评价等步骤的计划安排,且要求每一步能形成成果性文档,以调度评价进程、确保评价质量。

3.阶段三:开展评价实践

(1)多方收集资料。第三方机构收集教学运行专项相关的财务数据、政策文件等材料,明确投入经费种类、数量、性质、标准等。针对2018—2021年教学运行专项开展数据分析,重点关注预算执行率、变动较大的支出事项、执行差异较大的教学单位等,形成教学运行专项经费描述性分析。

(2)选取试点学院。基于教学运行专项数据分析,第三方机构综合考虑S高校一校多地办学格局和"双一流"建设学科布局,运用典型抽样法,在人文科学学部、社会科学学部等不同学部以及三个校区,分别选取10个本科生培养单位、9个研究生培养单位为绩效评价样本单位。

(3)进行指标自评。第三方机构在财务部门支持下,构建教学运行专项绩效评价指标体系。体系包括预算管理、绩效管理、建设成效三个一级指标,其中建设成效权重最大,重点围绕专业建设、课程建设、教材建设等进行评估。第三方机构组织各样本单位进行自评,高校财务部门派专人负责跟进,协调满足各单位与第三方机构间的沟通需求,最大限度减少沟通不畅对评价结果的不利影响。

(4)开展问卷调查。第三方机构遵循问题导向原则,针对重点关注情况设计形成《S高校教学运行经费绩效评价调查问卷》,分为教师版与学生版。在S高校财务部门以及本科生院、研究生院等部门协助下,通过"问卷星"向样本单位发放问卷,最终共收回有效问卷学生版1308份、教师版410份,由第三方机构对问卷结果进行统计分析。

(5)组织专题座谈。第三方机构在S高校财务部门以及相关部门的协调下,组织召开专题座谈会,邀请任课教师、分管教学院长、学生代表等,围绕教学运行经费分配、管理及使用展开讨论,重点了解教师和学生"最关心、最迫切"的问题,为评价报告起草铺垫问题方向。

4.阶段四:形成评价结论

第三方机构基于前期工作撰写形成《S高校教学运行专项绩效评价报告》。

《评价报告》运用“多层面＋多维度”分析法，分别从学校、学部、样本学院三个层面，经费管理制度、学院自评情况及教学运行经费与预算绩效的关系三个维度，分析教学运行经费的产出、效益、满意度，揭露教学业务费在管理使用中的问题，并提出相关解决措施与建议。

5.阶段五：评价结果应用

S高校财务部门协同本科生院、研究生院等部门，针对绩效评价暴露的问题，合理采纳第三方机构意见建议，制定优化制度并督促整改落实，同时将绩效评价结果作为下一年度经费预算安排的参考，发掘预算执行与教学运行良好的典型，总结经验并在全校范围内推广。

（二）教学运行专项第三方绩效评价实践成效

1.构建了专项绩效评价指标体系

通过第三方主导设计、多方参与联动的方式，构建定性与定量相结合的绩效评价指标体系，并以此为基础对教学专项进行绩效评价，积累了构建绩效评价指标体系的有益经验，并推动形成针对专项绩效运行的监督体系以及长效机制。

2.建立了专项评价结果应用机制

初步建立了绩效评价结果与预算安排挂钩、信息公开共享的应用机制，探索将评价结果与下一年度预算安排相挂钩，建立了评价结果共享的多部门联动机制，将绩效评价结果与各单位分享，进一步弥补管理短板、提升管理水平。

3.积累了委托第三方机构实践经验

明确了财务部门、第三方机构等在绩效评价过程中的职责，初步建立了第三方机构全流程参与和监督机制。S高校财务部门综合考虑多方因素，科学遴选第三方机构，定期或不定期与第三方机构进行交流研讨，积累了宝贵的中介机构遴选和沟通经验。

三、第三方机构参与高校预算绩效评价的若干问题探讨

（一）“监管乏力”——从外部环境谈第三方参与高校预算绩效评价的不足

1.准入门槛与行业标准尚未统一

当前政府对第三方机构的管理还比较粗放，对于“专业能力”与“资质优良”无统一门槛。在开展中介机构遴选的过程中能明显感觉到各家机构资质有实有虚，专业能力参差不齐，不同机构、不同人员对预算绩效理解各有不同，对规范和标准的适从不一而足，开展预算绩效管理的实施路径差异较大，服务质量难以有效控制。

2.监管体系与管理机制尚未健全

财政部对绩效评价“第三方机构”身份角色和执业范围设置了“特别法”，各地市也出台了第三方机构绩效评价工作规程。但目前第三方机构监管体系建立

还不完善,存在诸如评审专家数量有限、评价结果利用率不高等问题,以第三方执业质量为核心的正负向激励不足,第三方机构信用体系建设还需进一步加强。

(二)“自身缺失”——从行业建设谈第三方参与高校预算绩效评价的不足

1.绩效评价专业能力有待加强

预算绩效评价涉及面广、专业性强,但目前大部分第三方机构都面临着专业人才缺乏的困境。参与评价的第三方机构受行业信息获取渠道匮乏和评价人员信息挖掘能力限制,信息不对称成为制约预算绩效评价质量的普遍问题。从事绩效评价的机构如会计师事务所、资产评估机构等,往往没有将绩效评价作为主营业务,甚至没有设置单独部门,提升自身能力的意愿也较为有限。

2.绩效评价独立性有待提升

将第三方机构引入绩效评价的核心要义是依托第三方机构的独立立场,保障和提升评价结论的客观性和可靠性。但在实际过程中,业务委托人和被评价对象有可能为同一方或者来自同一主体,第三方机构会受到被评价对象等相关利益群体的干扰,存在工作独立性不强、评价结果可信度不高的问题,甚至出现第三方机构充当委托方“传声筒”,不能客观公正地开展预算绩效评价。

(三)“定位不清”——从业务委托谈第三方参与高校预算绩效评价的不足

1.委托责任落实不够细致

引入第三方机构的管理实践中,委托方有科学选择第三方机构、进行付费管理和质量控制的责任,对于第三方工作质量有着不可忽视的影响。S高校作为委托方的质控手段还有待丰富,过程监督还有待增强,开展绩效评价的目的和意义也需进一步明晰,以向第三方机构提出更为确切的工作要求,引导第三方机构对更深层的预算管理、政策设计等问题深入挖掘。

2.评价结果应用不够充分

绩效评价工作的落脚点是评价结果的应用,但该环节还不同程度地存在反馈机制不健全、整改措施不到位等问题。S高校对评价结果虽有应用,但在具体实践中预算挂钩未完全做实,也未将评价结果通报全校,评价结果只管“一时之需”,评价年度结束后便“告一段落”。绩效评价如果仅沦为“交差”,会造成资源和时间的浪费。

四、进一步完善第三方机构参与高校绩效评价的对策建议

(一)政府部门:强化从业管理,营造公平公正的行业环境

1.明确准入门槛,探索分类管理

政府部门要引导委托方在采购或遴选环节明确准入标准,制定行之有效的评价指标,重点关注机构评价业务经验、人员业务素质等对工作质量产生重要影响的因素,确保第三方机构具备合格的工作能力。政府部门可以对第三方机构

进行行业分类标记，根据专业资质、业务经验等要素，分类显示不同机构在不同行业内的专业性水平差异，以便委托方能够进行行业匹配，同时激励第三方机构提升能力实绩、持续稳定运营。

2.完善考核评估，做实信用监管

政府部门应加强对第三方机构的考核评估，建立第三方评价机构年检制度、结果公开机制和末位淘汰机制，探索按级对应承接业务级别和范围，推动优质第三方机构发挥带头效应，促进行业良性竞争。进一步健全第三方机构信用管理体系，结合预算管理一体化系统打破数据障碍，完善第三方机构信用管理平台，实现绩效评价线上留痕，方便委托主体或者被评价单位查阅传递信息。

(二)第三方机构：强化能力建设，塑造专业独立的执业队伍

1.增强专业能力，加快人才培养

多措并举促进第三方机构提高从业者素质和能力。加强对第三方机构人员的培训指导，建立执业资格认证体系方式，并将执业资格认证管理与继续教育相结合，提升信息获取能力，破解绩效信息质量受限于被评价单位基础工作和配合程度的困局。加快绩效评价专家队伍建设和人才培养，建立健全绩效评价专家库，鼓励高等院校培养掌握预算绩效评价专业知识的人才，引导高校、科研院所等强化预算绩效评价方法的研究与创新。

2.优化经费保障，建立执业标准

通过广泛征集、调研的方式，设计合理的计费体系，从经费保障角度提升第三方参与绩效评价的独立性；借鉴广东省模式，采用“主管部门为委托主体—第三方为评价主体—教育专项支出为评价客体”的模式，避免高校等委托方既当“运动员”又当“裁判员”。第三方机构应借鉴会计师事务所经验，制定有关独立性的政策程序，建立内部监督惩戒机制，以制度刚性提升执业人员责任意识。

(三)高校：强化责任落实，形成协作共赢的工作合力

1.明确委托需求，落实监督责任

高校作为委托方要进一步落实委托责任，明确地向第三方表述委托需求和目标，科学把控评价方向。内部各单位需深化对绩效评价工作的理解，积极配合绩效评价工作开展，把好对第三方机构工作质量监督的“过程关”，避免盲目信任第三方，缺乏过程把控和具体措施，也要避免隐瞒工作问题，使得评价变成博弈。

2.强化结果验收，优化结果应用

加强对第三方绩效评价结果的考核验收，做好第三方评价工作和评价报告的质量评估，建立评估结果适度与委托业务费挂钩机制；优化绩效评价结果应用，将评价结果应用于政策调整、资源配置、人才培养方式改革等，并做好相关信息公开，真正将绩效评价作为发现问题、优化管理的有效手段。

主要参考文献

[1]吴蓉.引导和规范第三方机构参与预算绩效管理工作的相关思考[J].财政监督,2023(2):52-55.

[2]高歌.绩效管理新时代第三方要有新理念强实力[N].中国会计报,2022-12-02.

[3]张俊杰,王子璐.加强第三方机构预算绩效评价业务监管的思考[J].财政监督,2022(20):24-28.

[4]程国安,李桂林,徐伟.第三方机构参与绩效评价存在的问题及建议[J].新理财(政府理财),2022(8):57-60.

[5]曹辉.第三方机构参与县级预算绩效管理的优化路径[J].地方财政研究,2022(2):52-56.

[6]江书军,邓茹.第三方机构参与绩效评价存在的问题与质量提升建议[J].财务与会计,2022(3):79-80.

(作者单位:山东大学)

高校往来款项管理问题探析

胡晓东　杨蕊蕊　李文娟　陈为梅　周蕾　徐丽　王闪

【摘要】　本文以高校往来款项为研究对象,通过对其定义、分类、特征、来源、性质和地位等方面的概述,系统地阐述了高校往来款项管理及核算方法等相关理论。同时,本文以S大学为例,重点分析其往来款项的管理现状、成果及存在的问题。在此基础上,进一步分析高校往来款项问题存在的原因,并提出解决的方法,旨在为高校往来款项管理提供一些有益的参考。

【关键词】　高校往来款项　管理问题　对策及建议

一、绪论

(一)选题的背景和意义

随着我国高等教育事业的快速发展,高校财务管理变得愈发重要。往来款项的管理是高校财务管理的重要组成部分,亦是财务管理工作的重点和难点。2019年政府会计制度的全面实施,对往来款的管理提出了更高的要求。目前高校往来款项管理中存在的一些问题,如往来款长期挂账、核算不规范等,直接影响到高校财务管理水平的提升和学校发展进程。因此,对政府会计制度下高校往来款项管理问题进行分析,寻求解决对策,对于提升高校财务管理水平、提高资金使用效益具有重要的理论和实践意义。

本文立足于政府会计制度下往来款项核算的要求,着眼于往来款对高校资金的运转效率和财务信息准确可靠性的影响,以国内外高校往来款管理相关研究为基础,梳理高校往来款相关概念及理论,并以S高校为案例,总结分析高校往来款项核算管理的现状及其存在的问题,剖析所产生的结果及影响,进一步探讨高校往来款项管理的对策及建议,为高校规范往来款管理的探索提供理论和实践方面的建议。

(二)创新点

本文的主要创新点在于对政府会计制度下高校往来款项管理问题进行了深入的研究分析,提出了一系列实践性强的建议和解决方案,包括会计核算、资金管理、信息化建设等方面,为高校往来款项管理的规范化和科学化提供了理论和实践支持。

(三)主要内容

本文总共包括五个部分,具体框架如图1所示。

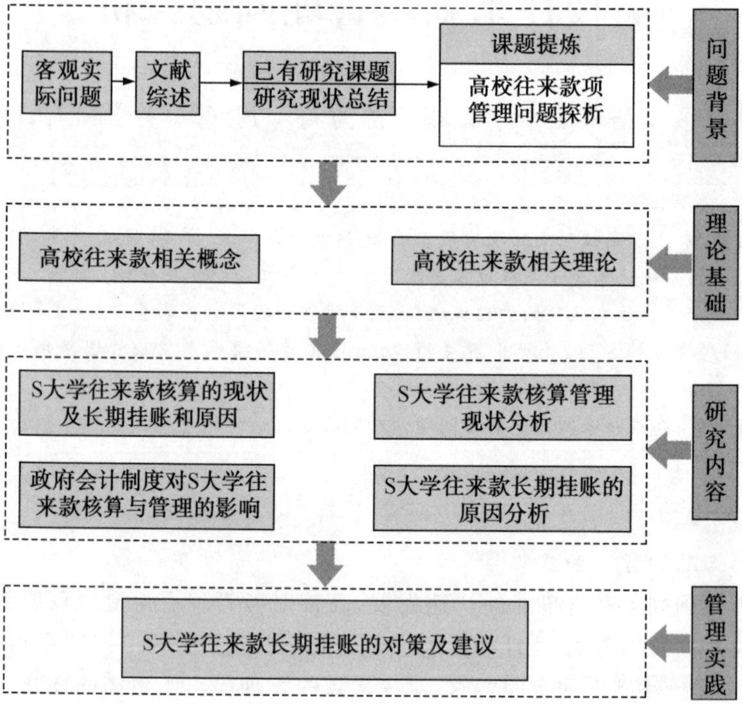

图1 论文框架

二、高校往来款核算管理相关理论

高校往来款主要是指高校在进行正常经济业务活动中,与其他单位或个人发生的暂时性的待结算款项。往来款的概念较为宽泛,从会计核算角度看,狭义的往来款包括应收及预付款项、应付及预收款项;但从广义上讲,应缴税费、应缴财政款、应付职工薪酬等会计科目也属于往来款会计科目范围。本文以S大学为例,研究范围仅限狭义的往来款会计科目。

(一)往来款项的分类

应收及预付款项是指学校应收未收、暂时垫付或预付给有关单位或个人而形成的一种停留在结算过程中的资金,分为应收账款、预付账款和其他应收款。应付及预收款项是指学校日常结算过程中,因未及时与其他单位或个人结清有关债务而形成的负债,分为应付账款、预收账款、其他应付款。

(二)高校往来款项的核算

随着高等学校教育事业的蓬勃发展,资金量和业务量随之激增,往来款的核算管理越发呈现出发生频率高、规模不断扩大、核算内容复杂等特点。2019 年政府会计制度的全面实施,也对高校往来款核算管理提出了新要求和新挑战。本文仅以 S 大学往来款项部分核算业务内容为例加以论述(见图 2)。

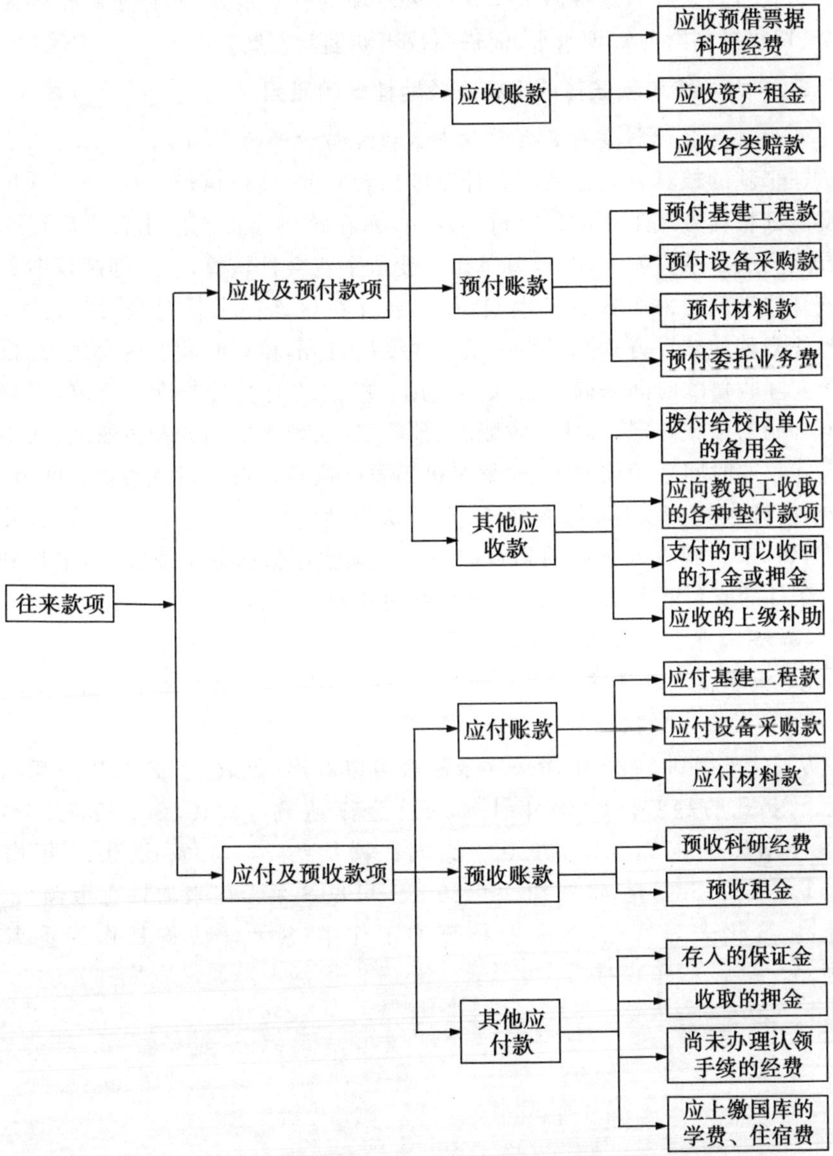

图 2　S 大学往来款项核算分类

(三)高校往来款项的清理

高校往来款清理是一项基础的管理工作,通过清查,可全面了解和掌握高校资金状况及使用情况,提高资金使用效率,保证财务信息的真实可靠。高校通常应采取日常清理与专项清理、定期清理与不定期清理相结合的方式来清理往来款。对于应收款项应加强催收,增派专人负责清理。对于应付款项应做好及时统计、归类,确认收入或冲减成本。往来款项的有效清理,有助于高校融通校内资金、切实提高财务管理水平,促进高校不断创新发展。

三、S大学往来款核算的现状及长期挂账的原因

(一)政府会计制度对S大学往来款核算与管理的影响

往来款的核算方式在政府会计制度出台之前,高校执行的是《高等学校会计制度》,其核算方式采用的是收付实现制,而在政府会计制度出台之后往来款核算方式变成了权责发生制,核算基础也变成了双会计核算基础,即高校财务会计在核算往来款时采用权责发生制,预算会计在核算往来款时采用收付实现制。高校往来款的核算方式也发生了重大改变。首先,核算时间发生变化,高校不再按照实际收付款时间来确认收入和费用。按照政府会计制度的要求,高校需要根据合同的条款约定,确认应收账款、预收账款、计入费用和预付账款,而不是按照实际收款时间来确认收入,付款时也需要确认是否符合付款条款时间节点,若符合,则计入相关费用,若不符合,则确认为预付账款。其次,入账科目发生变化,例如,未达到收入条件的到款需要计入预收账款而非事业收入,未达到合同付款条件的支付业务需要计入预付账款而非费用科目等。

(二)S大学往来款核算管理现状

1.S大学往来款现状

(1)S大学往来款总量

从2018年到2022年往来款余额表可以看出(见表1),S大学往来款金额呈逐年上升的趋势。2022年往来款总金额达到4,949,267,537.06元,比2021年增加了972,145,709.03元,同比增加约24.44%;比2018年增加了3,951,841,115.82元,涨幅约396.20%。可见S大学往来款具有金额大、发生频率高、变化大等特点,在财务核算的工作中,S大学应将其作为重点进行管理。

表 1　S 大学 2018—2022 年往来款余额(截取部分)

单位:元

行次	项目	2022 年年末余额	2021 年年末余额	2020 年年末余额	2019 年年末余额	2018 年年末余额
1	一、应收票据	5,305,400.00	1,004,000.00	1,443,000.00	1,850,000.00	0.00
2	二、应收账款净额	81,356,016.55	75,733,130.37	71,361,352.60	63,288,157.53	3,595,818.31
3	三、预付账款	663,851,072.02	640,675,314.51	699,173,780.36	595,524,452.77	377,937,611.68
4	四、其他应收款净额	86,681,198.03	52,637,319.44	61,320,288.25	26,623,125.74	56,205,675.75
	合计	837,193,686.60	770,049,764.32	833,298,421.21	687,285,736.04	437,739,105.74
	负债类					
5	九、应付票据	0.00	0.00	0.00	0.00	0.00
6	十、应付账款	74,558,873.66	67,171,171.17	52,772,590.70	12,378,153.32	20,827,875.31
7	十一、预收账款	3,650,277,796.22	2,831,166,091.23	1,798,042,170.70	1,075,237,050.75	1,243,287.42
8	十二、其他应付款	387,237,180.58	308,734,801.31	533,835,530.25	590,768,060.25	537,616,152.77
9	十四、长期应付款	0.00	0.00	0.00	0.00	0.00
	合计	4,112,073,850.46	3,207,072,063.71	2,384,650,291.65	1,678,383,264.32	559,687,315.50
	总计	4,949,267,537.06	3,977,121,828.03	3,217,948,712.86	2,365,669,000.36	997,426,421.24

从2018—2022年往来款余额折线图(见图3)可以看出,S大学不管是资产类还是负债类的往来款金额都在不断增加。主要原因是政府会计制度实施后,收入确认核算方式的改变,导致大量银行到款需先计入预收账款中,这就造成了2019年及以后年度预收账款金额比以前年度大幅增加,负债类往来款急剧增加。

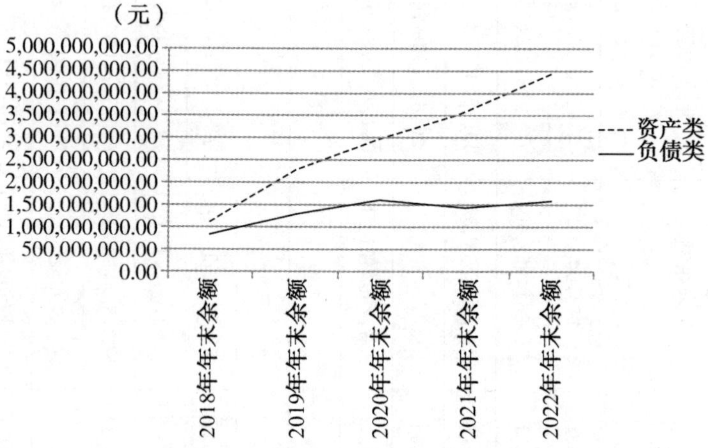

图3　S大学往来款余额折线

(2)S大学资产类往来款现状

2022年年末资产类往来款总金额达到837,193,686.60元,比2021年增加了67,143,922.28元,增加约8.72%。资产类中,往来款增加主要来源于应收账款、预付账款、其他应收款。

①应收账款

2022年年末应收账款余额为81,356,016.55元,2021年年末为75,733,130.37元,增加约7.42%。从账龄来看,2018年年末应收账款余额为3,595,818.31元,而到2022年增至81,356,016.55元,2022年应收账款大多为2019年、2020年新增往来款,三年以上的往来款金额占比不大。

②预付账款

2022年年末预付账款余额为663,851,072.02元,比上年增加23,175,757.51元,增加约3.62%。具体来看,2022年年末预付账款中预付设备款金额为545,938,302.53元,占预付账款总金额的比例为82.24%。由此可见,S大学预付账款中大部分都是预付设备款。首先,预付设备款中多数是预付进口设备款,具有金额大、采购周期长、安装调试工作耗时多、验收环节复杂等特点,这就导致了大量预付设备款不能及时冲销,造成预付设备往来款金额较大。

③其他应收款

2022年年末其他应收款余额为86,681,198.03元,比上年增加34,043,878.59元,增加约64.68%。其中,2022年其他应收款中主要是其他往来款金额较大,约占其他应收款的95.11%,S大学需要将该部分其他应收款作为重点管理对象。

(3)S大学负债类往来款现状

2022年负债类往来款总金额达到4,112,073,850.46元,比2021年增加了905,001,786.75元,较上年增加约28.22%。

①应付账款

2022年年末应付账款主要由四部分组成:应付材料款(63,385,203.01元)、应付设备款(3,549,713.00元)、应付工程款(1,486,806.27元)、其他(6,137,151.38元)。其中,应付材料款金额相比于2021年增幅较大,增加约19.77%,其余三项相比于2021年有所减少。

②预收账款

2019年实施政府会计制度改革后,预收账款余额较2018年及以前有大幅增加。主要原因是政府会计改革后,按照权责发生制原则,银行到款不再直接确认为收入,未达到收入确认条件的银行到款和未确认账款计入预收账款,待符合收入确认条件时再从预收账款转出,确认为收入。2022年预收账款总金额达到3,650,277,796.22元,其中大部分为未确认收入,比2021年增加了819,111,704.99元,涨幅约28.93%。

③其他应付款

2022年年末其他应付款主要由三部分组成:附属单位财政补助款(8,185,711.53元)、保证金(42,061,972.01元)、其他(336,989,497.04元)。其中保证金较2021年相比变化不大,2022年较往年主要是附属单位财政补助款增加,其他应付款中的"其他项"有所减少。

2.S大学往来款核算

目前,S大学往来款核算主要流程为:各学院、各部门提交预约单、借款单、合同等相关材料至财务部门,财务人员审核通过后填制凭证并复核,由出纳人员付款。往来款信息主要通过财务人员填制凭证时录入系统。由于合同管理系统没有和财务系统对接,财务人员无法获取合同的收款或付款条件等相关信息,导致很多应收应付往来款不能及时入账。

3.S大学往来款催缴流程

由于S大学目前尚无往来款管理系统,因此无法通过系统定时推送到期相关信息。S大学往来款催收方式为财务人员定期整理所有往来款情况,将各部门和学院的到期未核销往来款明细发送至财务联络员,财务联络员逐一将到期未核销的往来款信息通知相应往来款经办或负责人员,催缴往来款,若往来款不能及时核销,由往来款项目负责人写明原因和预计核销时间,交由财务人员存档。

(三)S大学往来款长期挂账的原因分析

1.往来款数量多、数额大、账龄长

S大学是一所在国内外具有重要影响的综合性大学,该大学拥有几十个部门院系,上万名教职工,规模宏大。往来款主要由各学院、各部门的暂借款和暂存款组成。往来款金额较大、难以核销存在多种原因:一是往来款中工程质保金数额较大,数量多,时间长,若工程相关人员忘记或者负责人发生变动,则往往会造成工程质保金长期挂账、多年未核销现象。二是往来款中的设备费借款额较大,特别是进口设备,需要经过进口、运输、调试、验收、报销等多个流程,因此该类往来款往往金额大、账龄长。三是往来款中的暂存款因多种原因导致负责人不能及时入账,预收账款中存在较多未确认收入也会造成往来款数量多、金额大的情况。

2.信息技术水平亟待提高

学校往来款数量多、金额大,涉及部门和学院多,仅靠财务人员定期清理远远不能满足学校往来款管理的要求,但往来款管理系统和合同管理系统存在缺失,一方面不能及时准确地将往来款信息推送给相关负责人,导致不能及时核销;另一方面也不能及时推送合同收款和付款信息给财务人员,导致财务人员不能及时确认往来款,大大影响了学校对往来款的管理,相关管理信息技术水平亟待提高。

四、S大学往来款长期挂账的对策及建议

(一)加强财务人员培训,不断提高专业能力

政府会计制度的实施,对财务人员的业务处理能力提出了更高的要求。要提高往来款项会计核算工作效率,首先应从高校财务人员的专业能力抓起,增加业务培训力度,组织财务人员加强专业知识学习,提高财务人员自身的业务水平;其次是应加强财务人员之间的交流学习,不断提高往来款管理人才素质,提升学校往来款管理水平。

(二)完善管理制度,优化清理流程

高校财务部门应当适时对往来款项管理办法进行修订,以适应财务精细化管理和财务风险防范的要求。明确规定往来款项的业务范围,优化办理流程。在实际操作中,财务人员往往重审核,轻清理。在严格审核往来款项的同时,应加强对往来款项的清理工作。定期对往来款项进行梳理,及时通知经办人及项

目负责人，限定期限处理往来款项。同时，财务部门可通过多种渠道，如网站发布信息、短信提醒、微信公众号推送、OA协同办公等方式告知经办人及项目负责人，也可推荐使用公务卡，减少不必要的往来款项。

（三）增强往来款管理意识，加强业财融合

1.提高财务人员对往来款项的管理意识

往来款项管理是关系到学校财务管理工作的大事，大家都应参与到财务管理中。高校财务人员应树立正确的往来款管理观念，主动参与管理，提高往来款项管理水平与防范风险意识。加强财务部门与其他各部门之间的沟通配合，形成往来款项管理的有效体系，定期对超过一定期限的往来款项进行适当公开或采取强制措施，维护财经纪律的严肃性。

2.增强部门学院联动，加强业财融合

往来款项的管理工作不仅与财务部门相关联，与业务部门和学院也密不可分，业财融合应贯穿于整个往来款项管理链条上。财务部门应定期发布往来款项统计表，各业务部门或学院根据财务的统计分析结果统筹推进计划实施，重点针对长期挂账款项，强化清理责任落实监督，制定详细的往来款项清理计划，动态跟踪清理工作进展情况。

（四）加强会计信息化建设，提升往来款管理水平

随着数智时代的不断发展，信息化是未来会计行业发展的必经之路，会计信息共享化服务模式是新兴的财务管理模式。充分利用高效的信息化平台，不断优化会计信息管理流程，可为高校财务管理提供更加广阔的平台。用先进的信息技术搭建往来款项管理信息平台，真正发挥会计信息系统的强大功能，建立动态、科学的往来款项管理体系，以信息化手段助力往来款项的管理，以全面准确的大数据为支撑，实现往来款项管理水平的提升。

首先，业务部门通过财务智能平台申请借款时，在手机端即可提交线上申请，办理时在系统中填写预计核销时间。财务智能平台可以根据大数据自动识别此借款是否已经核销，到规定时间尚未核销的，系统将自动推送提醒至经办人、项目负责人，从而实现往来款管理的实时动态化。对超时仍未核销的，可以通过提交线上说明或者系统自动关闭相关业务的权限来进行监管，达到对往来款项的精细化管理。其次，对与科研相关的收入类到款，财务智能平台可以通过与科研管理部门的有效对接，实现信息平台的数据共享，系统可自动匹配到款项目负责人并推送认领通知。最后，对于退款业务产生的相关债务类往来款，如投标保证金、费用余款退回等，智能平台根据单位名称、金额等数据自动匹配到相关财务业务并提醒经办人办理，实现往来款的精准化管理。

五、结语

往来款管理工作是高校财务管理工作的重要组成部分。政府会计制度的实

施,对高校往来款管理工作提出了更高的要求。往来款管理工作的创新必须得到重视,它对高校业务活动的顺利完成和学校发展起到了重要保障作用。本课题紧跟国家政策要求,通过对S大学往来款核算管理体系的分析,对其现状及存在的问题逐一剖析、研究探索,进一步提出合理化建议及对策。这对于实现往来款的科学化、规范化、精细化管理,确保往来款管理体系的良性运转、全面提升高校财务管理水平具有重要现实意义。

主要参考文献

[1]王玉玲.ERP环境下的往来款项核算管理[J].会计师,2019(23):27-28.

[2]赵翠芝.浅谈高校往来款项管理[J].当代会计,2018(8):67-68.

[3]王秋影.新形势下高校往来款管理存在的问题及对策[J].当代会计,2021(15):113-115.

[4]陈梦.高校往来款项长期挂账的原因及对策研究[J].财会学习,2021(4):122-123.

[5]胡军勇,蔡礼.政府会计制度下高校往来款管理现状及改进——基于全国26所高校问卷调查结果[J].财务与会计,2021(22):70-71.

[6]郑雯."互联网+"背景下高校往来款管理创新研究[J].办公自动化,2021(22):31-32,40.

[7]翟姣姣,杨瑾,季云瑞.政府会计制度下高校往来款核算和管理探讨[J].中国管理信息化,2021(19):35-36.

[8]裴艳丽.政府会计制度下高校往来款的会计核算探讨[J].齐鲁珠坛,2021(3):22-27.

[9]李亚平.高校往来款管理中存在的问题及应对策略探究[J].财经界,2021(6):104-105.

[10]章杰文,姚俊生,袁仁淼.政府会计准则制度下高校往来款项核算问题探析[J].商业会计,2020(8):61-64.

[11]陈晓雯.浅谈高校往来款项的管理[J].知识经济,2019(21):76-77.

[12]甘霖.以江苏省M高校为例分析高校往来账款管理[J].经济师,2018(6):202-203,206.

(作者单位:山东大学)

政府会计改革下修缮工程支出资本化实施研究

刘 密　郭 超　朱广阔　王海清　盛小娇

【摘要】 随着政府会计改革的不断深入，加之高校高质量办学、内涵式发展的高标准要求，迫切需要对高校符合条件的修缮工程支出等固定资产后续支出实施资本化。高校修缮工程支出资本化实施工作涉及面广、政策性强，对学校财务及国有资产信息影响较大。由于相关政府会计准则制度政策缺乏可操作性、部门之间协同工作机制未理顺、会计处理不规范等工作难点及问题，高校修缮工程支出资本化一直难以真正落地。为落实党中央"过紧日子"的要求，S高校从界定修缮工程支出资本化概念和确认条件标准、理顺一体化工作机制、健全制度规范体系、规范会计处理方式等方面推进实施修缮工程支出资本化。本文以实务举例的方式总结了S高校资本化实施工作经验和成效。案例表明，通过实施修缮工程支出资本化，将修缮工程支出管理与预算管理、实物管理与价值管理有机结合，可以提高修缮工程管理的规范化、精细化、科学化水平，确保高校资金的使用效益，支持高等学校高质量发展。

【关键词】 政府会计改革　修缮工程支出　资本化　高校

一、研究背景

房屋及构筑物和基础设施是高校实现高质量办学的重要物质基础。新时代以来，国家对于教育领域的资金等资源投入不断增加，高等学校办学经费不断增长，越来越多高校重视改善基本的办学条件，对教学楼、实验室等房屋及构筑物和基础设施进行改建、扩建、大型维修改造和日常维修及养护支出不断增加。相应的修缮工程支出资本化工作因涉及面广、政策性强，对学校财务及国有资产信息影响较大，对可操作性要求高，受到了越来越多的研究和关注。夏建平通过研究指出高校校舍维修改造工程建账的必要性并提出建账处理方案。于莉景指出高校固定资产后续支出存在现行政府会计准则制度暂无明确规定、管理模式不利于资本化确认等问题，提出制定和细化高校固定资产后续支出资本化的制度、加强各部门间交流融合、加强人员学习培训等建议。邱瑞玲等从高校房屋大型修缮资本化的确认标准、规章制度、工作机制、工作方法等方面，探索了高校房屋修缮资本化的具体实施路径。本文总结阐述了高校实施修缮工程支出资本化的重要意义,聚焦实施面临的主要问题及难点,总结提炼S高校探索实务的经验,为各高校提供借鉴参考。

二、高校实施修缮工程支出资本化的重要意义

实施高校修缮工程支出资本化是贯彻落实国家预算管理和政府会计准则制度的必然要求。《政府会计准则制度解释第4号》明确要求,各单位对后续支出进行资本化和费用化划分,将增加使用效能或延长使用年限而发生的改建、扩建、大型维修改造等支出计入相关资产成本即进行资本化,并要求各单位应当根据有关行业主管部门对维修养护、改建扩建等的规定以及本单位实际,确定有关后续支出资本化和费用化划分的具体会计政策。2021年《国务院关于进一步深化预算管理制度改革的意见》也明确提出,所有资本性支出应当形成资产并全程登记。

实施修缮工程支出资本化是高校加强国有资产管理、实现高质量办学的内在要求。高校不仅要重视实物方面资产的管理,更要重视资产价值方面的管理。高校修缮工程已不是小修小补或局部修缮,常常是大规模或整体性的翻新改造。将符合条件的修缮工程支出进行转增固定资产价值的资本化处理,一定程度上可以避免不必要的修缮支出,杜绝对短时间内实施资本化的修缮项目进行重复性维修改造。

三、高校实施修缮工程支出资本化面临的工作难点及存在问题

(一)缺乏可操作性的资本化实施会计政策

政府会计准则制度中关于修缮工程支出资本化的会计政策仍然不符合高校业务实际、缺乏可操作性,具体表现为概念界定不明晰、确认条件标准不明确等。概念界定不明晰,往往会导致理论层面逻辑不顺畅、实施范围理解出现偏差。缺乏明确的可操作性确认标准,往往造成在实务工作中无法正确判断有关修缮工程支出是否符合资本化确认条件,甚至由此导致资本化论证及实施工作无法启动开展,也就无法准确反映和计量固定资产价值。

(二)尚未理顺部门之间协同实施资本化的工作机制

修缮工程支出资本化实施是一项相对复杂的系统工作,需要学校资产、财务、后勤、基建、审计等多部门配合完成。由于缺乏明确的一体化多部门协同工作机制,大多部门并未将资本化论证和实施纳入本部门的本职日常工作,更没有明确工作开展流程,导致部门之间存在各自为政、相互推诿的现象,修缮工程支出资本化工作也就难以顺利开展。

(三)修缮工程支出资本化的会计处理不规范

关于修缮工程支出的会计处理,存在误将符合资本化确认条件的支出进行费用化处理、经济科目核算使用有误等问题。以S高校为例,对2018年发生的

修缮工程支出均进行了费用化处理。就2019—2021年发生的修缮工程支出来看,也仅对个别电梯安装等进行了资本化处理,但未对实施主体结构加固改造的某房屋等修缮工程支出进行资本化处理。此外,结合高校决算报表的会审反馈,修缮工程支出资本化的会计处理错误地使用了"房屋及构筑物构建"经济科目核算。为达到决算报表编制要求、确保账表一致,学校不得不进行批量调账。

四、S高校实施修缮工程支出资本化的积极探索

(一)明确界定修缮工程支出资本化的概念和确认条件

修缮工程支出资本化,是指通过将符合资产确认条件的修缮工程支出进行会计确认、计量和核算等环节反映相关资产价值变动的过程。此外,我们基于现有准则制度对其确认条件的关键要素进一步进行细化解释与界定。为增加使用效能或延长使用年限,在原有房屋及构筑物、基础设施基础上进行改建、扩建、大型维修改造等建造活动发生的修缮工程支出,符合资产确认条件的,应当予以资本化。

改建主要包括在不增加原有体量情况下,为改善使用效能或改变用途而进行内外部改造建设等。扩建主要包括在原有基础上加以扩充建设,如加层改造、紧贴原有房屋及构筑物、基础设施的外部扩充建设等。大型维修改造主要包括对房屋及构筑物、基础设施的大型修缮及功能恢复,如建筑结构补强加固、装饰装修的整体性修复等。增加使用效能主要包括显著改善现有使用效能、因学科融合等教学科研需要新增或变更使用效能。主要建造活动包括:内部空间及布局优化,因使用年限或使用功能明显下降等原因进行批量功能更新、升级换代,整体性翻新改善、外观改善等。延长使用年限主要是指通过进行主体结构加固或改造等延长原有房屋及构筑物、基础设施的使用年限。有关建造活动主要包括:对已达到或超出其正常使用年限的房屋及构筑物、基础设施进行加固或改造,对经具备相应资质等级的专业机构鉴定为C级的危险房屋及构筑物、基础设施进行加固或改造等。

对修缮工程资本化的概念和确认条件的界定,使"增加使用效能""延长使用年限"等判断标准更趋丰富,从而使资本化确认条件变得更加明晰和具有可操作性,较好地解决了实务中普遍反映的难以判断修缮工程支出应当资本化还是费用化的问题。

(二)建立部门职责明确、协同配合的一体化工作机制

学校按照相应部门职责对修缮工程支出资本化实施管理,逐项明确各部门的具体工作和定位,强调各部门的沟通和协作。在修缮项目立项、资本化论证、固定资产转在建、资金审计及结算、固定资产入账等工作程序基础上,建立起各部门一体化工作流程,协同配合、有序推进,进一步提高修缮资本化工作的效率

和质量。职能部门具体职责如表1所示。修缮工程支出资本化实施管理如图1所示。

表1 职能部门资本化实施工作职责

财务部门	1.牵头统筹推进修缮工程支出资本化工作 2.组织论证并最终确认年度修缮工程项目支出是否符合资本化确认条件 3.负责下达校内修缮工程项目预算 4.负责修缮工程支出资本化的核算结算
修缮工程项目实施部门(后勤保障部门、基建部门)	1.负责组织申报年度修缮工程项目,编制项目预算 2.根据实施办法,提出年度修缮工程项目支出资本化建议清单 3.负责在发生修缮工程支出前向资产管理部门提出"固定资产"转"在建工程"申请 4.负责修缮工程项目的实施与管理 5.牵头组织项目验收并办理资产移交手续
资产管理部门	1.参与论证年度修缮工程项目支出是否符合资本化确认条件 2.负责在修缮工程项目实施部门提出申请当月完成办理"固定资产"转"在建工程"变动手续 3.协助相关单位办理资产验收及交接 4.负责根据资产移交手续完成办理"在建工程"转"固定资产"变动手续 5.负责停止和重新开始计提固定资产折旧
审计部门	1.参与论证年度修缮工程项目支出是否符合资本化确认条件 2.负责修缮工程项目的审计工作,出具工程竣工结算审计意见 3.协助办理在修缮工程项目资金管理过程中遇到的有关审计方面的事项

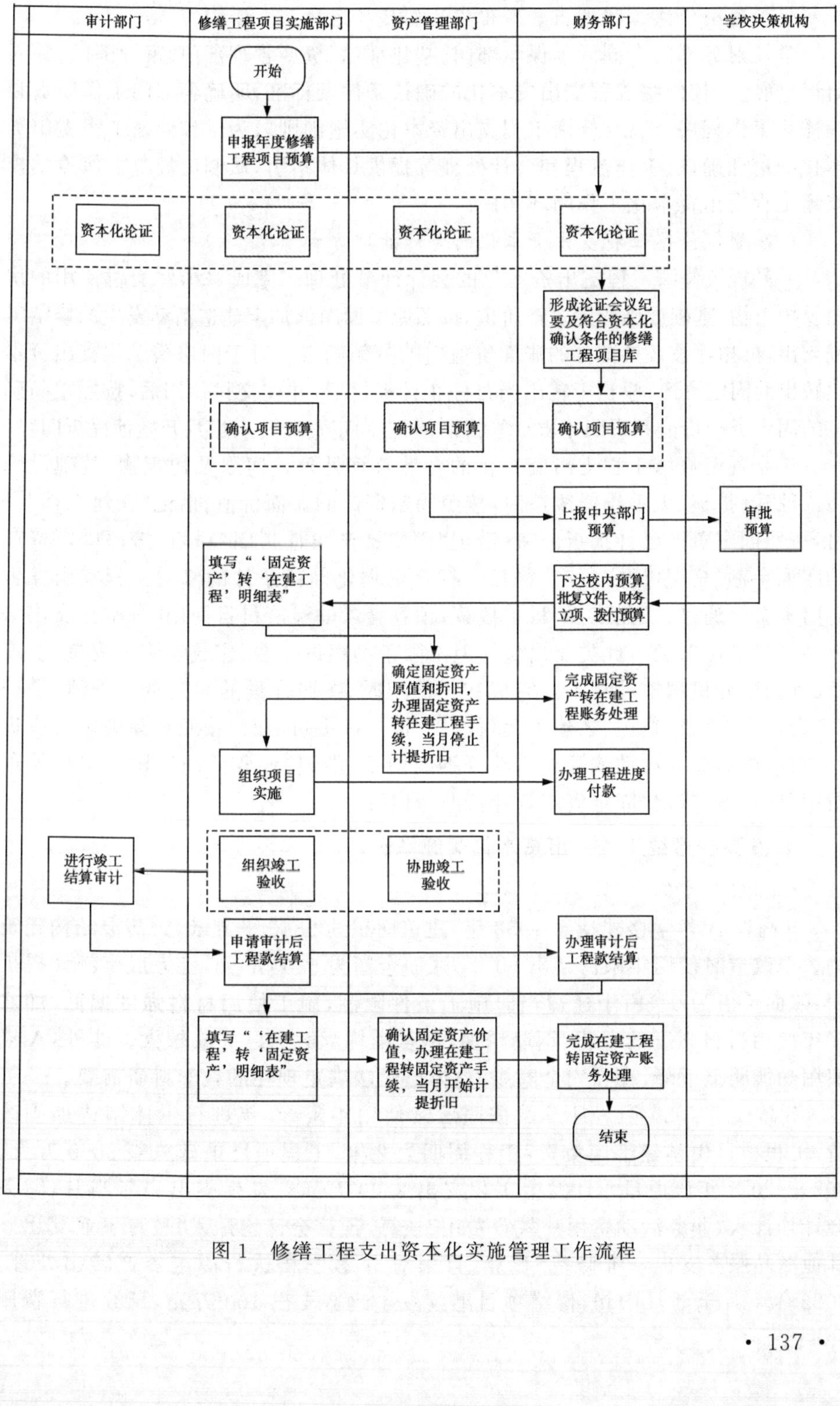

图 1　修缮工程支出资本化实施管理工作流程

(三)健全修缮工程支出资本化实施制度规范体系

学校财务部门会同后勤保障部门、基建部门、资产管理部门、审计部门,深入研讨、确定学校修缮工程支出资本化的确认条件及标准,明确各部门工作职责和一体化工作程序,出台《修缮工程支出资本化实施细则》,为学校修缮工程支出资本化的论证确认、工作流程和会计处理等提供具体指引,从制度规范上保障学校修缮工程支出资本化工作闭环实施。

(四)规范修缮工程支出资本化的会计处理方式

一是规范修缮工程支出资本化的会计计量处理。完成修缮并交付使用的房屋及构筑物、基础设施固定资产价值,按照原账面净值加上建造活动发生的修缮工程支出,再扣除被替换部分的账面价值后的金额确定。对于因修缮工程支出资本化转出的固定资产,应当于转出当月停止计提折旧,并在交付使用后,按照重新确定的固定资产价值和折旧年限计算折旧额,自固定资产转入当月开始计提折旧。

二是规范修缮工程支出资本化的会计核算处理。房屋及构筑物、基础设施转入改建、扩建、大型维修改造时,按照固定资产的账面价值,借记“在建工程”科目,按照固定资产已计提折旧额,借记“固定资产累计折旧”科目,按照固定资产的账面余额,贷记“固定资产”科目。符合资本化确认条件的修缮工程支出发生时财务会计通过“在建工程”科目核算,预算会计的经济科目使用“资本化支出—大型修缮支出”核算,此类支出包括但不限于勘察设计费、建筑安装工程费、监理费、社会中介机构审计费等。完成交付使用时,按照计量的固定资产价值,借记“固定资产”科目,贷记“在建工程”科目。按月计提折旧时,按照重新确定的应折旧金额,根据业务活动或管理活动等不同用途,借记“业务活动费用”“单位管理费用”等科目,贷记“固定资产累计折旧”科目。

五、S高校修缮工程支出资本化实施举例

(一)实务案例介绍

S高校A教学楼建造于1958年,建筑面积约9845平方米,为砖混结构建筑物。至改造时使用年限已超出60年,账面余额为650000元,已完成全额计提折旧,账面价值为0。由于建造当时施工条件限制,施工使用材料强度偏低,加之多年使用材料强度的退化、钢筋锈蚀,承重结构承载力已欠缺较大。此外,A楼使用功能明显下降,存在安全隐患,整体已无法满足现在的教学科研需要。

S高校于2020年7月开始按照后续使用年限30年进行主体结构加固改造,工程项目由基建部门负责,工程周期为2年,工程项目预算总额3650万元。2020—2021年该项目累计发生工程支出2500万元。发生支出当年当月,财务会计均计入“业务活动费用—教育费用”核算,预算会计均计入“教育事业支出—其他商品服务支出—维修费”核算,且未对A教学楼进行固定资产转出处理。2022年1月至3月中旬,修缮项目继续发生改造支出100万元,延续进行费用

化会计处理。2022 年 3 月末，S 高校研究决定对修缮工程改造项目重新论证和调整处理。3 月 30 日，财务、后勤保障、基建、资产、审计等部门召开修缮工程支出资本化实施专题会议，根据修缮工程支出资本化确认条件和 A 教学楼改造工程实际，决定将其列入符合资本化确认条件修缮工程项目库，并于当月进行追溯调整处理。2022 年 4—11 月新增改造支出 1000 万元。受疫情影响，A 教学楼改造于 11 月末完成竣工验收和工程竣工结算审计并移交教学部门使用，同时在资产部门完成“在建工程”转“固定资产”变动手续。

（二）实务会计处理

具体实务会计处理如表 2 所示。

表 2　实务会计处理

处理时点	业务描述	财务会计分录	预算会计分录
专题会议决定列入修缮工程资本化实施项目库（2022 年 3 月 30 日）	财务部门协调基建部门、资产部门完成填报“固定资产”转“在建工程”明细表，确认 A 教学楼账面原值和已提折旧额，在资产部门完成资产账处理后，进行账务处理	借：固定资产累计折旧 65 万元（固定资产归集项目） 贷：固定资产—房屋及构筑物 65 万元（固定资产归集项目）	不作处理
	财务部门根据基建部门提交的调账申请和 A 教学楼改造项目支出明细账，对项目发生的 2022 年以前支出进行账务调整处理	借：在建工程—改造支出（A 教学楼改造项目）2500 万元 贷：以前年度盈余调整（A 教学楼改造项目）2500 万元	不作处理
	财务部门根据基建部门申请和项目支出明细账，对 2022 年 1—3 月支出调整处理	借：业务活动费用—教育费用 100 万元（A 教学楼改造项目） 借：在建工程—改造支出 100 万元（A 教学楼改造项目）	借：教育事业支出—商品和服务支出—维修费（A 教学楼改造项目）100 万元 借：教育事业支出—其他资本性支出—大型修缮（A 教学楼改造项目）100 万元

续表

处理时点	业务描述	财务会计分录	预算会计分录
2022年4—11月发生改造支出时	基建部门按照合同约定和工程进度,提供合同等资料至财务部门办理工程支出结算。包括但不限于发生的勘察设计费、建筑安装工程费、监理费、社会中介机构审计费等	借:在建工程—改造支出1000万元(A教学楼改造项目) 贷:银行存款/零余额账户用款额度等1000万元	借:教育事业支出—其他资本性支出—大型修缮1000万元(A教学楼改造项目) 贷:资金结存—货币资金/零余额账户用款额度1000万元
2022年11月月末完成竣工验收、工程审计结算和固定资产变动手续	基建部门在工程验收并完成结算后,根据相关资料填报“在建工程”转“固定资产”明细表,向资产部门申请办理“在建工程”转“固定资产”。资产部门进一步确认A教学楼固定资产价值,并办理固定资产建账。财务部门根据资产部门提供的资料进行账务处理	借:固定资产—房屋及构筑物3600万元(A教学楼改造项目) 贷:在建工程—改造工程支出3600万元(A教学楼改造项目)	不作处理
	资产部门于11月当月根据重新确定的A教学楼固定资产价值和预计可使用年限开始计提折旧。财务部门根据资产部门提供的折旧表进行账务处理	借:业务活动费用—教育费用10万元(固定资产归集项目) 贷:固定资产累计折旧10万元(固定资产归集项目)	不作处理

续表

处理时点	业务描述	财务会计分录	预算会计分录
2022年年末进行固定资产归集处理	将固定资产从具体修缮工程支出项目转移至"学校固定资产归集项目"	借:固定资产—房屋及构筑物3600万元(固定资产归集项目) 贷:固定资产—房屋及构筑物3600万元(A教学楼改造项目) (通过系统特殊设置,实现归集时不发生项目余额变动)	

六、修缮工程支出资本化实施取得的成效

2022年S高校共论证修缮工程项目预算金额合计超过1亿元。其中,列入符合资本化确认条件修缮工程项目库的预算金额达6000万元。资本化实施工程项目当年共转出固定资产账面原值超过5400万元,相应房屋及构筑物账面折旧额超过2200万元,当年从固定资产转入在建工程金额约3200万元,当年新增改造支出计入在建工程合计5900万元。在当前国内财政收支矛盾不断扩大的形势下,高校推进修缮工程支出资本化实施,不仅仅是落实政府会计准则制度的必然要求,同时也是贯彻落实"过紧日子"的内在要求。高校应当加强修缮工程项目管理,坚持科学论证立项,强化成本意识,将修缮工程支出管理与预算管理、实物管理与价值管理有机结合,协同推进实施修缮工程支出资本化,从而提高修缮工程管理的规范化、精细化、科学化水平,确保高校资金的使用效益。

主要参考文献

[1]万安军.浅析高校固定资产后续支出资本化[J].财会学习,2018(17):138,140.

[2]樊晓晶.由决算报表的编制谈高校修缮的会计核算[J].商业会计,2019(9):107-108.

[3]夏建平.高校校舍维修改造工程支出资本化研究[J].中国乡镇企业会计,2021(9):38-39.

[4]于莉景.成本核算背景下高校固定资产后续支出资本化问题探究[J].会计师,2021(15):117-118.

[5]邱瑞玲,张科,李大壮.贯彻落实"过紧日子",探索高校房屋大型修缮资

本化的实施路径——以S大学为例[J].教育财会研究,2022(2):39-41,48.

[6]李曰君,孙静. 关于高校修缮工程全过程跟踪审计的思考[J].工程经济,2019(6):53-55.

[7]李易倩.新形势下高校会计核算存在的问题及其对策研究[J]. 商业会计,2018(12):93-95.

[8]孙培芹. 基于内控视角的高校修缮工程管理问题与对策研究[J].工程经济,2021 (10):31-34.

[9]周远祎,李泽华.高校装修、修缮项目资金管控研究——以广东省A高校为例[J].商业会计,2021(15):81-83.

(作者单位:山东大学)

高校"业财融合"信息化建设与应用研究

王亚群　李　琳　张国莹　高　蕾　丁玮峦　段永璇

【摘要】　本项目以高校"业财融合"信息化建设与应用研究为关注点，以"业数融合"为研究对象，构建研究框架体系，重点针对"业财融合信息化"建设进行设计及应用研究；描述了项目的整体框架及建设内容，对有利于业财融合的系统及数据进行系统性的梳理，实现业财融合业务的数据化、标准化、自动化以及业财融合分析的智能化。

【关键词】　业财融合　数据中台　标准化　信息化　智能化

一、研究背景及现状

随着高校办学规模的不断扩大，"大智移云"等新一代信息技术获得广泛应用，传统的财务工作转变为信息化模式，将传统线下财务业务推向网上处理，极大地降低了高校财务管理工作的难度。国内众多高校已经基本实现财务信息系统之间的融合互通，但尚未与其他业务职能部门构建统一的信息化管理平台。各系统来源渠道多样、功能分散、多头管理且无法实现数据共享的现状，导致信息重复录入、数据不一致的问题凸显。

另外，不同信息系统的数据质量和标准参差不齐，财务信息系统与其他系统在财务数据及报表管理、服务、数据整合的应用集成过程中遇到较大困难。面对以上问题，国内学者盛菊从优化顶层设计、流程再造等方面展开论述，为解决高校财务管理信息化过程中存在的问题提供建议。刘文静等人进行了"智慧校园"背景下高校财务信息化建设研究，从财务软件内部功能模块整合、财务软件与校内外系统的互联和云平台融合角度，针对财务信息化中存在的问题进行了探讨。

基于"业财融合"的信息化建设，各专家学者多是从信息化与财务管理业务系统的融合角度进行考虑，而往往忽视了"智慧校园"和"财务信息化"建设的关系以及顶层设计工作。财务、教务、学工、招生、科研、人事及后勤等各大信息系统及子系统的开发与实施，通常是以各自业务需求为中心，每个系统单独管理输入输出数据，导致数据项的重复赘余，不同业务系统之间无法进行数据同步，后期财务数据管理及使用的实施性和操作性差，严重制约了财务信息化建设的进程。

面对财务系统建设的复杂局面,能否成功地应对财务与业务分离的局面、弥补信息孤岛缺陷、有效提升高校的教育管理水平和竞争力,是决定综合财务管理系统可否在智慧校园中得到有效应用的关键。业务财务融合发展是高校财务信息化建设的必然趋势,业务财务数据的高度融合是促进高校综合财务管理系统在智慧校园应用可持续发展的坚实基础。

二、“业财融合”信息化建设目标

本课题以实现“业财融合及数据一体化”为目标,以事项驱动的标准化业务处理流程,业务互联、数据互通的财务数据中台,复合型财务服务等为研究重点,构建以“业财数据融合”为核心的中台体系以及适应未来财务发展新形势的业财融合信息系统,从而促进高校财务管理信息化发展由以业务流程为导向向服务信息化转变;促进财务资源由数字化向数据化转变,并且重点发展业财数据的整合、分析、利用,提供个性化的服务,实现各职能部门的科学决策。

(一)明确业财融合的业务及数据

收集业财数据,确定采集数据的方法,梳理财务需要的各种数据来源、数据口径。

(二)提供业财融合的标准化服务

梳理财务日常业务的服务对象,把每一类业财处理场景进行分解,归纳共性的服务内容,从而清晰界定前台服务、中台服务、后台服务。

(三)搭建业财融合的数据中台

搭建业财融合数据中台,实现数据整合与清洗、数据安全与权限控制、数据质量管理、数据集成与共享、数据治理与监控、数据智能分析与应用等功能。

(四)实现业财融合的自动化

在归纳整理财务标准化体系基础上,将业务流程及数据利用自动化数据处理技术集成或前置到各应用环节中。

(五)实现业财融合的智能化支撑

在数据在线并且足够丰富的基础上,除了反映业务现状,从自主数据探索出发,进行新的业务识别、风险预判、结果推演等更高级应用,从而实现财务职能为业务赋能的终极目标。

三、“业财融合”信息化建设框架

“业财融合”信息化设计偏向业务属性,其业务复杂度远远超过数据处理的技术难度,需要有成熟的方法体系进行指导。从体系设计及实施方法上看,要实现财务信息化与业务流程及数据的融合,需提高数据的准确性、加快业务流程执行速度以及提供实时的财务报告等。业财融合数据体系建设的方法模型如图 1

所示。

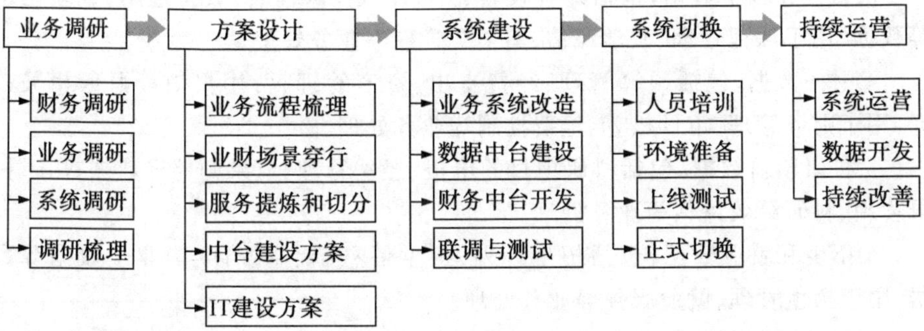

图1　业财融合数据体系建设方法模型

1.确定业务流程需求:了解和分析组织的业务流程,并确定与财务相关的流程和数据需求。

2.归类财务信息系统:根据业务需求和预算,对财务信息系统进行归类,确保其能够支持所需的业务流程和数据集成。

3.数据标准化和整合:进行标准化数据格式、数据字段的映射和数据接口的开发等,确保各个业务系统和财务信息系统的数据能够互相对接和交换。

4.自动化数据传输和集成:利用财务信息系统的功能和工具,实现自动化的数据传输和集成。

5.数据验证和反馈机制:确保各个业务系统传输到财务信息系统的数据的准确性和完整性。

6.实时报告和分析:利用财务信息系统提供的实时数据,生成财务报告和分析。

7.培训和支持:提供财务信息系统的培训和支持,确保正确地使用系统和理解数据。

8.持续改进:定期评估和改进财务信息系统的性能和功能,以满足业务需求的变化。

四、“业财融合”信息化建设内容

(一)业财融合中的数据梳理

在系统梳理过程中,需要综合考虑学校的业务需求和信息化建设目标,确保对关键数据的全面梳理和规范。现将相关的数据梳理为以下几类:

1.学生数据,包括学生基本信息、入学录取信息、学籍信息、课程选修信息等,用于学籍管理、学生评价、学业规划等业务处理。

2.教职工数据,包括教师和员工的基本信息、薪酬信息、考勤记录等,用于人力资源管理、薪酬核算等业务处理。

3.课程和教学数据,包括课程设置、开课计划、课程表、教材选用、成绩记录等数据,用于课程管理、教学评估、奖学金管理等业务处理。

4.财务数据,包括预算管理、经费支出、资产管理、费用报销等财务相关数据,用于财务管理、审计核算、经费控制等业务处理。

5.科研项目数据,包括科研项目的申报、经费管理、成果归档等数据,用于科研管理、科研绩效评估等业务处理。

6.招生和就业数据,包括招生计划、招生信息、就业统计、毕业生数据等数据,用于招生管理、就业服务等业务处理。

7.图书馆和资料管理数据,包括借阅记录、图书采购、馆藏管理等数据,用于图书馆管理、图书借阅服务等业务处理。

8.学校管理数据,包括组织结构、行政事务、会议管理、行政决策等数据,用于学校管理、行政决策等业务处理。

9.校园设施和资源数据,包括教室管理、实验室管理、设备借用、场地预约等数据,用于校园设施管理、资源调配等业务处理。

10.统计数据和报表数据,包括各类统计指标、报表和年度报告等数据,用于数据分析、机构评估、决策支持等业务处理。

(二)业财融合标准的制定

在业财融合信息化建设中,制定数据标准是至关重要的,它能确保各个业务系统和财务信息系统的数据互相交换。本项目在数据标准制定上主要做了以下工作:

1.确定数据对象和字段:确定需要在业务流程和财务流程中涉及的数据对象和字段。

2.数据分类和层次化:根据数据的特性和用途,将数据进行分类和层次化。

3.定义数据元数据:为每个数据字段定义元数据,包括数据类型、长度、格式、取值范围等信息。

4.制定数据规则和约束:根据业务需求和数据的逻辑关系,制定数据规则和约束。

5.遵循行业标准和法规要求:在制定数据标准时,要考虑行业标准和法规要求。

6.与业务部门和IT团队合作:在数据标准的制定过程中,与业务部门和IT团队进行紧密的合作和沟通。

7.文档化和共享:制定完数据标准后,将其文档化并共享给相关的团队成员和利益相关者。

8.持续监控和改进：定期进行数据质量评估和数据标准的审查，根据业务需求和变化对数据标准进行改进和调整。

（三）业财融合的数据中台建设

在建设高校业财融合数据中台时，根据实际情况和需求，合理规划中台的规模和功能。以下是本项目在业财融合数据中台建设方面开展的工作：

1.确定业务需求与目标：与高校相关部门和利益相关者合作，明确业务需求和目标、业务数据的来源和用途，并确定中台的建设方向和重点。

2.组织架构与团队建设：建立专门的中台团队，包括数据专家、数据分析师等，负责中台的设计、建设和维护，并与各部门和业务团队紧密合作。

3.数据整合与清洗：收集来自各个业务系统的业财数据，进行数据整合和清洗，确保数据的准确性、一致性和完整性。采用数据集成工具和规范，确保数据能够无缝连接并传输到中台。

4.技术架构规划：制定业财融合数据中台的技术架构规划，包括数据存储、数据处理、数据集成和数据访问等方面。使用云计算、大数据技术、API 接口等新技术来支持中台的建设。

5.数据安全与隐私保护：制定数据安全策略和隐私保护措施，确保数据在中台建设过程中的安全性和合规性。采取数据加密、权限控制、身份验证等方式，确保数据的安全和隐私。

6.数据质量管理：建立数据质量管理体系，制定数据质量标准和规范。实施数据质量评估和数据清洗，对数据进行监控和检查，并及时纠正数据质量问题。

7.数据共享与应用：建立数据共享机制，确保不同部门和业务团队能够共享数据，并制定数据访问权限控制策略。实现数据的智能分析与应用，利用机器学习、数据挖掘等技术来提供决策支持。

8.数据治理与合规管理：建立数据治理机制，确保数据的合规性和一致性。制定数据规范和标准，监督数据的使用和共享，确保数据的合法性和规范性。

（四）业财融合的业务自动化

在业财融合信息化建设中，实施财务业务的自动化处理，可提高工作效率，减少错误，加快业务流程的执行速度。

1.流程分析和优化：对财务业务流程进行全面的分析和评估。了解每个环节的操作步骤、数据输入和输出以及参与者的角色。通过优化流程，去除冗余操作和手动处理环节，减少人为错误的可能性。

2.数据集成和接口开发：确保财务信息系统能够与其他业务系统进行数据集成和接口开发。包括与采购系统、销售系统、人力资源系统等进行数据的交互和传输。

3.自动化记账和报销:利用财务信息系统的功能,设置自动化的记账和报销规则。根据业务规则和预设条件,自动将交易数据进行分类、计算和记账处理。

4.预算和财务计划自动生成:通过财务信息系统的预算和规划模块,实现预算和财务计划的自动化生成和管理。根据预设的规则和指标,系统可以自动计算各个部门和项目的预算,并对实际情况进行比较和分析。

5.自动化审批和工作流程:利用财务信息系统的审批和工作流程功能,实现财务审批和业务流程的自动化处理。设置适当的审批权限和规则,根据预设条件自动触发和转移审批任务,减少人工干预和等待时间。

6.实时报告和仪表板:通过财务信息系统的报表和仪表板功能,实现实时的财务报告和分析。自动生成财务报表、资产负债表、利润表以及自定义的关键指标和图表。

7.数据验证和异常处理:在自动化处理过程中,建立数据验证和异常处理机制,核对数据的准确性、完整性和一致性,检测异常数据并自动触发警报或进行修正处理。

8.培训和支持:为财务信息系统使用提供培训和支持,确保正确地使用和操作系统。培训涵盖系统的功能、自动化处理的操作流程以及数据安全和隐私的注意事项。

(五)业财融合的业务智能化

在业财融合信息化建设中,利用智能化手段,可以提供更准确、实时的财务数据分析和预测,帮助管理层作出更明智的决策。以下是业务智能化应用方面的探讨:

1.数据挖掘和分析:利用数据挖掘和分析技术,对财务数据进行深入的探索和分析;通过识别数据的模式和关联关系,发现财务数据中的预测能力。

2.预测和趋势分析:通过应用机器学习和统计模型,基于历史数据和趋势进行财务预测和趋势分析。

3.财务报告自动生成:利用自然语言处理和自动化报告生成工具,实现财务报告的自动化生成。根据指定的参数和模板,自动生成财务报表、资产负债表、利润表等,大大减少人工的工作量和时间。

4.风险管理和智能预警:通过建立风险管理模型和智能预警系统,对潜在风险和异常情况进行监测和识别。异常情况发现时,会自动触发预警。

5.财务决策支持系统:建立财务决策支持系统,整合财务数据分析和预测结果,为管理层提供决策支持。

6.自动化流程和审批:通过智能化技术,实现财务流程和审批的自动化处理。采用自然语言处理和规则引擎,自动解析和处理财务文件、合同和报销单据，减少人工的审阅和决策时间。

7.财务智能助手和咨询：引入财务智能助手（如虚拟助手、聊天机器人等），为用户提供财务咨询和指导。利用自然语言处理系统和基于规则的系统，回答用户的财务问题，提供实时的财务信息和建议。

8.持续改进和学习：通过持续的数据反馈和学习，优化财务智能化系统的性能。收集用户反馈意见，不断改进智能化模型和算法，提高财务数据的准确性和质量。

五、总结

此课题相较其他同类项目的研究优势在于，构建的信息化体系可充分体现智慧财务与智慧校园数据底层建设的高度融合，最大限度地实现财务数据与其他系统和数据的互联与综合应用，构建坚实的业财融合信息化系统及数据底座，实现各业务系统及财务系统的多维数据整合，有效提升高校管理能力及水平，赋予业财融合信息系统新的建设内涵，为高校财务的业财融合提供解决方案及思路，具备较强的学术研究及实际推广价值。

主要参考文献

[1]盛菊.刍议高校可持续发展环境下的科研经费内部控制[J].纳税，2020(9)：139-140.

[2]贺佳.大数据时代高校教学管理信息化建设创新研究[J].现代职业教育，2021(40)：158-159.

[3]刘文静，招国醒，丘文娟.“智慧校园”背景下高校财务信息化建设研究[J].财经界，2021(1)：119-120.

[4]田丽.大数据时代加强高校财务管理的对策实践研究[J].现代营销（经营版），2021(6)：11-12.

[5]王艳飞.大数据时代高校财务管理信息化建设与发展[J].经济研究导刊，2021(19)：83-85.

（作者单位：山东第一医科大学）

“放管服”背景下高校科研经费管理研究

谭亚兰　陈　宁　陈　烁　王文运

【摘要】 当前社会大背景下，国家对科技创新的重视程度不断加大，“放管服”改革被列为科研管理体制改革的重要内容之一。高校是科研发展的重要平台，如何将“放管服”政策落实，如何最大限度地提升科研管理效率，摆脱科研活动束缚，充分释放科研活力，建设适应当前科研发展需要的新型科研管理模式，是现阶段高校改革的重点和难点。

【关键词】 放管服　高校科研经费　内部控制大数据平台

一、高校科研经费管理“放管服”政策解读

高校作为培养社会优质人才的摇篮，是国家科技实力的培养基地，因而高校成为国家大力推行简政放权，加强放管结合，加大服务改革力度的重点对象。2019年政府工作报告提出，要加大科研奖励绩效的比重，积极探索“放管服”与“包干制”相融合。

为了充分适应新时代社会发展需要，优化高校的科研经费管理工作，我国首先从制度角度入手，提出“放管服”这一政策。“放管服”具体包括以下几个方面。

“放”，主要是指“三个下放”。第一个“下放”是指将科研预算的调剂权下放到科研项目负责人手中，项目负责人可以对预算灵活调整。由于部门项目是在“放管服”改革前通过的，对于这部门未完成的项目原则上不再进行预算经费的调整，确需调整时，需按经费调整流程，提交书面申请，报经上级部门批复后方可调整。而对于改革后审批的项目，由于对经费调剂权进行下放，因此对其实行资金预拨制度，即控制项目资金总额度不变，对各项分类支出实行统筹管理，调整金额不超过间接经费10%的部分，可直接进行调整，无须进行流程审批。第二个“下放”是指放开对结题后项目剩余资金的使用限制。第三个“下放”是指放开对间接费用的使用比例。过去间接经费使用上限的计算公式为（经费总额－设备费用）×20%，改革后提高了绩效奖励的比例，取消了原来20%的限制，而是综合考量科研进展支出是否合理。

“管”，主要是指“三个强化”。第一个“强化”是指强化科研人员对科研经费

的正确认识。树立科研人员的正确认识,明确科研经费不等同于自有经费,需要由学校统一进行监督管理。第二个“强化”是指要充分发挥内部监管部门的管理职责,强化财务、审计等部门的监管意识和监管能力,切实保障经费使用的真实性合理性,做到“放”“管”结合。第三个“强化”是改变项目责任单位传统观念,强化责任管理意识,杜绝项目责任单位存在“资金拨付高校后与我无关”的老旧思想,单位对资金的使用仍要承担直接责任。

“服”,主要是指“三个简化”。第一个“简化”是指缩短精简项目采购的审批流程,缩短审批时长,加快流程进展和预算调整进程,给予高校采购设备、选择评审专家的自主权。第二个“简化”是指简化报销手续,提高报销效率,缩短报销流程。第三个“简化”是减少重复的审批检查工作。在“放管服”政策出台前,科研项目经常面临重复检查,往往需要重复提交审查材料,严重影响了工作效率。改革后,政府大力推进检查结果的共享,避免重复检查。

二、高校科研经费管理流程

科研项目是依托学校这一平台来承接的,因此其经费必须纳入学校财政进行统一使用和核算,要严格依据相关政策法规进行管理。高校首先要做到统一管理,同时要下放责任,分级管理,各部门明确自身的监督管理职责,保证落实责任到人。

科研经费管理在程序上,可以划分为六个部分。

(一)项目申请审批

项目申请需要经过严格的审核,其目的主要是确保项目研究的必要性以及科研经费使用的合理性。随着国家对科研项目的重视程度越来越高,积极申请项目的科研人员也越来越多,这就可能存在鱼龙混杂。需要严格进行评审,确保经费最大限度地用在重大的科研项目上,激发良性竞争。

(二)预算管理

预算管理属于事前管控的重要手段,在项目成立初期,做好预算安排,列明详细的项目支出明细金额及比例,经各方评估后将其作为项目执行的资金标准。原则上已定好的预算分配不可随意变更,但当确需对指标进行调整的特殊情形出现时,也可以根据项目管理的相关规定,提交经费调整的申请,经相关部门审批后方可调整。预算管理对于资金管理全流程来说是重要起点,抓好预算管理,可以从源头上降低风险,避免后续一系列问题的出现。

(三)项目实施管理

项目实施管理属于事中管控,是在项目使用过程中保证科研经费的合法合规合理使用,充分保障资金使用的安全性,提高使用收益。

(四)决算管理

决算是对项目实施过程中已经发生的成本的核算,最终结果是生成决算报表。决算是预算执行情况的总结,全面反映经费收支结果。应通过对项目实际支出金额与立项时编制的预算进行对比分析,加强项目管控。

(五)项目结余管理

根据学科属性的不同,分别设置不同的资金管理模式,加强结余资金的管理,保证结题后剩余资金能继续合理用在科研项目中。对于有专门的文件或合同的,应严格按照规定规范资金使用;对于无特殊规定的一般性项目,则由项目负责人管理使用,或者将资金转移到科研发展基金,统筹管理。

(六)项目监督

项目监督贯穿科研项目的全过程。监督是确保科研经费合理使用、科研活动正常开展的重要保障,加强项目监督,可提高资金使用效益,确保各方权利均不受到损害。

三、高校科研经费管理存在的问题

(一)“放管服”落实不到位

近年来,国家在大力推进科研经费的改革,高校也在加快科研经费管理的改革步伐,但在具体的实施过程中仍存在一系列的问题。部分高校的科研管理人员对“放管服”政策的理解不透彻、不全面,对科研经费管理自主权的下放边界模糊不清,围绕哪些权力该“放”、哪些权力要“管”、如何更好地“服”,还没有具体的实施方案。现如今国家对“放管服”改革力度愈发增大,但是仍有部分高校持观望态度,畏首畏尾,不敢下放。有的高校担心下放后没有有效的监督机制跟进,从而出现“一放就散”的新风险。高校缺乏对“放管服”改革实施的内部管理经验,在一定程度上导致内控制度完善工作滞后。

(二)报销难,报销繁

在科研经费的使用过程中,高校教师普遍反映的一个问题就是“报销难,报销繁”。科研项目经费要保证专款专用,不得用于无关类别的支出,要做到经费支出合规合法,不得挪用、套取项目经费。为了加强对科研资金的管理,充分保障科研经费支出的合理性,各高校都制定了完善的财务报销流程,根据国家及有关部门的规定,需要科研人员填报详细的经费支出明细,并提供报销相关的说明材料,从而确保经费使用的合法合规。高校教师在提供材料的过程中,由于对财务流程不熟悉,往往需要耗费很多精力才能完成最终的经费报销,因而产生了“报销难,报销繁”的现象。

(三)科研人员经费使用自主权不够

目前科研经费管理的一大难题是科研人员作为主体,对科研经费的使用缺乏自主性。科研项目的预算编制明细与实际实施过程中的支出存在较大出入,但是在项目实施过程中,内部管理部门通常按规定严格执行预算经费支出明细,微小经费的调剂往往要花费较长时间走流程。同时像差旅费报销、劳务费支付、绩效提取、设备采购等方面，科研人员的自主性也受到限制。部分高校对政策的宣传工作落实不到位，存在科研人员不了解国家最新改革政策的情况，因而不能更好地享受政策红利。

四、国外高校科研经费管理经验借鉴

相比之下，国外一些高校发展相对成熟，在科研领域有着显著优势。经过长期的发展和不断试错，它们基本已摸索出相对完善的科研经费管理体系，因此在科研经费管理制度和管理模式方面，有很多值得我们学习借鉴的优秀经验。取彼之长，补己之短，学习借鉴优秀经验能对我国科研项目发展起到促进作用。

（一）北美国家科研经费管理

美国高校科研预算管理的主要特点是严谨、科学。美国高校为了保证科研项目经费顺利支出，通常将经费划分为两类：一个是研究费用，一个是非研究费用。研究费用主要用于购买材料等支出，该类费用可以由项目负责人全权负责，项目负责人在使用该费用前需在预算中列明详细的购买明细，并将预算表提交给资产管理部门。非研究费用主要为购置设备费、会议费等，此类费用有专门的管理人员进行支出商讨，包括其内容、数量，经商讨通过后才列入预算。与此同时，美国高校会扣除较高的管理费用，用于管理人员为科研项目提供的服务成本。

加拿大高校更为注重建设科学化、系统化的管理体系，同时也关注对管理的培训。比如阿尔伯塔大学，学校构建了完善的科研管理体系，同时设定了规范详细的规章制度，对科研管理程序的全过程进行约束和规范，同时加大科研管理人员服务管理方面的培训，丰富和提高管理人员的知识储备和管理能力，全面准确地保障科研项目的精准实施。

（二）欧洲国家科研经费管理

评价科研经费管理是否高效的一个重要指标是科研型项目评价体系是否完善，在此方面，荷兰高校制定了规范度高、可执行性强的评价体系。首先是注重对项目质量的考量，重点考虑项目本身是否具有创新性和影响力；其次是对项目产出成果进行考量，既包括产出的数量，也包括产出的质量；再次是考虑项目产出成果对社会的贡献度、项目成果是否能真正起到促进国民经济发展的重要作用；最后是考察科研院所是否具有长远发展能力，归根到底还要看管理是否具备科学性和可持续性。

英国将科研经费管理划分为三个层次。第一个层次的管理部门是英国政府；第二个层次是研究委员会，根据学科不同划分为七大委员会；第三个层次是执行层，即项目的直接管理人员。通过三个层次的相互关联、相辅相成，实现宏观层面的整体把控,同时各层级内部也能在微观领域实现自身管理职能,从而全方位地保证科研项目顺利进行。

(三)亚洲国家科研经费管理

日本政府设立了竞争机制来提高经费分配的效率,将政府拨付资金分为"运营交付金"和"竞争性资金"。"运营交付金"占政府拨付资金总额的比例大于50%,主要用于科研项目活动中人员支出和具体研究性支出。"竞争性资金"的多少取决于学校科研实力,该笔资金需要凭借学校自身的科研实力来争取,通过竞争机制的引入,激发科研人员的研究热情,保证资金的使用效率,优化学术氛围。与此同时,日本也极为重视对项目经费的监督,项目既要受到高校监督,同时也要受到政府以及社会公众的监督。通过强化监督机制,杜绝违规事件发生。日本政府还会定期对科研人员进行培训,帮助其准确了解最新的规章制度、政策法规,纠正老旧思想,实现突破发展。

新加坡更为重视建设服务优良的科研管理队伍,如新加坡南洋理工大学,在校内设置专职的科研资金管理部门,为教师提供从项目申请到报销全过程的咨询服务,帮助科研人员顺利完成预期目标,保证各方利益。同时,校内还会设置科研支持办公室,主要负责项目申报、经费报销等。完善的管理体系使得科研活动在顺利完成的同时也能实现可持续的发展。

五、优化我国高校科研经费管理的对策

(一)建立健全符合政策要求的经费管理制度体系

随着我国科研事业的飞速发展,科研自身也发生了巨大变化,对高校提出了更高的管理要求。为了适应政策形势的急剧变化和科研发展的整体趋势,高校应整治管理环境,不断完善经费管理制度体系,摒弃落后的管理内容,推陈出新,使得管理更为合理高效。

具体而言,高校首先要完善管理规章,从制度层面完善工作思路,确保工作开展有据可依。其次要加强对科研管理人员的培训力度,加强对国家相关政策文件的解读,积极宣传最新政策规定,有针对性地解决科研人员最为关心的重点问题。

(二)依托互联网平台实现经费管理

依托"互联网+",将信息技术巧妙运用于预算经费管理中,利用大数据实现信息的实时共享与传递,推进各部门的协调合作,提高管理的效率。

(三)加大管理部门与科研人员的协调沟通

高校科研经费的管理需要各部门协同合作,如果缺乏沟通,就可能出现各自为政的局面,严重影响管理效率,因此高校应重视各部门的信息沟通与共享。

高校也应积极与政府相关部门进行沟通交流,建立起实时的反馈机制,将在

实际管理过程中遇到的盲点问题反馈给上级政府部门,政府部门再根据各高校反馈的情况有针对性地调整完善制度方案,使得政策执行更符合实际情况,提升经费管理水平。

(四)提升自我监管和外在监管水平

科研既要有科研人员的内部监管,也要受到外在监管。自身监管是根基,外部的监管是保障,新形势下依托信息化平台建立的监管,核心在于信用。高校可以对项目负责人建立档案,将历年各项目的经费使用情况进行信用登记,直观地反映负责人的信用状况,在后面项目的审批中依托信用档案进行快速考量。此种模式会提高项目负责人的自我监管意识,减少不合规行为的出现,提高资金使用效益。同时,也可以将信用档案与科研管理信息化平台结合使用,实现信息共享。

(五)完善内部与外部监管体制建设

高校应不断完善内外部监管体系的建设,针对现行监管体制下存在的问题,运用大数据技术配合信息管理平台,精准解决问题,提高管理水平,充分保障科研人员利益,保障科研经费的高效使用;同时,逐步推进大数据平台的建设和信息化系统的普及,以政策法规为根基,搭建信息化平台,实时记录经费使用情况并进行监控分析,提升监管的效率和效果。

(六)完善多角度科研成果评价体系

一套全面科学的科研成果评价体系是科研项目全流程监控的重要部分。评价指标应当是全面的、规范化的,并且具有可比性和可操作性,不能仅是片面的评价,必须全方位多角度,从实际出发,使得评价指标切实可行,具体问题具体分析。

“放管服”改革中明确提出了“实行科研项目绩效分类评价”这一要求,为贯彻落实该项指令,高校应充分关注考核制度的科学性和全面性,充分考虑不同学科之间的差异性,具体情况具体分析,尊重科学发展的客观规律,摒弃过去只追求数量而忽略质量的评价基准,改进科研考核机制,使其更有说服力。

综上所述,在当前的时代背景下,高校科研管理人员务必脚踏实地,沉下心来仔细思考钻研,增强自身实干意识,从预算编制、使用、监督和评价等多角度各环节,全面加强科研经费管理体系建设,努力提高服务意识和服务能力,为科研健康可持续发展打造良好大环境,为推进高校科研发展、社会科技进步、创新型国家建设贡献自己的一份力量。

主要参考文献

[1]秦康.对高校科研经费管理“放管服”改革的思考和研究[J].中国民航飞行学院学报,2021(3):43-46.

[2]吴涛.科研院所经费管理“放管服”改革研究[J].财会通讯,2022(20):119-122.

[3]王浩,熊莉君,李安琪.新形势下依托单位科研经费改革的实践与展望[J].中国科学基金,2021(6):1038-1042.

[4]管小敏,李蓉.“放管服”政策驱动下高校科研经费审计的路径与方法[J].福州大学学报(哲学社会科学版),2020(4):92-96.

[5]姚俊生,袁仁淼.“放管服”背景下高校科研经费管理流程优化研究[J].会计之友,2019(8):139-146.

[6]周怡晟.“放管服”改革背景下高校科研经费管理流程优化研究——以上海H高校为例[D].上海:华东师范大学,2020.

本文发表于《经济管理》2023年第4期,有改动。

(作者单位:山东建筑大学)

山东省属高校本科教学经费的支出规模与结构研究

——基于《本科教学质量报告》的分析

胡静丽

【摘要】 党的二十大报告提出“实施科教兴国战略，强化现代化建设人才支撑”，强调高等学校培养人才的功能，在此背景下，本科教育在高等教育中的根本性战略地位日益显著。扩大本科教学经费的投入规模，优化其支出结构，是办好本科教育的物质基础。山东省作为教育大省，保持其本科教育经费投入规模及支出结构的合理性，对其本科教育质量提升发挥着举足轻重的作用。

【关键词】 本科教育　教学经费支出结构　本科教学质量

随着我国经济的持续增长，高等教育在人才培养中的作用越来越重要。党的二十大报告指出，“实施科教兴国战略，强化现代化建设人才支撑”，要“加强基础学科、新兴学科、交叉学科建设，加快建设中国特色、世界一流的大学和优势学科”。高等教育规模的扩大及质量提升，都需要教育经费支撑，但教育经费增长并不是无限的，而是受到国家地区的经济状况、财政状况及家庭消费能力等因素的影响。高等教育经费供给与需求的矛盾，对有效利用有限经费、办好高质量教育提出了更高的要求。

一、研究现状

对教育经费支出的研究结论呈现多样性。国外学者研究发现，公立大学经费多数用于教学支出，私立大学经费更多用于学术研究和发放奖学金。高等教育经费投入的增加，对其支出模式的优化影响显著。也有学者指出，国家对大学的经费支出应该按照公平和卓越的原则统一配置，应当减少对大学的项目支持。国内学者就此问题也进行了诸多研究。金田等认为，教育经费支出结构指人员经费、公用经费及资本支出在总支出中的比重。张曾莲等研究了全国普通高校经费支出规模、支出结构以及支出绩效，指出我国普通高校教育经费支出规模偏小，经费支出结构失衡，经费增长与规模扩张不匹配。毛建青等研究了我国 39

所大学的本科教学经费的支出规模与结构,得出结论:支出规模不断增长,支出结构稳定。

本文拟选取山东部分省属本科高校2017—2021学年《本科教学质量报告》中的相关数据,通过分析考察省属本科高校本科教学经费的支出规模与结构的发展变化趋势,指出存在的问题,并提出优化本科教学经费支出的建议,以期更加有力地推进山东省本科教学工作。

二、研究设计

(一)研究样本

鉴于本科教学经费支出、学校经费总支出等数据的可获得性,本文选取山东省22所省属公办本科高校作为研究对象,重点研究2017—2021学年本科教学经费支出规模与支出结构。按照大学的隶属关系,将山东省22所省属本科高校划分为省部共建、省属及省市共建大学3类;按照各高校的学科特色,将这22所省属本科高校划分为综合类、理工类、财经类、师范类、政法类、医药类及农林类等7类。22所省属公办本科高校位于省内9个地市。基于山东省地区间经济发展不均衡的现状,本文按照山东省委、省政府印发的《贯彻落实〈中共中央 国务院关于建立更加有效的区域协调发展新机制的意见〉的实施方案》对省会、胶东、鲁南三大经济圈的区域划分,将22所省属公办本科高校分至三个经济圈,以便揭示高校本科教学经费支出的区域差异。具体情况如表1所示。

表1 研究样本及其分类统计

	学校	经济圈	隶属部门	学科特点
1	青岛大学	胶东经济圈	省市共建	综合类
2	烟台大学	胶东经济圈	省市共建	综合类
3	山东科技大学	胶东经济圈	省部共建	理工类
4	青岛科技大学	胶东经济圈	省属	理工类
5	青岛农业大学	胶东经济圈	省属	农林类
6	山东工商学院	胶东经济圈	省属	财经类
7	潍坊学院	胶东经济圈	省属	综合类
8	枣庄学院	鲁南经济圈	省属	综合类
9	济宁学院	鲁南经济圈	省属	综合类

续表

	学校	经济圈	隶属部门	学科特点
10	济南大学	省会经济圈	省部共建	综合类
11	聊城大学	省会经济圈	省属	综合类
12	齐鲁工业大学	省会经济圈	省属	理工类
13	山东中医药大学	省会经济圈	省属	医药类
14	山东师范大学	省会经济圈	省部共建	师范类
15	山东财经大学	省会经济圈	省部共建	财经类
16	山东警察学院	省会经济圈	省属	政法类
17	山东政法学院	省会经济圈	省属	政法类
18	山东女子学院	省会经济圈	省属	综合类
19	泰山学院	省会经济圈	省市共建	综合类
20	滨州学院	省会经济圈	省市共建	综合类
21	山东农业工程学院	省会经济圈	省属	农林类
22	山东管理学院	省会经济圈	省属	综合类

(二)数据来源

本文从山东省教育厅发布的2017—2021学年《本科教学质量报告》中获取了本科教学日常运行支出、教学专项经费、实验经费、实习经费及全日制本科生人数等数据,并将上述本科教学日常运行支出、教学专项经费、实验经费及实习经费4项之和作为本科教学经费支出合计数。基于《报告》中各项经费支出的事后属性,本文从22所高校公开网站上选取2017—2021年度部门决算中的大学经费总支出数据,作为教学经费支出的对比数据。此外,从山东省统计局官方网站获取了22所高校所属9个地市2017—2021年度的GDP及人均GDP数据。

(三)指标选择

本文所涉指标的具体含义如表2所示。

表2 研究指标释义

一级指标	二级指标	释义
支出规模的绝对指标	总支出规模	高校年度的支出总额,是高校年度全部投入
	本科教学经费总支出规模	高校年度的本科教学经费支出额,是高校年度在本科教学上的全部投入
支出规模的相对指标	生均支出规模	高校年度的本科教学经费支出的生均值,是高校年度平均每个学生的培养投入
	教学总支出占GDP的比重	高校年度的本科教学总支出占对应地域年度GDP的比重,反映了所在地域对本科教学的投入水平
	教学生均支出占人均GDP的比重	高校年度的生均本科教学支出占所在地域年度人均GDP的比重,反映了生均本科教学支出与所在省份经济发展水平的适应程度
	教学总支出占高校总支出的比重	高校年度的本科教学经费总支出占该高校经费总支出的比重,反映了高校在本科教学上的投入水平
支出结构	教学日常运行支出	高校用于本科教学日常行政管理及有关公务活动的支出
	本科专项教学经费	高校用于本科教学改革和建设的专项经费支出
	本科实验经费	高校用于本科实验教学运行、维护的经费支出
	本科实习经费	高校用于本科培养方案内实习环节的支出经费支出
生均支出结构	生均教学支出	高校用于本科教学总支出的生均值

三、山东省属高校本科教学经费支出规模和结构的现状分析

(一)山东省属高校本科教学经费支出规模的现状分析

1.22所省属本科高校基本情况

2017—2021年,本科教学经费总支出规模与生均支出规模虽有波动,但总体规模均比较稳定,且二者变动趋势呈现一致性规律。如图1所示,山东省省属本科高校的本科教学经费总支出规模与生均支出规模均在一定区间内小幅度波动,其中,本科教学经费总支出最低值为22.49亿元,最高值为25.04亿元;生均支出规模最低值为0.49万元,最高值为0.53万元。两项支出从2017年的24.49亿元及0.49万元,在2018年呈现显著增长,达到峰值的25.04亿元及0.53万元,

并在2019年、2020年缓慢下降，在2021年回弹至24.31亿元及0.51万元。

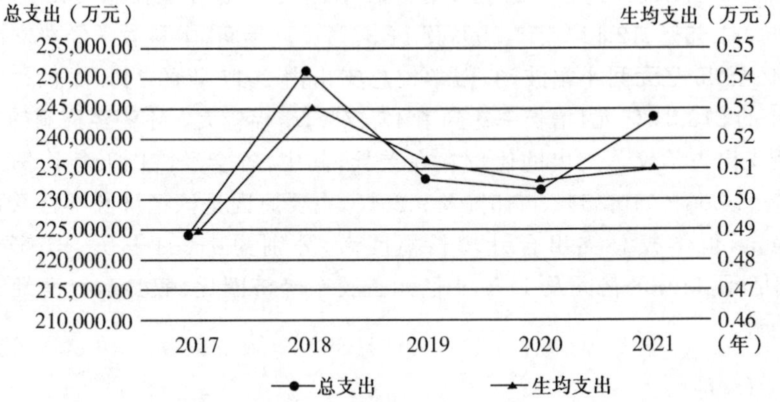

图1 2017—2021年本科教学经费总支出、生均支出规模

不同经济圈本科教学经费总支出规模及生均支出规模差异显著，如图2所示，2017—2018年，省会经济圈的本科教学经费总支出及生均支出规模均为最高，分别为12.90亿元、12.40亿元及0.535万元、0.54万元。2019年，省会经济圈两项支出规模均显现下降趋势，胶东经济圈的两项支出规模上升显著，分别为12.08亿元及0.63万元。鲁南经济圈的生均支出虽然出现了上升趋势，但是较省会经济圈和胶东经济圈仍然存在差距。这五年的离散系数分别为0.38、0.43、0.21、0.29、0.35，由此可见，本科教学经费总支出规模及生均支出规模在不同经济圈的差异客观存在。

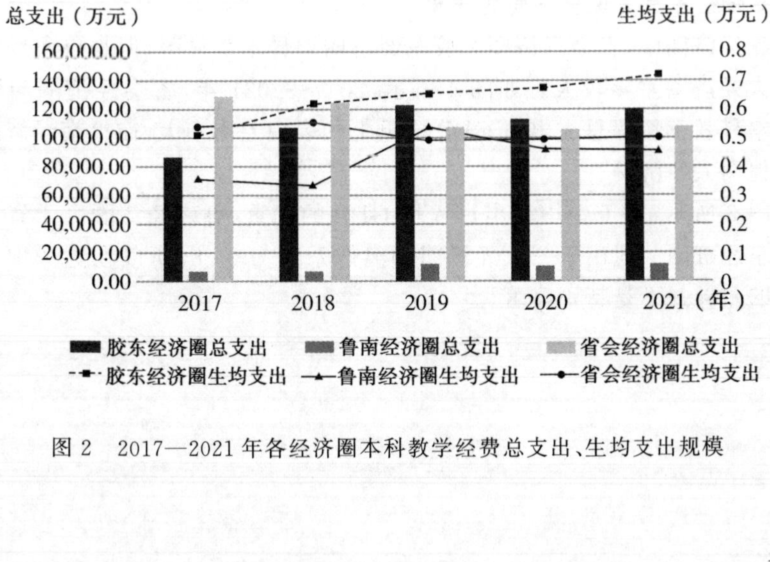

图2 2017—2021年各经济圈本科教学经费总支出、生均支出规模

2.经济圈间差异显著

如图 3 所示,2017—2021 年,本科教学经费支出占学校总支出比分别是 15.50%、14.55%、12.12%、11.90%及 11.37%。五年间,本科教学经费支出保持在 22 亿至 25 亿元间小幅波动,但学校总支出由 2017 年的 145.01 亿元增长至 2021 年的 213.84 亿元,增长率达到了 47.47%,增幅较大。不同经济圈的本科教学经费支出占学校总支出的比例存在差异,其中,省会经济圈五年比例分别为 17.16%、14.63%、10.35%、9.45%及 9.26%,主要原因是该经济圈本科教育经费支出稳定,但学校总支出合计增长幅度大,分别为 75.34 亿元、91.57 亿元、105.32亿元、112.38 亿元及 117.79 亿元。胶东经济圈比例稳定,鲁南经济圈有上升趋势。

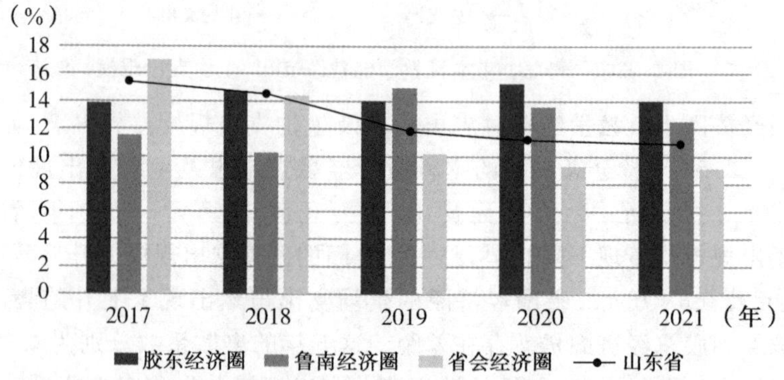

图 3　2017—2021 年本科教学经费总支出占学校总支出比重

3.不同经济圈呈现出不同的变化

三大经济圈中,省会经济圈和胶东经济圈差异不太显著,但是鲁南经济圈和其他两大经济圈差异较大。如图 4 所示,2017—2021 年,省会经济圈与胶东经济圈在本科教学经费总支出占 GDP 比重上的表现差别不大,而鲁南经济圈显著低于其他两大经济圈。

如图 5 所示,对于生均支出占人均 GDP 的比重,鲁南经济圈高于省会经济圈和胶东经济圈。但由于三大经济圈的离散系数为 0.28,所以在这一项上三大经济圈的差异并不是特别显著。

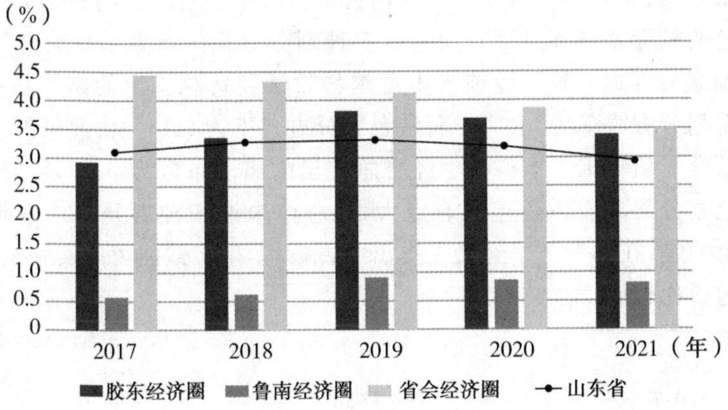

图 4　2017—2021 年本科教学经费总支出占 GDP 比重

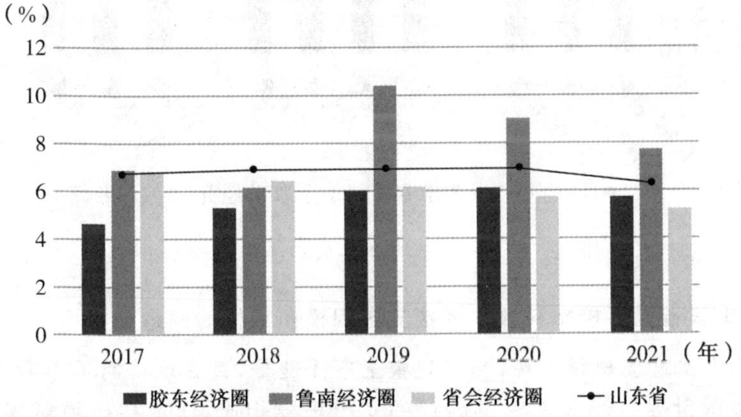

图 5　2017—2021 年本科教学经费生均支出占人均 GDP 比重

（二）山东省属高校本科教学经费支出结构的现状分析

山东省属高校本科教学经费支出以本科教学日常运行支出和教学专项经费为主，其中又以教学日常运行支出所占比例最大。教学专项支出占本科教学经费总支出的比重比较稳定，三大经济圈和隶属关系差别较小，但是学科特色差别明显。如图 6 所示，从 2017—2021 年五年的平均数来看，三大经济圈中，省会经济圈高校教学专项支出占本科教学经费的比重最大，胶东经济圈次之，鲁南经济圈最小。而从隶属部门来看，省市共建高校的教学专项支出占本科教学经费总支出的比重最大，省部共建的教学专项支出占本科教学经费的比重最小。从学科特色来看,人文类高校教学专项支出占本科教学经费总支出的比重最大,其他学科特色的校际差别不显著。通过对三种划分方式的离散系数的计算,发现三大经济圈划分方式下教学专项支出占本科教学经费总支出的离散系数为0.12,隶属关系划分方式下为0.05,学科特色划分方式下为0.15。由此可见,虽然隶属关系的教学专项支出占本科教学经费总支出的离散系数为0.05,与按经济圈和学科特色划分下离散系数差别有点大,但总体来说三种划分方式差异不显著。需要注意的是,在本科教学经费总支出中,培养学生实践能力的实验经费和实习经费普遍占比较低。

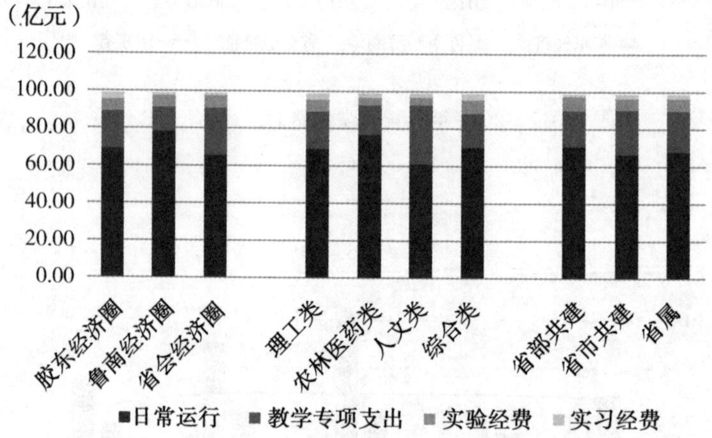

图6　2017—2021年本科教学经费支出结构

四、山东省属高校本科教学经费支出规模和结构的问题分析

(一)支出总量规模不足,相对规模呈下降趋势,存在地区间不平衡现象

与我国世界一流大学建设高校的支出规模相比,样本高校绝对规模较小。数据显示,我国39所世界一流大学建设高校在2014—2019年的生均本科教学经费支出规模分别是1.09万元和1.94万元。本文所选山东省属22所本科高校2017—2021年生均本科教学经费支出规模从0.49万元,经小幅波动后,增加至0.51万元。即使不考虑时间引起的通货膨胀等因素,样本所选高校的支出规模与一流大学建设高校规模相比,绝对数金额也存在较大差距。

本科教学经费支出相对规模持续下降。就2017—2021年本科教学经费总支出占学校总支出比重、本科教学经费总支出占GDP比重及生均支出占人均GDP的比重这三项指标来看,本文所选山东省属22所本科高校总体层面都呈下降趋势。主要原因是,所选样本高校本科教学经费支出稳定中波动下降,但学校总支出及地区GDP呈增长状态,导致支出相对规模持续下降。

此外，不同经济圈本科教学经费支出相对规模差异较大，胶东经济圈本科教学经费总支出占学校总支出比重相对稳定，且支出比重持续高于鲁南经济圈及省会经济圈。

（二）支出结构不合理，实验实习经费占比较低

2017—2021年，本文所选山东省属22所本科高校五年各项支出——本科教学日常运行支出、教学专项支出、实验经费、实习经费，占本科教学经费总支出的平均比重分别是68.48%、22.81%、5.93%及2.78%。其中，教学日常运行支出占比较高，接近70%，教学专项支出、实验经费与实习经费三项合计占比不足32%，其中，实验经费为5.93%，实习经费为2.78%，两项合计低于10%，占比较低且比例稳定，无增长趋势。两项经费投入低，势必影响学生综合素质培养成果，进一步影响高等教育育人目标和我国教育强国战略目标的实现。

（三）不同经济圈、不同学科特色及隶属的支出结构趋同

地域差异导致高校对人才需求、学生培养侧重点不同；学科特色差异导致教学、实践、实习的要求不一而足；隶属关系不同，对学生的培养定位也不尽相同。因此，不同经济圈、不同学科特色及隶属的高校间应当存在支出结构的差异。数据显示，在三种分类方式下，山东省属22所本科高校教学经费支出结构差异不明显，这种投入的趋同不利于高校办学特色的生成。

五、优化山东省属高校本科教学经费支出规模和结构的建议

（一）加大本科教学经费的投入力度

无论与我国39所世界一流大学建设高校横向对比，还是和高校总支出、所在地区GDP增长相对比，所选22所省属高校的本科教学经费投入均不足。教学经费是保证教学质量的物质基础，加大本科教学经费投入是提升本科教育质量的根本保障，有利于推进本科教育的高质量发展。一方面，政府应当在财政资金充裕的前提下，加大对高校的拨款力度，缓解部分高校资金紧缺的压力，有引导性地设置教学改革等专项经费，指定经费用途，在政策及资金层面保证本科教育经费的投入。另一方面，高校自身应当重视本科教学工作，将学校的资源优先配置到本科教学领域，切实重视本科人才培养，提高对本科教育的保障力度。

（二）扩大实验和实习经费的投入规模

优化本科教学经费支出结构，可以以实验和实习经费投入为切入点。在保障日常教学的前提下，高校应当积极推进本科教学改革，基于传统人才培养模式，考虑实验和实习教学需要，积极探索实验及实习教学模式，促进人才培养从理论到实践的落地，在校园内完成实践教学成果的转化环节。充足的实验、实习经费是开展实践教学的物质基础，为大学培养更适应社会需求、更具有实践能力的复合型人才提供强有力的经费保障。

(三)科学配置有差异性的本科教学经费支出结构

充分考虑学科特点、办学定位等因素,科学设置本科教学经费支出结构,使其更好地为人才培养服务。一方面,高校应当按照不同学科特色的人才培养的不同模式,调整各项本科教学经费的投入,满足人才培养的需要。进一步地,高校应在内部根据不同专业培养方案的要求,精准设置各项经费支出标准,保证不同学科专业学生获得合理的经费支持。另一方面,高校要根据所在地区经济发展情况、隶属部门对人才培养的定位及要求,构建生均本科教育经费支出结构标准体系,并保证体系的动态可调整性,实现本科教学经费支出结构对教学需求的适应性,及时有效地满足本科教学活动的支出需要。

主要参考文献

[1]毛建青,刘美佳,陈文博.我国一流大学本科教学经费的支出规模与结构研究——基于39所世界一流大学建设高校《本科教学质量报告》的分析[J].高校教育管理,2021(6):34-47.

[2]张曾莲,冯渤雅.高校整体支出绩效评价研究——以A高校为例[J].中国农业会计,2022(10):9-14.

[3]张媛媛.美国一流大学经费支出结构及启示[D].烟台:鲁东大学,2019.

[4]金田,陈晓宇.我国高校经费支出的结构与分布差异——基于75所教育部部属高校数据[J].教育学术月刊,2021(4):3-10.

[5]陈丹,魏建国.部分世界一流大学支出结构的启示[J].北京教育,2017(12):80-82.

[6]李晓珊.本科教学评估中四项经费的统计方法探析[J].现代商贸工业,2019(15):118-119.

[7]许俊林.河北省地方高校经费支出结构与绩效关系的实证研究[D].天津:河北工业大学,2018.

[8]胡姝,丁小浩.替代还是互补:基于弹性视角的我国高校经费支出结构研究[J].教育学术月刊,2014(8):45-52.

[9]陈梅,毛杰明.黑龙江省高校教育经费配置结构与效益分析[J].特区经济,2014(7):208-210.

[10]张越楠.地方普通高校教育经费支出结构差异分析[J].时代金融,2018(6):261-265.

(作者单位:山东开放大学)

高等学校财务预决算偏离度分析
——以山东公办普通高校为例

熊德浩　王倩　李心

【摘要】 本文以104所山东公办普通高校为例，对山东省高校自政府会计制度改革以来的财务预决算差异进行分析，发现高校普遍存在着收支预决算偏离情况，且“超收”带动“超支”。在分析收入预决算偏离度的影响因素时发现，财拨收入预决算偏离度与年度收入预决算偏离度有显著的线性相关关系，而事业收入(含教育)与年度收入预决算偏离度无显著相关关系。在此基础上，分析预决算形成原因，并提出降低高校财务预决算偏离度的几点措施。

【关键词】 高校财务　预决算偏离度　预算管理

党的二十大报告统筹教育、科技、人才三方面工作，将“实施科教兴国战略，强化现代化建设人才支撑”列为专章进行整体论述、作出整体部署，是报告的一大亮点。“加快建设教育强国”是党的二十大报告的新提法。教育强国是全面建设社会主义现代化国家的基础性、战略性支撑。在全党全国各族人民迈上全面建设社会主义现代化国家新征程、向第二个百年奋斗目标进军的关键时刻提出这一重要论断，体现出教育强国建设、高质量教育体系建设的重要性和紧迫性。教育财务是教育事业发展的基础，必须进一步增强使命感、责任感、紧迫感。要以创新的思维、路径、方法强化审计监督、财会监督和统计监督，防范财务风险，着力提升高校财务报告质量。本文主要以山东公办普通高校为例，多角度分析公办普通高校2019—2021年预决算偏离程度，分析差异原因及降低偏离度的措施。

一、文献综述

在预决算偏离成因方面，薛春玉认为高校预决算偏离的三个方面主要体现在预决算编制方面出现偏离、预决算执行方面出现偏离及预决算监督方面出现偏离。朱云飞等以河北省为例，建立税收与经济的协整模型，认为对收入预测的不准确是预决算偏离度过大的主因之一，除此之外，主观上预算故意有所保留、客观经济运行状况变化以及预算年度增减收政策的出台也有一定的影响。李金京通过对S大学进行案例分析及访谈等方式，从预算编制、执行及监督三个方面对高校预决算偏离度产生的原因进行了系统的分析并提出指导建议。

在预决算偏离度影响因素方面,杨波等以湖北27所省属本科高校为样本,分析认为预决算偏离是普遍现象并且总体偏离度为正值,收入偏离度明显高于支出偏离度,"超收"现象普遍。肖东芝等以复旦大学为例,发现复旦大学超收现象已成常态,且收入偏离度与支出偏离度之间存在显著的线性相关性。崔慕华等以75所教育部直属高校为样本,认为部属高校的预算收入执行平均水平属于合理范围内的短收现象,即整体情况较好。马赫对SD省34所高校2013—2017年的预决算偏离问题进行研究后发现,各高校普遍存在"超收"与"超支"现象,且"超收"对"超支"有明显的影响和带动作用。

在降低预决算偏离度方式方法上,李珣等从预算管理的五个维度研究财政滚动预算改革对预算的影响,建立滚动项目库,对预决算进行动态比较,降低预决算差异。葛洪朋提出了提高全员参与程度、完善预算全流程管理、实施数字化转型、灵活设置预算会计科目,以及完善预决算差异指标体系等建议来降低预决算差异率。刘世红通过对S高校2015—2019年政府会计制度改革前后预决算偏离情况的分析统计,建议高校要加强预算活动的全链条管理,以降低预决算偏离度。莫亚琳等认为,加强人大及社会公众对预算管理的监督、完善预决算配套体系,有利于进一步优化预算体制机制,降低预决算差异性。

二、山东公办普通高校预决算差异现状分析

截至2022年5月31日,山东省高等学校共计达164所(根据教育部公布数据整理所得,未考虑中外、内地与港澳台联合办学的学校),其中,普通高等学校为153所,成人高等学校为11所。

因民办院校未纳入省级预算系统,对预决算公开没有强制要求,此外,成人高等学校经费拨付方式与普通高校不一致,且1所公办本科高校、6所公办专科高校也未公开年度预决算数据,在此基础上,本文选取山东公办普通高校104所(其中普通本科高等学校44所,普通专科高等学校60所)为样本,分析新的政府会计制度实施后其2019—2021年预决算偏离度。

(一)整体概况

查询各高校信息公开网站及省市人民政府信息公开网站,对104所山东高校2019—2021年每年收入、支出预决算数据进行汇总分析,分析其预决算偏离度。其中,预决算偏离度=(决算数－预算数)/预算数×100%。

从整体来看,一方面,如果按照国际标准,收支预决算偏离度处于±5%为合理区间,则2019年仅有16.67%的高校的收入预决算偏离度处于合理区间,30.77%的高校的支出预决算偏离度在合理区间。在2020年度,34.12%的高校的收入预决算偏离度处于合理区间,38.82%的高校的支出预决算偏离度处于合

理区间。在2021年度，仅有18%的高校的收入预决算偏离度处于合理区间，23%的高校的支出预决算偏离度处于合理区间。另一方面，2019—2021年度高校预决算正向偏离占比较高，年度收入预决算正向偏离度占比高于支出预决算正向偏离度，具体如表1所示。

表1　预决算偏离度区间分布

	2019年收入预决算偏离度		2019年支出预决算偏离度		2020年收入预决算偏离度		2020年支出预决算偏离度		2021年收入预决算偏离度		2021年支出预决算偏离度	
	频数	占比	频数	占比	频数	占比	频数	占比	频数	占比	频数	占比
偏离度＜−50%	1	1.28%	1	1.28%	0	0.00%	0	0.00%	0	0.00%	0	0.00%
−50%≤偏离度＜−20%	0	0.00%	5	6.41%	1	1.18%	5	5.88%	1	1.00%	4	4.00%
−20%≤偏离度＜−10%	0	0.00%	3	3.85%	2	2.35%	12	14.12%	4	4.00%	4	4.00%
−10%≤偏离度＜−5%	0	0.00%	7	8.97%	9	10.59%	8	9.41%	1	1.00%	13	13.00%
−5%≤偏离度＜0	4	5.13%	9	11.54%	14	16.47%	16	18.82%	4	4.00%	9	9.00%
0≤偏离度＜5%	9	11.54%	15	19.23%	15	17.65%	17	20.00%	14	14.00%	14	14.00%
5%≤偏离度＜10%	18	23.08%	12	15.38%	13	15.29%	8	9.41%	17	17.00%	8	8.00%
10%≤偏离度＜20%	15	19.23%	9	11.54%	8	9.41%	3	3.53%	25	25.00%	18	18.00%
20%≤偏离度＜50%	26	33.33%	14	17.95%	10	11.76%	9	10.59%	23	23.00%	23	23.00%
偏离度≥50%	5	6.41%	3	3.85%	13	15.29%	7	8.24%	11	11.00%	7	7.00%
合计	78	100%	78	100%	85	100%	85	100%	100	100%	100	100%

从山东各公办普通高校的角度来看,不同高校不同年度间收入支出预决算偏离度差异较大,较好高校的偏离度可控制在5%左右,有的年份控制在1%以下,较差高校的偏离度高达300%。异常高的偏离度除了说明在预算编制及执行过程中存在一定问题外,也可能与高校当年存在特殊事项有关,比如有新校区建设、收到政府性基金等财政拨款等。

(二)收入预决算偏离度及支出预决算偏离度的相关性

某些高校年度收支预决算偏离度均较低,某些高校年度收支预决算偏离度均较高,但也有部分高校年度收入预决算偏离度较高,而支出预决算偏离度较低。为研究其相关性,将104所高校作为样本进行逐年分析。

1.2019年度收入预决算偏离度及支出预决算偏离度

在104个样本中,有26所高校的2019年度预决算报告无法查询或报告不全,剔除后剩余78个样本,收支预决算偏离度相关性如表2所示。

表2　2019年度收入预决算偏离度及支出预决算偏离度相关性

	平均值	标准差	2019年收入预决算偏离度	2019年支出预决算偏离度
收入预决算偏离度	0.202	0.277	1	
支出预决算偏离度	0.091	0.272	0.870**	1

注:* $p<0.05$,** $p<0.01$,下同。

2019年收入预决算偏离度与支出预决算偏离度相关系数为0.87,并且呈现出0.01水平的显著性,说明2019年收入预决算偏离度和支出预决算偏离度之间有着显著的正相关关系。

2.2020年度收入预决算偏离度及支出预决算偏离度

在104个样本中,有18所高校的2020年度预决算报告无法查询或报告不全,剔除后剩余86个样本,收支预决算偏离度相关性如表3所示。

表3　2020年度收入预决算偏离度及支出预决算偏离度相关性

	平均值	标准差	2020年收入预决算偏离度	2020年支出预决算偏离度
收入预决算偏离度	0.182	0.400	1	
支出预决算偏离度	0.089	0.353	0.944**	1

2020 年收入预决算偏离度和支出预决算偏离度之间的相关系数值为0.944，并且呈现出 0.01 水平的显著性，说明 2020 年收入预决算偏离度和支出预决算偏离度之间有着显著的正相关关系。

3.2021 年度收入预决算偏离度及支出预决算偏离度

在 104 个样本中，有 4 所高校的 2021 年度预决算报告无法查询或报告不全，剔除后剩余 100 个样本，收支预决算偏离度相关性如表 4 所示。

表 4　2021 年度收入预决算偏离度及支出预决算偏离度相关性

	平均值	标准差	2021 年收入预决算偏离度	2021 年支出预决算偏离度
收入预决算偏离度	0.231	0.406	1	
支出预决算偏离度	0.163	0.393	0.943**	1

2021 年度收入预决算偏离度及支出预决算偏离度之间的相关系数值为 0.943，并且呈现出 0.01 水平的显著性，说明 2021 年收入预决算偏离度和支出预决算偏离度之间有着显著的正相关关系。

综上，山东公办普通高校预算编制及预算执行仍以“以收定支”为基础，“超收”引起“超支”、“短收”引起“短支”现象明显，结转结余不明显，在财政吃紧的情况下，离达到“过紧日子”的要求还有一定差距。

（三）收入预决算偏离度结构分析

高校资金来源主要有财政拨款、事业收入及其他收入，部分高校存在一定量的经营收入、附属单位上缴收入等。对于公办普通高校来说，财政拨款和事业收入占据了其收入的绝大部分，以 2021 年为例，100 所高校年度收入为 686.78 亿元，其中财拨收入为 378.99 亿元，占比 55.18%，事业收入为 234.22 亿元，占比 34.10%，其他收入为 70.78 亿元，仅占 10.31%（除去三所部属高校后，其他收入占当年高校年度收入的占比更低，仅为 7.43%）。在此，我们分析财拨收入及事业收入（含教育）对收入预决算偏离度的影响程度（贡献程度）。

我们分年度分析 2019 年至 2021 年财拨收入预决算偏离度、事业收入（含教育）预决算偏离度与收入预决算的偏离程度。具体如表 5、表 6、表 7 所示。

表5　2019年度收入预决算偏离度与财拨收入、事业收入预决算偏离度相关性

	平均值	标准差	收入预决算偏离度	财拨收入预决算偏离度	事业收入(含教育)预决算偏离度
收入预决算偏离度	0.202	0.277	1		
财拨收入预决算偏离度	0.356	0.882	0.726**	1	
事业收入(含教育)预决算偏离度	−0.087	0.173	0.214	−0.438**	1

表6　2020年度收入预决算偏离度与财拨收入、事业收入预决算偏离度相关性

	平均值	标准差	收入预决算偏离度	财拨收入预决算偏离度	事业收入(含教育)预决算偏离度
收入预决算偏离度	0.180	0.398	1		
财拨收入预决算偏离度	0.347	0.814	0.957**	1	
事业收入(含教育)预决算偏离度	−0.094	0.271	0.055	−0.043	1

表7　2021年度收入预决算偏离度与财拨收入、事业收入预决算偏离度相关性

	平均值	标准差	收入预决算偏离度	财拨收入预决算偏离度	事业收入(含教育)预决算偏离度
收入预决算偏离度	0.231	0.406	1		
财拨收入预决算偏离度	0.400	0.824	0.875**	1	
事业收入(含教育)预决算偏离度	0.021	0.296	−0.028	−0.105	1

由表5、表6、表7可以看出,收入预决算偏离度与财拨收入预决算偏离度有着显著的正相关关系,2019—2021年收入预决算偏离度和财拨收入预决算偏离度之间的相关系数值分别为0.726、0.957、0.875,并且均呈现出0.01水平的显著性,而收入预决算偏离度与事业收入(含教育)则没有显著的相关关系。由此可以看出,引起山东公办普通高校预决算偏离的主要因素之一是当年追加财政拨款。

三、高校财务预决算偏离原因分析

引起高校预决算差异的因素有很多，抛开财政年中追加项目预算等形式增加的财政拨款，进而导致预算增加后引起预决算偏离这一因素外，还存在以下几个方面的因素。

（一）预算编制不科学、无预算或超预算支出

在整理统计各高校年度预算过程中发现，个别高校预算报告中仅有财拨收入及少量其他收入，无财政专户管理资金及事业收入，而实际情况则是当年决算中事业收入占比较高；部分高校预算报告中仅有财政专户管理资金或者仅有事业收入；除此之外，还有高校预算中无其他预算收入，而在当年决算中其他收入有上千万元。

（二）预决算脱节，缺乏有效协调联动

近年来，对于预算精细化、决算准确化的要求我们耳熟能详，但在实际业务过程中，却很容易将其割裂开来。负责编制预算的为各业务部门，而财务人员只负责汇总，还有部分高校设置了预算和决算两个部门，彼此沟通不畅，预算编制缺乏决算分析数据的支撑，更多以部门职能为导向编制。除此之外，预算执行与预算批复相脱节。预算执行并没有以所批复的预算为遵循，随意进行调剂，有时候为了加快预算执行进度，资金之间相互挤占，到考核节点时突击花钱的现象时有发生。

（三）财务基础薄弱，管理监督不到位

本科高校在机构设置独立性上整体好于专科高校。部分高校因自身多重原因，未能将财务部门和审计部门隔离开来。同时，各高校财务处内部科室较多，而工作人员未能保证有效的轮岗性，缺乏业务的融会贯通，预算人员只看预算及预算批复，决算人员只顾做账，结算人员只会报销，财务基础薄弱。

（四）决算编制缺乏有效监督

决算作为高校各项业务的总结，以数字报表等形式反映本单位全年的运转情况，应该做到公正客观。主观方面，为保证预算正常执行或完成本年度预算任务，部分高校存在美化决算报告的情况，第二年度再进行以前年度的盈余调整。客观方面，受限于决算人员业务知识的扎实程度、对预算的理解程度及财务系统的完善等方面因素，导致科目有误、应计未计、应收未收、应付未付等情况时有发生。

四、政策与建议

（一）加强项目库建设，强化预算绩效管理及预算约束

为减少年中追加或调整项目，降低财拨收入预决算偏离度，按照事业发展规划与本单位财力相匹配的原则，科学编制三年中期财政规划。加强本单位项目

库建设,尤其是项目预算绩效管理。组织开展项目绩效评价工作,将评价结果作为以后年度安排预算、加强和改进预算管理工作的重要依据。

(二)提高预算编制的准确性、完整性,将零基预算落到实处

将校内各部门、单位所有收支统一纳入学校预算管理,统一核算,统一管理,切实编实编细预算,提高预算精准度。按照应编尽编、完整规范的原则,准确预估各项收入,编制收入预算;按照量入为出、保障重点的原则,合理预估各项支出需求,编制支出预算。打破“基数+增长”的固化思维,坚持“从实际需求出发,以零为基点编制预算”理念。

(三)建立预决算协同联动机制

强化预算约束,突出预算权威,维护预算严肃性,发挥预算在高校业务发展过程中的引领作用。强化决算分析,指导预算编制,将决算分析结果作为编制预算数据的参考。在分析历史数据的基础上,展望本单位下一年度发展规划,进行科学合理的预测,进而保证预算编制环节数据的准确性。

(四)提高预决算编制人员的综合素质

要提高预决算编制质量,降低预决算差异率,关键在于提升财务人员的综合素质。为此,第一,各高校上至学校领导,下至部门负责人及部门预算填报人员,应提高思想认识,树立大局观,肩负起相应的责任;第二,进一步加强预决算编制人员的专业知识学习,如定期开展业务培训,加强财务人员的有效流动性,使其全面掌握预决算相关知识技能;第三,制定奖惩考核机制,如对各部门预算编制人员填报的预算进行后评价,对于预算执行率低、预算编制不科学的部门实行一定的惩罚措施。

五、结语

高校财务预决算差异普遍存在,无法完全消除,在剔除财政年中临时追加的预算外,我们应尽可能降低高校财务预决算偏离度,合理编制学校预算、准确编制学校决算,为教育事业发展夯实财务基础。

主要参考文献

[1]薛春玉.高校预决算偏离度问题分析[J].财会学习,2019(11):117,119.

[2]朱云飞,赵志伟.“预决算偏离度”视角下的税收收入预测研究——以河北省为例[J].税收经济研究,2012(3):85-89.

[3]李金京.高校预决算偏离度问题研究——基于S大学的调查分析[D].南京:南京师范大学,2017.

[4]杨波,林娇娇.湖北省属公办本科高校预决算偏离问题研究(2016-2020)[J].教育财会研究,2022(3):3-10,57.

[5]肖东芝,苏静.中国高等院校部门预决算分析——以复旦大学为例[J].现

代教育科学,2019(4):30-37.

[6]崔慕华,冯俊瑛.高校预决算偏离度问题分析[J].绿色财会,2016(2):8-17.

[7]马赫.预决算偏离视角下高校预算管理评价研究——以东部某省地方高校为例[D].青岛:山东科技大学,2020.

[8]袁晋芳,何毅.高校预算执行松弛与治理研究——以75所中央部委所属普通高校为例[J].财经问题研究,2017(3):76-81.

[9]李珣,匡萍.财政滚动预算改革对高校预算影响分析——来自山东省属高校的实证数据[J].财会通讯,2016(13):51-55.

[10]葛洪朋.高等学校财务预决算差异性分析研究[J].教育财会研究,2023(1):10-15.

[11]刘世红.政府会计制度下高校降低预决算偏离度的路径探讨[J].商业会计,2021(11):106-109.

[12]杨璐,汤烈.新政府会计制度下省属高校预算管理优化策略研究[J].商讯,2021(23):50-52.

[13]莫亚琳,陈子帆,黄奕涵.我国预决算偏离度的影响因素研究——基于31个省级地区面板数据分析[J].市场周刊,2022(4):101-103,107.

(作者单位:山东开放大学)

基于信息化的高校本年盈余与预算结余差异分析和应用研究

展晓琳

【摘要】 政府会计制度创新性地设计了既有财务会计功能又有预算会计功能的会计核算体系，作为“双功能”的重要链接——本年盈余与预算结余差异调节表在核算体系中显得尤为重要。文章从差异形成原因着手分析差异调节表的编制原理、编制方法，根据高校的项目辅助核算和归集项目核算等特点，利用信息化工具确定差异调节表的编制思路，确认差异调节表中是否存在重叠科目，最后利用该表的校验功能，验证财务核算的准确性，以保证财务信息的准确性和可对比性。

【关键词】 高等学校　政府会计制度　差异调节　信息化

一、引言

2017年10月财政部印发《政府会计制度——行政事业单位会计科目和报表》，并要求于2019年1月1日开始实施。政府会计制度（以下简称“制度”）要求重构政府会计核算模式，即政府会计主体在同一会计核算系统中实现财务会计和预算会计的双重功能，但财务会计和预算会计的核算基础和核算范围不同，导致了本年盈余与预算结余二者之间产生差异。同时，制度要求对本年度导致差异产生的各类业务进行归类和分析，将本年度预算收入支出表中“本年预算收支差额”调整为收入费用表中的“本期盈余”金额，并在附注予以披露，这也是会计制度改革的创新点和难点。

对部分高校的财务核算调查表明，由于高校财务业务量大且烦琐、财务人员业务素质参差不齐、差异调节表编制复杂等原因，差异调节表的编制和应用并未得到足够重视。编制该表不但要求财务人员要充分理解政府会计制度，同时还要求其对单位经济业务充分掌握，另外，鉴于高校核算体量巨大，如何利用好信息化的手段，高效率地将所有影响差异的因素全部找出并编制成表，是新制度对高校财务提出的一个新的挑战。本文从差异形成原因着手分析差异调节表的编制原理、编制方法，根据高校的项目辅助核算和归集项目核算等特点，利用信息化工具确定差异调节表的编制思路，同时利用差异调节表对账务处理进行校验，从而保证会计数据的准确性。

二、差异调节表的编制原理

(一)差异产生的原因

政府会计制度是以权责发生制和收付实现制为“双基础”，实现财务会计与预算会计的双重功能，因此也导致了财务会计与预算会计之间存在差异。差异产生的主要原因包括以下几个方面。

1.核算范围不同

根据政府会计制度，单位对于纳入部门预算管理的现金收支业务，在采用财务会计核算的同时应当进行预算会计核算；对于其他业务，仅需进行财务会计核算。由此，就存在部分未纳入预算管理或者未涉及现金收支的经济业务仅进行了财务会计核算的情形。

2.核算基础不同

“双基础”的核算模式是制度的一大创新。权责发生制的核算要求是：财务会计以取得收入的权利或者发生支付款项的义务为确认收入和费用的原则；而收付实现制要求是：预算会计应以现金(指广义的现金，包括库存现金、银行存款、零余额账户用款额度等)收付为确认预算收入和预算支出的原则。因此，由于财务会计的收入和费用与预算会计的预算收入和预算支出的确认时点不同，财务盈余与本年预算结余之间产生了差异。

将上述差异汇总而成的差异调节表就是财务会计体系与预算会计体系之间的联系(见图1)。通过编制差异调节表，一是可以反映出所有的差异项内容，二是可以反馈校验会计核算的正确性。

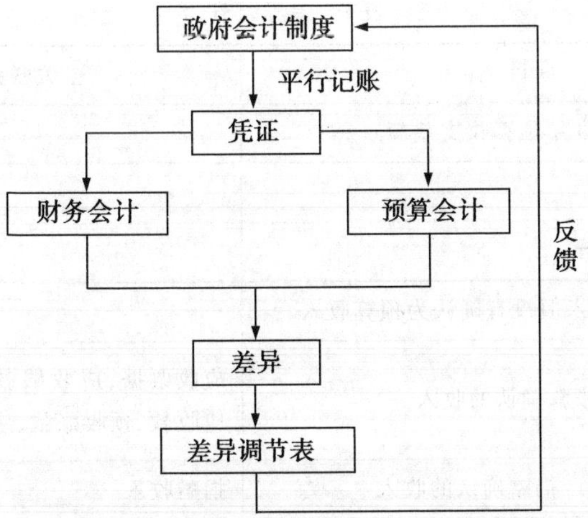

图1　政府会计制度业务流程

(二)差异调节表编制的逻辑

本年盈余是财务会计当期收入与费用的差额,预算结余是预算会计预算收入与预算支出的差额。本年盈余与预算结余的差异按照产生原因有三种分类:一是收入与预算收入、费用与预算支出确认时点不同产生的差异,也就是核算基础不同导致的确认时点不同,从而产生了差异,这类差异会随着时间推移而消失,我们将这类差异称为"临时性差异"。二是财务会计与预算会计形成的类型不同导致的差异,例如购买固定资产、无形资产、存货等,财务会计和预算会计分录都反映了资金的流出,但财务会计形成了资产,在后续持有期间计提累计折旧费,分期确认费用,预算会计在购买当期确认支出。三是没有带来现金变动的经济业务,却影响了财务会计的资产、负债、净资产的变动,例如接受外单位实物捐赠,由于没有现金的增减变动,预算会计不进行任何账务处理,财务会计确认资产增加的同时,确认捐赠收入。以上第二、三类差异都是由于核算范围不同导致的差异,这类差异不会随着时间的推移而消失,即形成了财务会计与预算会计的"永久性差异"。"临时性差异项"和"永久性差异项"的存在便是导致本年盈余和预算结余不同的原因。

差异调节表结构分为三部分,分别是预算结余、差异调节项、本年盈余。按照上述两大类差异产生的原因分析,差异调节表的逻辑关系应该是:预算结余+差异调节项=本年盈余,或预算收入-预算支出+差异调节项=收入-费用。

(三)差异调节表的内容

制度将差异调节表的差异项分为两大类,分别是重要事项的差异和其他事项差异,同时又将重要事项的差异细分为四类,如表1所示。

表1 差异调节

项目	关联科目
一、本年预算结余(本年预算收支差额)	
二、差异调节	
(一)重要事项的差异	
加:1.当期确认为收入但没有确认为预算收入	
(1)应收款项、预收账款确认的收入	应收票据、应收账款、应收利息、其他应收款、预收账款、应收股利
(2)接受非货币性资产捐赠确认的收入	捐赠收入
2.当期确认为预算支出但没有确认为费用	

续表

项目	关联科目
(1)支付应付款项、预付账款的支出	应付账款、应付票据、其他应付款、长期应付款、应付职工薪酬
(2)为取得存货、政府储备物资等计入物资成本的支出	库存物品、在途物品、加工物品
(3)为购建固定资产等资本性支出	固定资产、在建工程、无形资产
(4)偿还借款本息支出	长期借款、短期借款
减:1.当期确认为预算收入但没有确认为收入	
(1)收到应收款项、预收账款确认的预算收入	应收票据、应收账款、应收利息、其他应收款、预算账款、应收股利
(2)为取得借款确认的预算收入	长期借款、短期借款
2.当期确认为费用但没有确认为预算支出	
(1)发出存货、政府储备物资等确认的费用	库存物品、在途物品、加工物品
(2)计提的折旧费用和摊销费用	固定资产折旧、无形资产摊销
(3)确认的资产处置费用(处置资产价值)	
(4)应付款项、预付账款确认的费用	应付账款、应付票据、其他应付款、长期应付款、应付职工薪酬
(二)其他事项差异	归集项目余额
三、本年盈余差异	

重要事项的差异内容具体有四个方面。

(1)当期确认为收入但没有确认为预算收入。例如,某高校收到一张六个月到期的银行承兑汇票 50000 元,是某公司支付给该校某科研团队的技术服务费。由于票据未到期无法承兑,预算会计不做账,财务会计借记“应收账款”科目,贷记“事业收入—科研事业收入”科目。

(2)当期确认为预算支出但没有确认为费用。例如,某高校购买存货 10000 元,银行存款支付。财务会计借记“库存物品”科目,贷记“银行存款”科目,同时,预算会计借记“事业支出”科目,贷记“资金结存”科目。

(3)当期确认为预算收入但没有确认为收入。例如,某高校向银行借款

1000000元,财务会计确认为负债,预算会计确认为债务预算收入,因此预算收入与收入出现差异,编制调节表时,应将1000000元差异项作为调减项,即预算结余－1000000＝本年盈余。

(4)当期确认为费用但没有确认为预算支出。例如,高校固定资产计提折旧,财务会计确认为费用,预算会计不进行账务处理,因此产生了费用与预算支出的差异,编制调节表时,将该项作为调增项,即预算结余＋折旧＝本年盈余。

三、基于信息化的差异调节表编制与应用

差异调节表的编制原理虽然简单易懂,但日常核算中高校只有将所有差异项不遗漏地全部找出并填制差异表,才能使预算结余调整等于本年盈余。因此编制差异表必须要总结工作方法,并且是符合本单位核算特点的编制方法。

(一)台账登记汇总差异项

差异调节表最基本的编制方法是按照表内罗列的经济业务,逐一进行登记汇总,然后分析填列。该方法的优点是简单易懂;缺点是对会计人员要求较高,不仅需要对预算结余与本年盈余形成差异的原因以及经济业务有充分认识和理解,而且台账登记工作要求操作人员不能遗漏任何一项差异内容。以山东省省属院校S大学为例,2023年3月份S大学主校区凭证共计8370份,其中费用与支出金额不相等的分录有3219条。对于如此庞大的数据量,如果使用台账登记法,将存在差异的分录逐笔登记台账,不仅会导致编制报表不及时,同时也会给财务人员增加大量的工作。因此这种方法仅适用于规模小且业务简单的行政事业单位。

(二)信息化工具汇总差异项

对于凭证量较大的高校而言,使用信息化手段编制报表才能起到事半功倍的效果。

1.财务软件的通用设置

利用信息化工具汇总差异项,实际上是在台账登记法的基础之上,使用财务软件类似标识的方式,实现系统自动汇总差异项的一种方法。下面以S大学使用的财务软件为例进行介绍。

根据对差异表四个方面的内容分析,可以得出预算结余和本年盈余的差异实际上就是本年收入与预算收入以及费用与支出的差异。为更加详细地体现差异,定位差异,可将差异调节表在制度要求的编制格式基础上(见表1)再增加一部分内容,如表2所示。

表 2　财务会计与预算会计对照表

财务会计	金额	预算会计	金额
财政拨款收入		财政拨款预算收入	
事业收入		事业预算收入	
上级补助收入		上级补助预算收入	
附属单位上缴收入		附属单位上缴预算收入	
经营收入		经营预算收入	
非同级财政拨款收入		债务预算收入	
捐赠收入		非同级财政拨款预算收入	
利息收入		投资预算收益	
租金收入		其他预算收入	
其他收入			
收入合计		预算收入合计	
业务活动费用		事业支出	
单位管理费用		经营支出	
经营费用		上缴上级支出	
资产处置费用		对附属单位补助支出	
上缴上级费用		投资支出	
对附属单位补助费用		债务还本支出	
所得税费用		其他支出	
其他费用			
财务费用合计		预算支出合计	
财务结余		预算结余	

表 2 的作用是可以根据实时科目余额直观了解财务会计与预算会计对应科目的差异，便于直观地锁定某些经济业务。该表的取数相对比较简单，每个单元格取科目余额表的实时金额即可。差异表的第一个数据“本年预算结余”可以直接取本表的预算结余数，加上（或减去）各类调整项得出本年盈余数，与本表的财务结余核对是否一致。

差异调节表的第二部分是重要差异内容,即按照表1,将对应的差异内容科目标上标识,以便由软件直接追踪汇总数据。

2.基于高校财务核算的特殊设置

高校财务核算有自身的特点——项目的辅助核算。高校取得各类专项拨款的管理要求是专款专用,并会经常不定期地接受审计检查,所以资金量大的高校为了方便专门项目的经费管理和各项检查的抽调工作,对各类拨款经费采用了辅助核算的方法,即一个项目设置一个财务编号,通过该编号可查询到该项目项下所有的支出。同时为适应辅助核算,解决政府会计制度下的临时性差异业务,即某些延期付款业务,如各种税金的扣和缴、质保金的扣款与支付、工资的计提与发放这类不同一时间进行的强关联业务,S大学都采用归集项目来处理。例如,从A科研项目中报销劳务费1000元,同时需要为该笔劳务代扣代缴个人所得税40元。为便于核算工作,S大学将此类业务作如下处理:

财务会计:

借:业务管理费用—科研费用　　1000

　贷:银行存款　　960

　　其他应交税费——应缴个人所得税　　40

预算会计:

借:事业支出—科研支出(A项目)　　1000

　　事业支出—科研支出(个税归集项目)　　−40

　贷:资金结存　　960

上述会计处理过程既满足了制度要求,同时又便于高校科研经费管理,待下月初缴纳个人所得税时,预算会计直接从个税归集项目中列支即可。这种核算方法准确高效,而且可以弱化临时性差异带来的影响。在日常核算中,为防止归集项目核算错误,在差异调节表中应添加第三部分——归集项目的校验,如表3所示。

表3　归集项目对照

归集项目科目借贷差	财务会计借贷差额	归集项目余额	二者差额
应缴增值税借贷差			
其他应交税费借贷差			
——城建税借贷差			
——教育费借贷差			
——地方教育费借贷差			

续表

归集项目科目借贷差	财务会计借贷差额	归集项目余额	二者差额
——房产税借贷差			
——城镇土地使用税借贷差			
——水利基金借贷差			
——印花税借贷差			
——个税借贷差			
应付职工薪酬借贷差			
质保金借贷差			
其他			
合计			

为提高工作的准确性和效率，解决大量临时性差异的凭证而设置归集项目，是政府会计制度下高校财务核算的一大特点。因此归集项目的支出余额合计应作为重要差异添加到差异调节表中，如表 1 所示。差异调节表中第二部分“其他重要差异”体现的就是归集项目的支出余额数，对于这类业务，财务会计使用的是负债类科目，预算会计使用的是支出科目，所以这类业务都是造成差异的原因，那么影响差异的金额就是归集项目的支出余额合计。另外，表 1 中还应该注意剔除归集项目对应的关联财务会计科目金额，否则造成重叠。

3.重叠科目的剔除设置

利用信息化工具能够准确高效地从账务系统中直接提取数据，生成差异调节表的内容。但笔者在对重要差异的分析过程中，发现高校某些经济业务在差异调节表中存在会计科目重叠的情况，尤其是永久性差异。永久性差异是由于核算范围不同而导致的差异，不会随着时间和业务进度的推进而消失，例如凡是涉及实物资产的某些业务，在表中存在重叠，需剔除处理。

(1)接受实物资产捐赠。例如，2023 年 S 大学接受学校基金会捐赠的设备一套，价值 500000 元。财务会计账务处理如下：

借：固定资产　　500000

　贷：捐赠收入　　500000

由于该业务未涉及现金变动，预算会计不作任何账务处理。按照系统科目取数的规则，该笔业务体现在差异调节表中两处加项：一是接受非货币性资产捐赠确认的收入，取捐赠收入贷方金额；二是为取得存货、政府储备物资等计入物资成本的支出,取固定资产、无形资产的借方金额,因此该笔业务在表中存在重叠,需将表中该类业务金额减去一项。

(2)科研间接费购置固定资产等实物资产。科研项目间接费也是高校核算的一大特点。按照S大学科研经费管理办法的规定,间接费用是指承担科研项目的单位在组织实施项目过程中发生的无法在直接费用中列支的相关费用。例如S大学某教师科研A项目经费到账100000元,其中间接经费40000元,科研经费到账分配收入的账务处理如下:

财务会计:

借:银行存款　100000

　贷:事业收入　100000

预算会计:

借:资金结存　100000

　贷:事业预算收入(A项目)　100000

分配间接经费的账务处理如下:

财务会计:

借:业务活动费用　40000

　贷:预提费用　40000

预算会计:

借:非财政拨款结转(A项目)　40000

　贷:非财政拨款结余(A项目间接经费)　40000

若该教师计划从A项目间接经费中购置一台电脑10000元,账务处理如下:

财务会计:

借:预提费用　10000

　贷:银行存款　10000

借:固定资产　10000

　贷:累计盈余　10000

预算会计:

借:事业支出—科研事业支出　10000

　贷:资金结存　10000

四、结语

政府会计制度创新性地设计了"双功能""双基础""双报告"的会计核算体系,本年盈余与预算结余差异调节表在会计核算体系中尤为重要。使用信息化工具编制差异调节表,能够实现按月编制,减少年底编制的工作量,同时能够实时检验凭证的准确性。因此，为提高差异调节表编制的准确性和效率，高校应结合自身财务软件的特点，利用信息化工具自动抓取差异调节表的数据，同时要仔细分析业务特点，确认重要差异内容是否存在重叠科目，以保证财务信息的准确性和可对比性。

主要参考文献

[1]魏安琪.政府会计本年盈余与预算结余差异表对称性探析——以G大学为例[J].财会通讯，2022(5)：162-165.

[2]蒋瑛.政府会计制度下编制《本年盈余与预算结余差异调节表》的实务问题及建议[J].财务与会计，2020(16)：59-62.

[3]宋丽静.政府会计制度下本年盈余与预算结余差异表的编制[J].商业会计，2020(14)：17-20.

[4]赵青，董志芸，郑玉梅.政府会计本年盈余与预算结余差异例解分析[J].会计之友，2019(16)：139-142.

（作者单位：山东科技大学）

高校教育成本核算与管理

——以 X 大学为例

田 璇　毕方水　张倩茹　李静静　张迎吉　刘晓慧

【摘要】《事业单位成本核算具体指引——高等学校》(以下简称《具体指引》)的出台,标志着高校成本核算正式进入实施阶段。然而,绝大部分高校成本核算尚处于起步阶段,核算基础薄弱,成本核算与管理意识淡薄。本课题以《具体指引》为依据,构建了高校成本核算的基本框架,并以 X 大学为例,运用作业成本法建立了教学成本的具体核算流程,提出了完善高校教育成本核算与管理的相关建议,以期为高校成本核算落地实施及成本管理提供一定借鉴。

【关键词】 高校教育成本　成本核算　作业成本法

一、研究目的及意义

2019 年 12 月 17 日,财政部印发了《事业单位成本核算基本指引》(财会〔2019〕25 号),要求单位以权责发生制为基础进行成本核算,财务会计有关明细科目设置和辅助核算应当满足成本核算的需要。该指引为高校开展成本核算提供了依据。2022 年 9 月,财政部又发布了《事业单位成本核算具体指引——高等学校》(财会〔2022〕26 号),为高校落实成本核算工作、制定成本核算实施方案提供了基本遵循和具体指导。高校开展成本核算不仅是外部监管的需要,也是提升高校内部治理水平的必然要求。然而长期以来,高校重预算轻核算、重投入轻成本,成本意识较淡薄。目前,绝大多数高校都未真正开展成本核算和管理。基于此,开展高校成本核算与管理研究,对于推动高校成本核算尽快落地实施、全面实施预算绩效管理、合理确定成本补偿标准、提升高校治理水平等具有重要的现实意义。

二、高校教育成本核算与管理实施路径

(一)组织管理

开展成本核算,应建立健全高校成本核算领导机制和工作机制。学校成立

由校长担任组长的成本核算领导小组,从学校战略和运营管理的高度统筹推进成本管理工作。财务处作为成本核算牵头部门,负责制定成本核算的具体工作方案及相关工作制度,明确人事、国资、教务、后勤、学工、学院等相关部门的职责,确保成本核算工作有序开展。

(二)确定成本核算对象

确定成本核算对象是成本核算工作的起点。高校因业务类型多、办学层次多,成本核算对象多种多样。高校承担人才培养、科研和社会服务等功能,对应的成本核算对象包括教学成本、科研成本和社会服务成本等。本课题以高校核心业务活动中的教学活动作为成本核算对象,后续研究将逐步扩大至科研成本和社会服务成本,最终实现对高校的全口径成本核算。

教学活动成本进一步划分为院系教学成本和学生教学成本。院系教学成本以院系作为成本核算对象,为满足学校教学成本核算、成本控制及绩效管理等需求,核算院系面向本院系和其他相关院系学生开展教学活动的直接或间接资源耗费。学生教学成本以学生作为成本核算对象。考虑到目前我国高等教育以学历教育为主,我们将本科、硕士研究生、博士研究生全日制学历教学成本作为研究重点,按照“学历—学科—专业”层次划分,以专业作为基本类别,分别核算专业成本、学科成本、学历成本。

(三)成本范围和成本项目

1.成本范围

根据相关性原则,教学成本范围包括业务活动费用和单位管理费用中与开展全日制学历教学活动相关的部分。业务活动费用中的教育费用原则上应全部纳入成本核算范围,与全日制学历教育无关的费用应从中剔除,如短期培训费、非学历教育费用等。

业务活动费用中的科研费用是否应纳入教育成本,目前学界仍存在争议。科研活动与教学活动相互促进,如何衡量科研成果对教学的促进作用是高校教学成本核算的难点。本课题将纵向科研项目作为影响教学活动的因素计入教学成本,将横向科研项目视为提供给委托方的特定研究成果计入科研成本。另外,校内资助的科研项目经费大多来源于学校教育事业收入和其他收入,故将校内资助的科研项目也归入教学成本。

单位管理费用的产生与高校履行各种职能有关,根据部门承担的管理职能,分析管理活动的具体作业内容,剔除管理活动中与教学无关的费用。

2.成本项目设置

成本项目设置对于准确归集和分配成本对象耗费的资源、科学分析成本构成以及后续成本控制、绩效评价、资源配置等,都具有十分重要的意义。高校成本项目的设置应坚持衔接性、有用性、可操作性的原则。

(1)按照经济用途设置。高校成本项目的设置要与政府会计制度相衔接。成本项目的设置应与财务会计科目或辅助核算项目保持一致,与财务数据保持同源性和一致性。按照经济用途可设置工资福利费用、商品和服务费用、对个人和家庭的补助费用、固定资产折旧费、无形资产摊销费等一级成本项目。

(2)按照预算项目设置。高校成本项目的设置要根据内部管理需要与预算项目相衔接。高校可以结合部门预算和校内预算设置成本项目。为满足内部管理需要,可设置人员经费、运行经费、专项建设经费、学生资助经费、折旧和摊销费、后勤保障费用、其他费用等成本项目。

(3)成本归集和分配程序。根据《具体指引》规定,高校可以根据成本信息需要对业务活动费用采用完全成本法或制造成本法核算,有条件的可以采用作业成本法核算。相对而言,作业成本法是最为细化和精确的成本确认和计量方法,同时也是一种成本控制方法。高校教育成本中间接费用占比较大,成本对象多种多样,客观上具备了采用作业成本法的条件。作业成本法的核心是"作业消耗资源,成本对象消耗作业"。高校作业成本法核算步骤参见图 1。

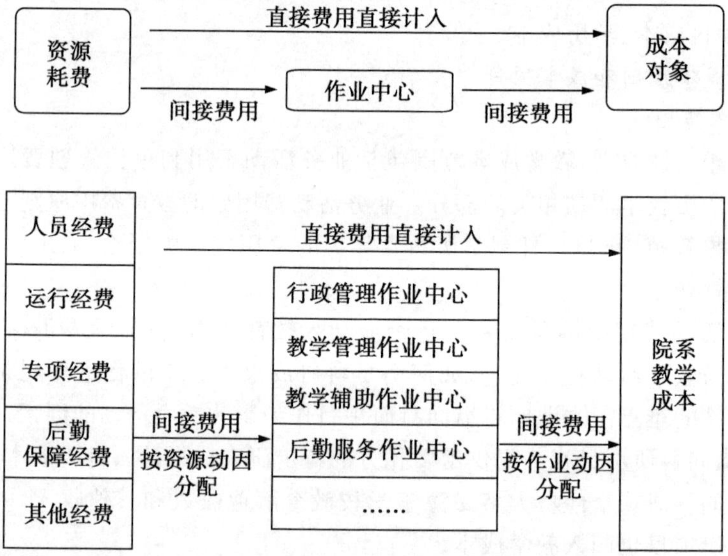

图 1　高校作业成本法核算模型

三、作业成本法在X大学教学成本核算中的应用

(一)成本数据采集

高校教学成本数据的采集包括财务数据、工资数据、学生奖助学金、固定资产折旧、无形资产摊销、教师课时、学生专业数据、专业学科数据、教职工和学生等各类人员相关信息、房屋面积等。

(二)确定成本核算对象、核算期间

首先以教学活动作为成本核算对象,在教学部门内首先按照学历层次划分为本科生、硕士研究生、博士研究生,作为高等教育成本的基本分类,能够满足高等教育成本管理的基本需求。其次,在按照学历分类的基础上,进一步按照一级学科分类,能够提供不同学历、不同学科的成本,满足高校成本管理的多方位需求。最后,在学科分类的基础上将本科生再按照专业划分,最终形成本科生的专业成本、学科成本、学历成本,硕士研究生、博士研究生的学科成本、学历成本。

成本核算以公历年度作为核算周期,结合学校成本信息需要,可以同时按照教学周期、项目周期进行成本核算。

(三)确定作业项目、建立作业中心

从高校组织机构职能分析入手,系统梳理学生培养成本流程,确定作业内容。首先剔除与学生培养无关的作业,然后根据作业所耗费资源的可追溯性,将各项作业分为直接作业和间接作业。对于提供服务同质且分配动因一致的部门,将其归为一个作业中心(成本库)。作业中心划分为主要作业中心和支持作业中心,其中主要作业中心为院系教学、院系科研和院系管理作业中心,支持作业中心为行政管理、教学管理、学生管理、科研管理、教学辅助、后勤服务作业中心。作业中心及成本动因划分如表1所示。

表1 作业中心及成本动因划分

作业中心		部门	作业	成本动因
主要作业中心	院系教学作业中心	院系所	授课、实验、实习、论文、教学研究、科研(与学生培养相关的纵向、校内科研项目)等	学分、工作量、学生人数等
	院系科研作业中心	院系所	横向课题研究	科研工作量
	院系管理作业中心	院系所	院系所教学管理、学生管理等	学生人数、教工人数

续表

作业中心		部门	作业	成本动因
支持作业中心	行政管理作业中心	校办、纪委、组织部、宣传部、人力资源处、计划财务处、安全管理处等	公文处理、会议组织、行政服务、人事管理、组织宣传、财务管理、校园保卫等	学生人数
	教学管理作业中心	教务处、研究生院	招生、录取、实习、毕业	学生人数
			教学管理	工作量或学分
			教师发展	教工人数
	学生管理作业中心	学生工作处、团委	迎新、军训、日常管理、心理咨询、入伍、就业、辅导员队伍建设、共青团活动、社团活动等	学生人数
	科研管理作业中心	科技处、社科处	立项、申报、合同签订、成果鉴定、结题验收	项目经费、项目梳理
	教学辅助作业中心	图书馆	图书报刊订阅、电子数字资源	学生人数
		网络信息中心	网络运行、网络软件购置	学生人数
		分析测试中心	实验教学、实习	实验、实习学生数
	后勤服务作业中心	能源管理中心	水电暖(冷)气运行	水电计量表、公共面积、学生人数
		物业服务中心	绿化、垃圾处理、物业服务	学生人数

(四)院系教学成本的核算

将财务系统中归集的费用按资源耗费动因分配到对应的作业中,将归集到各支持作业中心的成本分配到主要作业中心中,主要作业成本加上分配来的支持作业成本按成本动因再分配给成本对象。

首先,将后勤服务作业中心的成本按成本动因分摊到教学、科研、教辅、行政管理等作业中心中。

其次,在行政管理作业中心中,有一类成本是提供公共支持保障而与教学、科研不直接相关的,比如保卫处、财务处、校办等发生的成本,按教职工人数及学生数分摊到教学、科研、教辅部门中。

再次,将教学辅助作业中心的成本,如网络中心、图书馆等发生的成本,按教职工人数及学生人数分摊到教学、科研作业中心中。

最后，将无学生的“教学”部门，如创新创业学院，按“教职工人数＋学生人数”在各院系教学中心（有学生）中分配计入。

经过以上步骤，后勤、行政、教辅以及无学生的教学部门的费用已经被分摊，产生了院系教学成本。

（五）学生教学成本的核算

学生教学成本核算以专业成本核算为基础，学生专业成本包括可归集至专业的院系教学成本加无法直接归集至专业的院系教学成本。实务中人员成本的核算相对复杂。如果教师只承担某一成本对象的教学任务，其薪酬就属于教学直接费用，目前高校财务科目设置较粗，费用未能细化到专业中，需对教师薪酬进行分配。另外，教师承担的教学任务经常是跨成本对象的，如何确定不同层次（本科、硕士、博士）的受益程度、如何在教学和科研间分配是实务中的核算难点之一。教师工作主要包括授课、论文指导、社会实践、科学研究等，授课环节又涉及不同专业、不同学历层次、不同课程规模、不同学院、不同课程类别等多种情况。

1.计算可直接归集至该专业的直接教学成本

专业课教师年底绩效工资按授课工作量、论文工作量、实习工作量对应的专业直接计入专业成本，教学项目及奖励折合工作量直接计入教师所属的专业成本，科研项目中纵向科研课题、校内科研课题工作量计入教师所属的专业教学成本，横向科研课题工作量计入科研成本。

2.计算本院系相应学历层次单位学分成本

学院教师按照类型可以划分为教学型、教学科研型、科研型，教师工资依据年底教学绩效、科研绩效占绩效工资总量的比例在教学和科研成本之间分配，即教学科研型教师、科研型教师需要剔除科研人工成本，具体按照教学绩效占全部绩效工资的比例分入教学成本。

以人员成本为例，将直接归集的人员成本和分配计算的人员成本汇总，计算单位学分人员成本。考虑不同学历层次学分的资源耗费差异，选取加权学分作为分配动因，计算得到单位学分人员成本。将各专业学生修习学分的学分成本累加，即得到该专业的人员经费成本。非专任教师人员经费、学科经费、业务运行费、后勤保障费用、折旧摊销费则按本学院各专业教学工作量的比例进行分配。

3.公共课院系相应学历层次单位学分成本

公共课教师年底绩效工资按授课工作量对应的专业直接计入该专业成本，公共课教师工资、保险、福利费（简称“薪酬”）需进行交互分配。首先按公共课教师所在学院计算出公共课教师单位授课工作量费用,再按对外开课学分分配到不同学院。

某学院公共课教师开课总学分=公共课学院已有学分工作量+给其他学院开课学分工作量-其他学院给本学院开课学分工作量

某学历层次单位学分成本=公共课学院教师薪酬/公共课教师开课总学分

某学院应分得公共课院系学分成本=相关院系相应学历层次单位学分成本×该专业学生在相关院系修习学分数

4.计算某专业教学成本

某专业教学成本=本院系学分成本+其他院系学分成本=$\sum$(本院系相应学历层次单位学分成本×该专业学生在本院系修习学分数)+$\sum$(其他院系相应学历层次单位学分成本×该专业学生在其他院系修习学分数)

5.计算学科成本和学历成本

在各专业成本的基础上汇总计算确定学科成本、学历成本。建议本科生层面教学成本可按照专业—学科—学历分别计算,研究生层面教学成本可只区分学科成本和学历成本。

四、完善高校教育成本核算与管理的相关建议

(一)提升执行保障力

高校教育成本核算及管理是一项系统工程,需要在全员中强化成本责任意识,在日常工作中形成成本绩效观念。通过加强财会队伍建设,提升财务人员的业务水平,设置单独的成本核算岗;明确相关部门的职责,在相关业务部门配备相应的成本核算辅助人员;通过建立规范的成本核算办法等一系列措施,保障成本核算工作顺利开展。

(二)加强信息化建设

目前高校教务、人事、资产、科研、学生管理、财务等系统各自独立,数据标准不统一,各系统间无法实现信息共享。其中,高校的资产管理系统功能还无法满足成本核算精细化的需要,固定资产折旧、无形资产摊销无法落实到具体的成本对象。因此,需要大力加强信息化建设,加快实现各信息系统间数据的互联互通,充分利用现代信息技术,完善成本数据的采集、记录、整理和传递与共享。

(三)夯实会计核算

成本核算高度依赖财务核算数据,学校应严格按政府会计准则制度的规定执行。目前大多数高校的财务会计核算设置还不能完全满足成本核算的需要,财务会计科目、部门和项目的设置颗粒度较粗,无法做到与成本核算对象清晰对应。高校在成本核算实践中应不断理顺会计科目与成本核算项目之间的逻辑关

系,建议在"部门+项目"核算的基础上增设"成本对象"辅助核算,即建立"部门+项目+成本对象"的成本核算模式。

（四）建立成本预算绩效管理体制

"强调成本效益"是全面实施预算绩效管理的内在要求,强化预算成本控制,将成本理念融入预算编制、执行、监督的全过程。根据成本定额标准、财政支出标准等规范、科学地编制预算,将作业成本法与标准成本法相结合,在预算编制中细化成本,在预算执行中控制成本,通过预算完成成本评价,让绩效评价结果与下一年度预算相挂钩,形成成本绩效管理闭环,提升资源配置效率。

主要参考文献

[1]廖青.高等学校成本核算项目与范围探究[J].教育财会研究,2021(6):62-69.

[2]武雷,林钢.论高等教育成本管理[J].会计之友,2016(7):107-111.

[3]袁连生,王善迈,崔邦焱.高等学校学生培养成本计量的案例研究[J].教育研究,2005(6):7-12.

[4]曲京山,王晓园,刘菲菲.高校教育成本管控的双成本法应用研究[J].会计之友,2022(14):142-147.

[5]李月婷.信息化基础上的高校全成本核算体系建设[J].财会月刊,2016(34):102-104.

[6]穆昭宏.基于教育价值链分析的高校多维度成本核算研究[J].教育财会研究,2021(4):38-44.

[7]易雪辉,张凯,刘毅.高校教育成本核算项目的设置研究[J].会计之友,2022(11):138-144.

（作者单位:山东理工大学）

高校构建全面预算绩效管理一体化体系应用研究

薛建辉　李昊阳

【摘要】 党的十九大报告提出：建立全面规范透明、标准科学、约束有力的预算制度，全面实施绩效管理。高等学校财务管理普遍存在“重会计核算、轻预算管理”“重预算执行、轻绩效评价”等问题。新背景下，高校加强自身全面预算绩效管理，并根据自身实际情况构建全面预算绩效管理一体化体系，必将是近两年研究的热点问题。本文尝试以Z高校为例，将全面预算绩效管理一体化体系运用到Z高校中，为同类省属高校提供借鉴，具有一定的理论意义和现实意义。

【关键词】 预算管理　绩效管理　绩效评价　应用研究

一、研究动态

近几年，对高校预算绩效管理的研究非常多。刘淑方以S高校为例，以供给侧结构性改革思路为引导，尝试构建高等院校全面预算绩效管理体系，但仅仅局限于理论阶段，并没有验证应用结果。韩立伟对高校项目预算绩效管理体系进行了研究，认为项目管理体系至少应包括项目预算申报、项目实施过程双监控、项目绩效评价以及评价结果的应用四个环节。四个环节循环往复，构成了一个完整的系统。于佳明等人通过分析高校全面预算管理现状，发现高校存在预算管理目标不明确、组织机构不健全、绩效评价体系不完善等问题，结合平衡计分卡及内部控制理论，针对问题提出解决对策及建议，为高校全面预算绩效管理提供新的思路和方法。卞慧娟分析了高校基本建设项目的特点及绩效评价工作中存在的问题，基于生命周期理论，将基本建设项目分为论证决策、施工建设和交付运营三个阶段，并根据每个阶段的特点识别关键绩效指标，结合绩效指标的重要程度确立了指标权重，以期为高校基本建设项目开展绩效评价提供一套可供参考的绩效评价指标体系。马艳莉对全面预算绩效管理含义和特征进行了论述，分析了我国高等学校在预算绩效管理意识、体系建设以及信息化水平等方面存在的不足，提出增强预算绩效管理意识、建立并完善全面预算绩效管理体系、加快推进全面预算绩效管理信息化建设等建议，但对全面预算管理的研究仅限于理论层面。綦兴宏立足于高校预算管理工作实践，对当前高校预算绩效管理中存在的主要困难进行了深入分析，从强化绩效管理理念、建立预算绩效管理体制、健全预算绩效管理闭环机制、创建大数据绩效管理平台等方面，对高校实施全面预算绩效管理的路径进行了探讨，以期对高校提高预算绩效管理水平有所裨益。王璐对高校预算管理存在的问题及成因进行分析，从机制体制建设与实施方法、路径维度，对高校如何建设预算绩效管理体系提出方法和建议，以期更好地促进全面预算绩效管理在高校落地见效。

通过对以上研究的梳理发现，多数研究都集中于理论层面，针对某个高校进行相关应用研究的非常少。本文尝试以Z高校为例，将全面预算绩效管理一体化体系运用到Z高校中，以期为同类省属高校提供借鉴，具有一定的理论意义和现实意义。

二、Z高校构建预算绩效管理一体化体系的内容

Z高校预算绩效一体化体系主要涉及预算编制、预算执行及预算项目绩效评价这三个阶段。要构建学校预算绩效管理一体化体系，必须重新梳理这三个阶段的全部流程。

（一）预算编制阶段

1.成立预算编制领导小组

Z高校领导高度重视预算编制工作，成立了以校长为第一责任人的预算编制领导小组。预算编制领导小组的成立，为学校加强财务管理和监督，规范预算管理行为，推进重大经济事项权力运行程序化和公开透明，提高预算资金使用效益，提供了强有力的保障。领导的重视是学校预算编制工作顺利推进的前提和保障。

2.建章立制，完善预算编制相关规章制度

没有规矩不成方圆，没有制度就没有约束，特别对于财务工作来说，规章制度更是我们工作的依据、准绳。近几年，学校财务处对预算编制相关的规章制度进行了重新梳理，将原有的预算编制规章制度进行了更新和细化，为“编细、编准、编实”预算提供了强有力的依据和保障。

此外，为方便老师编制部门收支预算，Z高校财务处组织相关人员编写了《预算编制手册》《全面预算系统使用手册》等，持续助力学校预算编制工作。

3.加强业务培训，助力学校预算编制

为方便各部门编报收支预算，提高预算编制的科学性、合理性，Z高校财务处定期组织财务预算编制业务培训，让负责预算工作的部门领导及预算编报人员充分认识到预算编制的重要性，了解预算编制的相关业务知识，进一步提高学校预算编制的质量。

4.梳理预算编制业务流程

(1)严控预算编制时间节点。Z 高校严格执行“二上二下”预算编制程序,与主管部门预算编制时间实现“无缝衔接”。学校“二上二下”预算编制时间节点如图 1 所示。

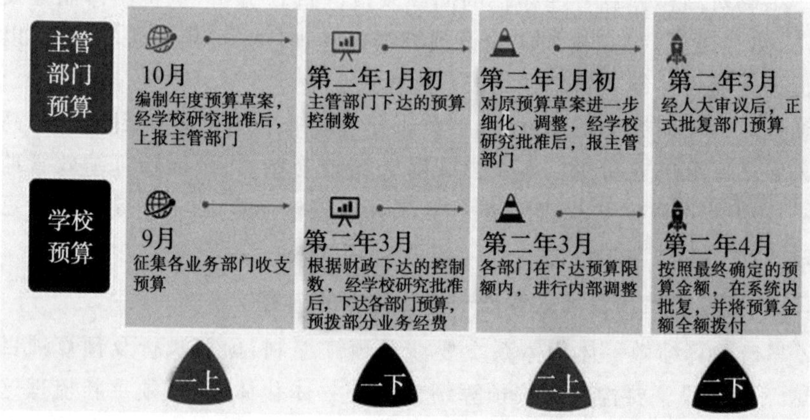

图 1　Z 高校“二上二下”预算编制时间节点

(2)梳理预算编制范围,确保预算编制的全口径。预算是学校根据事业发展规划和任务编制的综合财务收支计划。学校预算编制范围不仅仅包括支出预算,还包括收入预算,一定要纠正“重支出、轻收入”的观念,确保学校预算编制全口径。

Z 高校收入预算包括学校通过多种渠道取得的各类非偿还性办学收入。学校收入预算的编制原则为“有收必报、应收尽收”。具体编制范围及内容如图 2 所示。

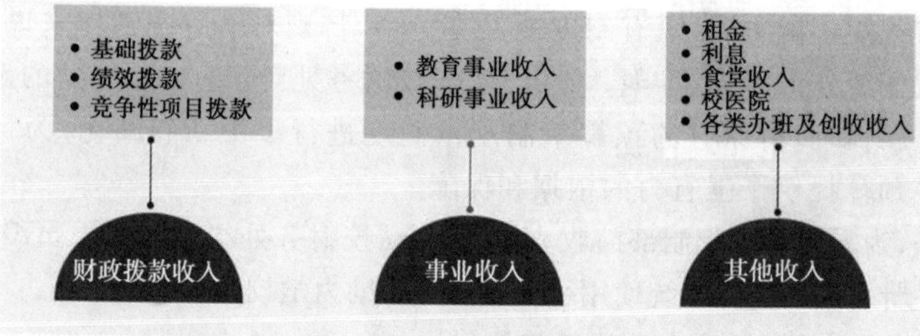

图 2　Z 高校“二上二下”收入预算编制内容

Z 高校支出预算包括预算年度内学校用于教学科研活动、其他事业活动的资金支出计划。学校支出预算的编制原则为“编细、编准、编实”。具体编制范围及内容如图 3 所示。

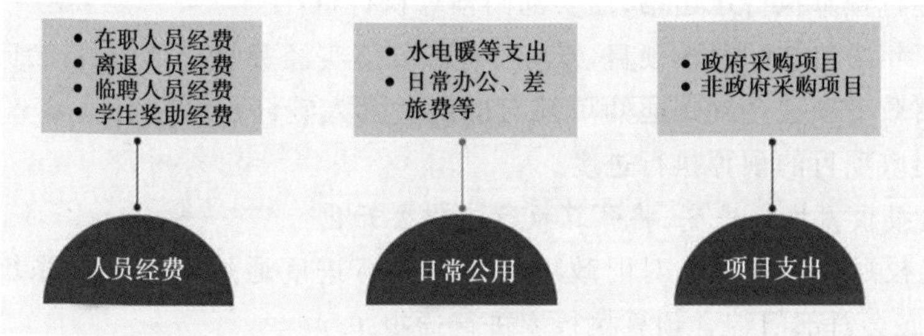

图 3　Z 高校“二上二下”支出预算编制内容

(3)梳理预算项目库。Z 高校要提高预算编制的质量和效率,增强预算编制的主动性、超前性、科学性和准确性,就必须梳理学校预算项目库,确保“入库”的项目均紧紧围绕学校中心工作,有良好的绩效目标,树立“入项目库未必有预算、不入项目库必无预算”的意识,将“每一分钱花在刀刃上”,为下一步预算资金批复和预算顺利执行奠定坚实基础。

(4)启用全面预算及绩效管理系统。Z 高校已于 2020 年 7 月在山东省属高校中率先启用全面预算及绩效管理系统,将财务核算系统中的部门信息、项目信息、人员信息等对接于全面预算及绩效管理系统中,并设定好预算编制的审批流程,将原来预算编制的线下收集纸质材料,升级为预算编制“全过程无纸化”线上申报审批。启用全面预算及绩效管理系统后,每一步预算编报的痕迹及审批流程均在系统中完整保留,增强了预算编制的严肃性和科学性,大幅提高了学校的预算管理水平。此外,全面预算及绩效管理系统的启用,也为预算编制上报、批复下达、执行监控、预算项目绩效评价提供了一条龙服务。

(二)预算执行阶段

1.成立预算执行领导小组

Z 高校领导高度重视预算执行工作,成立了以校长为第一责任人的预算执行领导小组,建立了学校预算执行监管的长效机制。“预算执行意识”已深入学校每一位领导和教职工的日常工作中。

2.年初预算批复后,通过全面预算及绩效管理系统传递至各部门

Z 高校目前已启用全面预算及绩效管理系统,年初预算批复后,通过全面预算及绩效管理系统进行预算金额拨付,拨付金额直接传输到财务核算系统中,并生成预算拨付会计凭证,实现全面预算及绩效管理系统与财务核算系统的全面对接。这为各项目的预算执行及后期预算执行率的统计打下基础,将预算执行纳入学校预算绩效管理一体化体系。

3.下达部门预算执行通知单,将预算执行责任落实到人

年初预算批复后,Z 高校财务处会将部门预算下达至部门负责人,并与部门

负责人签订预算执行承诺书,压实部门预算执行责任。

对于年中追加的财政项目,Z高校财务处落实经费归口部门后,会向相关部门下达财政专项资金到账通知单并与部门负责人签订预算执行承诺书,保障年中追加财政项目的预算执行进度。

4.通报预算执行进度,将预算执行工作公开化

Z高校财务处每月会对财政项目预算执行进度通过学校OA系统进行通报,且年底会对部门综合预算执行率进行通报。

Z高校预算执行评价结果将作为项目负责人及相关部门考核的重要依据。对预算执行进度较好的部门和项目,会在年底进行通报表彰,学校在安排下一年度预算时考虑给予经费倾斜;对预算执行进度差的部门和项目,学校在安排下一年度预算时核减有关经费,将预算执行纳入学校预算绩效管理一体化体系。

(三)预算项目绩效评价阶段

1.成立预算绩效评价领导小组

Z高校领导高度重视预算绩效评价工作,成立了以校长为第一责任人的预算绩效评价领导小组。预算绩效评价领导小组的成立,为大力提升学校预算管理水平,充实预算绩效管理人员,规范预算绩效评价工作,提供了强有力的保障。学校领导的重视是学校预算绩效评价工作顺利开展的必然要求。

2.加大培训力度,强化教职工"绩效评价"意识

为进一步提高教职工的"绩效评价"意识,提升编制预算绩效目标的合理性,Z高校财务处进一步加大绩效管理培训力度,对业务人员进行绩效管理相关培训,从绩效申报、绩效监控、绩效评价等方面介绍绩效管理的全过程,为学校绩效评价工作打下了坚实的基础。

3.梳理绩效管理过程,构建"全方位、全过程、全覆盖"的预算绩效管理体系

(1)将项目绩效评估纳入预算编制阶段,确保绩效管理贯穿项目预算全过程。学校在编制项目预算时,将项目事前绩效评估纳入预算编制阶段,并把项目事前绩效评估作为项目入库的前置条件,学校对所有项目实行绩效目标管理。所有项目由财务部门按要求开展事前绩效评估,并将评估结果作为申请预算的必要条件,凡是需求不急迫、项目不成熟的,一律不予安排预算。将绩效理念和方法融入预算管理全过程,构建"全方位、全过程、全覆盖"的预算绩效管理体系。

(2)将项目绩效监控纳入预算执行阶段,监控项目预算绩效运行。Z高校在项目预算执行时,加强各部门单位项目预算绩效运行监控管理,提高预算执行效率和资金使用效益。学校主要从项目绩效目标完成情况、项目预算资金执行情况及项目绩效监控报告等三个方面对学校项目进行绩效监控。学校构建了预算项目事前绩效评估指标体系,根据项目事前绩效评估指标体系评分表及项目支

出绩效目标执行监控表对项目进行事前绩效评估。

(3)落实项目绩效评价,提升学校绩效管理水平。项目绩效评价是指学校组织资金使用部门,依据设定的绩效目标,对项目支出的经济性、效率性、效益性和公平性进行客观、公正的测量、分析和评判。项目绩效评价是对项目预算执行效果的反馈和评价,Z 高校次年 3—5 月份均会对上一年度预算项目进行绩效评价。

Z 高校采用的是汇报审核与现场评价相结合的方式。利用全面预算及绩效管理系统收集相关绩效评价材料,并根据项目具体情况,对项目开展实地考察,尤其是平台、设备、仪器类的项目,重点考察仪器设备的到位情况、使用情况及共享共用情况。绩效评价后,学校将按照要求及时将评价结果进行公开,接受全校监督。

三、Z 高校预算绩效管理一体化体系的应用效果

Z 高校预算绩效一体化体系取得了非常好的应用效果。主要表现为以下几个方面:

(1)Z 高校已于 2020 年 7 月在山东省属高校中率先启用全面预算及绩效管理系统,财务信息化水平进一步提升。

(2)启用全面预算及绩效管理系统后,将原来预算编制的线下收集纸质材料,升级为预算编制"全过程无纸化"线上申报审批,并且每一步预算编报的痕迹及审批流程均在系统中完整保留,增强了预算编制的严肃性和科学性,大幅提高了学校的预算管理水平。

(3)2019 年 Z 高校预算执行率为 94.33%,2020 年学校预算执行率达到 99.28%,较 2019 年快了 4.95%,达到财政考核要求,取得了较好的预算执行效果。

(4)Z 高校将预算项目绩效评价结果作为提升绩效管理水平、安排下一年度预算的重要依据。对预算执行率偏低、绩效评价等级为中、差的项目,提出整改措施,在下一年度预算编制、分配资金时从严、从紧安排,实现预算项目绩效评价与预算编制的有效衔接。

四、对构建完善预算绩效管理一体化体系的建议

(1)目前 Z 高校虽已建立了预算项目事前绩效评估指标体系、预算项目绩效评价指标体系等,但是指标体系需要在实践中不断丰富和完善,以达到更好的实施效果。

(2)目前 Z 高校使用的是天财财务管理系统平台 6.0,全面预算及绩效管理系统为天财全面预算及绩效管理系统。其他省属高校在应用该体系时,应确认学校财务部门使用的是天财财务系统和天财全面预算及绩效管理系统。

主要参考文献

[1]刘淑方.高等院校全面预算绩效管理体系构建[J].审计与理财,2021(9):56-58.

[2]韩立伟.基于高校全面预算绩效管理的项目管理体系研究[J].商业会计,2021(3):107-110.

[3]于佳明,赵敬予,李佳骏.浅谈高校全面预算绩效管理问题及对策[J].行政事业资产与财务,2021(4):44-45.

[4]卞慧娟.高校基本建设项目预算绩效评价指标体系研究[J].财会学习,2021(23):54-56.

[5]马艳莉.高校全面预算绩效管理存在的问题及对策探讨[J].商讯,2021(27):157-159.

[6]慕兴宏.高校实施全面预算绩效管理研究[J].商业会计,2021(5):97-99.

[7]王璐.高校预算绩效管理体系建设探索[J].新会计,2021(8):53-55.

本文发表于《教育财会研究》2022年第5期,有改动。

(作者单位:山东中医药大学　天津外国语大学)

高职院校财务风险动态预警研究

秘丽霞

【摘要】 自实施扩招政策以来，高职院校纷纷扩大规模以满足扩招所带来的对院校软硬件配备的巨大需求，然而政府财政资金的投入是有限的，且公办高职院校盈利能力不足，向银行贷款成为解决资金不足、维持高校正常发展的重要手段。随着银行贷款额度越来越大，还本付息的担子也越来越重，财务风险日渐凸显。本文分析了高职院校财务风险的因素，制定了风险预警指标，并选取某高职院校进行实证研究，以便为管理层及时防控贷款风险而采取有效决策提供合理依据。

【关键词】 高职院校　财务风险　动态预警　神经网络

一、绪论

（一）研究背景

为满足人民群众对技能教育的需求，1998年国家作出了扩招决定。当年的招生规模扩大了47.4%，之后稳步增长。高等教育实现了从精英式教育向大众化教育的巨大转变，实现了社会经济发展对高素质人才的需求与人民群众对高等教育需求的完美对接。但是，在实现跨越式发展的同时，高职院校向银行大量贷款导致负债过度，由此引发的财务危机引起了社会各界相关人士的广泛关注。如何识别高职院校的负债危机，为高职院校相关利益群体提供预警信号是值得研究的现实问题。

（二）研究目的及意义

本课题综合考虑高职院校财务活动及财务数据的时间特征，纵向地对某一具体高职院校的财务风险进行预警研究。具体而言，就是选取能比较全面反映高职院校财务风险的财务数据，展示高职院校财务风险的演进过程，确定风险警度。建立高职院校财务风险预警模型，当高职院校的债务状况发生变化时，能够动态地、实时地发现风险苗头。预警模型能够反映出高职院校财务风险的阶段性信息，这对高职院校的良性发展是十分有意义的。

(三)国内外研究现状

国外对企业财务危机预警的研究起步早、成果多,而对高校财务风险预警的研究成果较少。因为大多数发达国家的高校教育资金来源多样化,教育经费充裕,并不会举债经营,所以不会产生财务风险问题。因此,可以借鉴的国外关于高职院校财务风险预警的研究成果甚少。国内学者对高校财务风险预警研究形成了较多成果。有的提出了防控、化解措施,有的构建了一套完整的财务风险预警指标,有的进行了实证研究。但是目前对高职院校财务风险预警的研究还有很大空间。本课题运用主成分分析与 BP 神经网络相结合的方法建立高职院校贷款风险预警模型,并以某高职院校的财务数据作为样本进行了实证研究。

(四)财务风险成因分析

高职院校因向银行贷款所形成的巨额债务风险,主要受以下三个维度因素的影响。

1.政府维度

政府扩招制度的实施,使升学人数急剧上涨,而高职院校教学条件不足,财政资金又不足以维持经费开销,因而高职院校不断增加贷款规模。政府在高职院校的贷款、流程审批、资金使用等环节上缺乏有效的约束机制,导致高职院校长期存在部分违规现象。

2.银行维度

银行存在大量的信贷资金,在政府对高职院校信贷融资的默许与鼓励下,"银企"开始了全新的互动合作。银行基于自身利益需求及对高职院校的过高预期,风险意识淡薄,渐渐放宽高职院校贷款的标准,导致高职院校存在巨额贷款行为。

3.高职院校维度

资金贷款管理机制不健全,对贷款资金缺乏有效监督与控制,造成高职院校大规模建设中资金使用不当;管理者的风险意识不足,对银行贷款的性质缺乏认识,有"学校贷款、政府买单"等不正确的思想,普遍缺乏负债与偿还意识。

二、研究理论及方法

(一)研究理论

1.预警理论

预警是指在对目标事物进行监视时,观测其发展状态或趋势是否偏离预定目标或设计要求范围,并对其发出相应的预报警示信息的机制。从逻辑上一般可将预警的整个过程分四个阶段:确定预警对象、查找预警源头、分析预警前兆及显示警示程度。

2.生命周期理论

生命周期理论源自生物学。借鉴生物学上的生命周期理论,企业往往会经历初创期、成长期、成熟期及衰退期四个历程。本文研究对象是高职院校,研究的基本问题为财务风险预警,根据生命周期的基本理论,将高职院校财务风险从预警的角度分为重度、轻度、良好及健康四个警度。

(二)研究方法

1.主成分分析法

主成分分析法是简化各指标变量之间相互关联的复杂关系的一种统计方法,即把多个指标变量划分为少数几个综合指标变量。在对社会经济的研究中,为了分析问题的全面性,必须从各个方面选取研究的指标,而选取的各个指标信息在某种程度上会存在相关性,将相关性密切的指标划分为一个综合性指标,便于分析研究问题。

2.BP 神经网络

BP 神经网络是一种多层前馈神经网络,分为输入层、隐含层、输出层。该模型需要指定各层的节点数、学习效率和误差精度、传递函数等参数,其运行原理如图 1 所示。

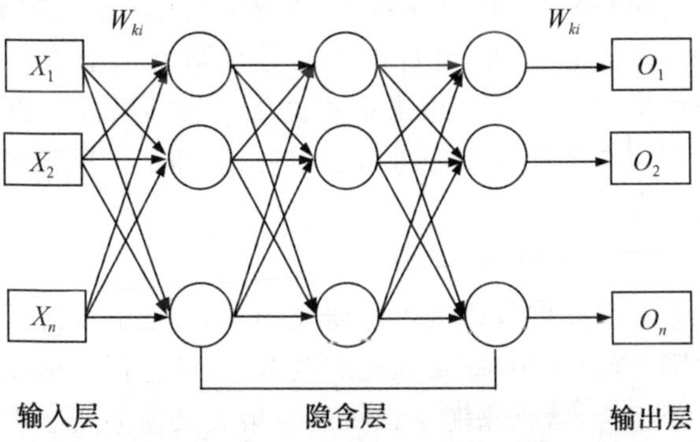

图 1　BP 神经网络运行原理

三、预警指标设计及警度划分

(一)预警指标设计

1.指标选取原则

预警指标的选择与设计是风险预警模型的核心部分,构建的模型是否有效主要取决于所设计的指标体系。本文在构建指标体系时符合以下几个原则:科学性原则、系统性原则、动态性原则、可行性原则、敏感性原则。

2.指标的确定

要确保高职院校财务风险预警体系发挥作用,关键是要选取那些对财务风险敏感性高的预警指标。本文结合高职院校的财务特点,从偿债能力及支付能力角度选取指标。

(1)反映偿债能力的三个子指标,即流动比率、资产负债率和负债自有资金率。

(2)反映支付能力的三个子指标,即利息保障数、支付保障比和债务承受率。

(二)警度划分

结合生命周期理论,运用主成分分析法和模糊隶属度函数划分高职院校的财务风险警度值范围,以判定风险的警度。综合考虑,将高职院校的财务风险警度划分为四类:0—0.2 为重度风险,0.2—0.5 为轻度风险,0.5—0.8 为良好,0.8—1 为健康。

四、财务风险动态预警实证分析

(一)确定预警模型

构建模型结构是确定高职院校财务风险预警模型的基础。本文采用逆向思维,确定模型结构中所运用到的方法,确定输入输出数据。考虑研究的是高职院校财务风险,并对其风险警度进行预测,那么输入的应为那些能够影响到高职院校财务风险的因素。根据分析,设计出了财务风险的预警指标作为输出数据。基于主成分分析法的综合得分可用来描述高职院校的财务风险警度,再运用模糊隶属度函数对主成分的综合得分进行加工处理,确定了风险警度。

(二)预警过程分析

1.数据整理

本文选取某公办高职院校作为本次研究的对象,选取该院校 2019—2022 年共 4 年的流动比率、资产负债率、负债自有资金率、利息保障倍数、支付保障比和债务承受率等 6 个指标,数据来源于该校财务报表及债务余额表。

2.警度确定

利用 SPSS 19.0 统计分析工具,对该院校 4 年当中的 48 个样本数据进行因子分析,得出该学校每年财务风险警度的综合得分,并运用模糊隶属度函数,将表示风险大小的综合得分转化为[0,1]区间。根据模糊隶属度函数确定高职院校财务风险警度,如表 1 所示。

表 1　样本院校的财务风险警度

	月	综合得分	风险警度		月	综合得分	风险警度
2019 年	1	0.09	重度	2021 年	1	0.25	轻度
	2	0.11	重度		2	0.54	良好
	3	0.10	重度		3	0.64	良好
	4	0.01	重度		4	0.25	轻度
	5	0.00	重度		5	0.58	良好
	6	0.23	轻度		6	0.48	轻度
	7	0.17	重度		7	0.27	轻度
	8	0.18	重度		8	0.58	良好
	9	0.04	重度		9	0.38	轻度
	10	0.00	重度		10	0.37	轻度
	11	0.15	重度		11	0.62	良好
	12	0.17	重度		12	0.45	轻度
2020 年	1	0.41	轻度	2022 年	1	0.69	良好
	2	0.43	轻度		2	0.68	良好
	3	0.43	轻度		3	1.00	健康
	4	0.39	轻度		4	0.87	健康
	5	0.02	重度		5	0.81	健康
	6	0.44	轻度		6	0.87	健康
	7	0.38	轻度		7	0.54	良好
	8	0.45	轻度		8	0.93	健康
	9	0.17	重度		9	0.43	健康
	10	0.16	重度		10	0.56	良好
	11	0.41	轻度		11	0.92	健康
	12	0.34	轻度		12	0.89	健康

从表 1 中可以看出,样本校的综合得分值越来越高,说明财务风险引起了高职院校领导的重视,在这 4 年时间里学校逐步采取了有效的措施,化解了债务危机,使得财务风险逐渐降低。

3.BP 神经网络的运用

本研究选取了该校 4 年当中 48 组数据进行研究,其中,将 2019—2021 年共 36 个月的数据作为网络的训练样本,2022 年 12 个月的数据作为检测网络性能的测试样本。

(1)训练样本数据输入与输出。网络训练前,将该高职院校 36 个指标数据作为输入数据,通过主成分分析法算出来的综合得分值作为输出目标数据。分别将输入输出的样本数据转化为矩阵形式:

$$\boldsymbol{P}=\begin{bmatrix} X_{1,1} & X_{1,2} & X_{1,3} & \cdots & X_{1,36} \\ X_{2,1} & X_{2,2} & X_{2,3} & \cdots & X_{2,36} \\ X_{3,1} & X_{3,2} & X_{3,3} & \cdots & X_{3,36} \\ \vdots & \vdots & \vdots & X_{i,j} & \vdots \\ X_{6,1} & X_{6,2} & X_{6,3} & \cdots & X_{6,36} \end{bmatrix}$$

输入矩阵 $\boldsymbol{P}$ 中 $X_{i,j}$ 表示 j 月的 X_i 指标值,如 $X_{1,1}$ 表示 2019 年 1 月的流动比率指标值,以此类推。

主成分分析出前 36 个月综合得分并模糊化处理后的财务风险警度值,将其作为输出数据:

$$\boldsymbol{Y}=[y_1 \quad \cdots \quad y_j \quad \cdots \quad y_{36}]$$

输出矩阵 $\boldsymbol{Y}$ 中 y_j 表示在第 j 月的财务风险警度值。

(2)数据的预处理。因输入网络中既有流动比率、利息保障倍数等这样的正指标数据,也有债务承受率这样的逆指标数据,每一项指标所表达解释的含义不同,并且在网络训练的过程中,所使用的 tansig、purelin 等隐含层函数的输出均在 −1—1 之间,因而为减少输出绝对误差极端化,需要对样本的输入输出数据进行尺度变换。本文利用 premnmx 函数对样本的输入矩阵 $\boldsymbol{P}$、输出矩阵 $\boldsymbol{Y}$ 的数据作归一化处理,使得归一化后所得的数据最小值是 −1,最大值是 1。

(3)网络训练。本研究选择了两个隐含层,隐含层的函数分别是“tansig 函数”“purelin 函数”,并采用 L-M 优化算法进行训练。该网络学习过程中,在 7325 步时,误差达到设计指标,所设计的 BP 神经网络的性能较好。

(4)网络仿真。利用构造的神经网络模型对样本数据,即高职院校财务风险预警指标数据作模拟仿真。首先用训练好的模型进行仿真,然后将仿真所得结果还原为原始样本数量级。

(5)对比测试过程。因样本有限,将 2022 年 12 个月的样本数据作为测试数据,利用 2019—2021 年的 36 个月的高职院校财务风险预警指标数据进行建模,得出测试样本实际评价与预测得到的财务风险警度的比较图(见图 2)。此图可直观地反映样本校财务风险警度的变化趋势。

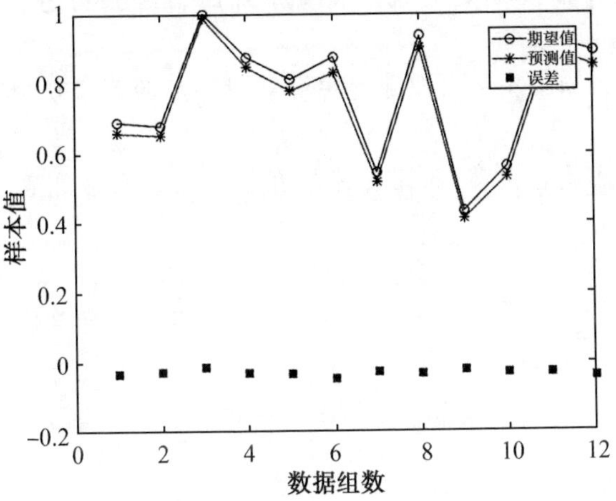

图 2　高职院校财务风险警度的对比

(三)实证结果分析

结果显示,本课题构建的主成分-BP 网络预警模型是有效的,该校 2019—2021 年的实际预警程度与所构建模型的预警程度几乎相同。同时,本文将 2022 年的数据进行了测试,得出 2022 年的预测风险警度趋势图,期望值与预测值误差较小,得到了一个比较理想的预测结果。

五、结论与展望

本文将主成分分析法与 BP 神经网络相结合,构建了高职院校财务风险动态预警模型,对样本校进行了实证研究与分析。通过主成分分析获取的综合得分可以反映事物的"好坏",而神经网络具备较强的自我学习能力,不需要提出假设,对事物具有预测功能,将两者结合构建的预警模型为高职院校财务风险动态预警研究提供了崭新的思路,具有较强的现实意义。

主要参考文献

[1]唐一鑫.高职院校内部审计机制建设与质量控制研究——评《高校财务风险预警与防范策略研究:基于内部控制视角》[J].林产工业,2020(4):126.

[2]吴克林,陈光.优化风险预警机制　降低财务管理风险——评《高校财务风险预警与防范策略研究:基于内部控制视角》[J].山西财经大学学报,2021(8):130.

[3]王锐.高校财务内部审计及风险预警研究——评《新时期高校财务管理创新探索与发展》[J].中国油脂,2023(1):164.

[4]陈格.基于政府会计制度下的高校财务风险预警指标体系构建[J].财经界,2023(12):123-125.

[5]张东舞.高职院校财务风险预警系统的构建探析[J].财会学习,2016(10):7-9.

[6]戚丽霞.湖南安全技术职业学院贷款财务风险预警研究[D].长沙:湖南大学,2018.

[7]邬大光.成就与预警:我国高等教育普及化进程的思考[J].中国高教研究,2023(4):8-18.

(作者单位:滨州职业学院)

“放管服”改革背景下高职院校政府采购绩效管理研究
——以QD职院为例

陈晓丽

【摘要】 本文结合“放管服”改革背景 ,以QD职院为例,运用构建的绩效评价指标体系,分析高职院校政府采购绩效管理的现状及存在的问题,提出相应的意见和建议,以期不断提高政府采购质量和效率。

【关键词】 绩效管理　高职院校　政府采购　绩效评价

一、引言

随着国家“职教20条”的提出,高职院校办学规模不断扩大,办学层次实现多元化,财政投入、支出逐渐增多,对政府采购的需求也随之增大。同时,伴随“放管服”改革的不断推进深化,国家先后发布了一系列科研“放管服”的文件,政府集中采购目录不断“瘦身”,分散采购限额标准提高,更多的自主权被赋予采购人。高职院校要想放得开、管得好、服务到位,就需要在政府采购中做好事前、事中、事后监督,加强内部监管,强化财政资金使用绩效评价,提升资金使用效益和效率。

二、高职院校政府采购绩效管理存在的问题

(一)绩效管理制度建设缺失

党的十九大报告指出要全面实施预算管理,但我国尚未出台具体的政府采购绩效管理规定,因而各高职院校的政府采购绩效管理缺少制度依据,导致无法有效地开展政府采购绩效评价工作。

(二)政府采购项目具有特殊性,绩效评价难度大

高职院校主要以培养具有实操性的大国工匠人才为目标,涉及教学实训、科研方向的政府采购品目种类多、专业性强。同时,国家对科研项目采购又有特殊的规定,且科研仪器设备具有高、精、专的特点,这些都增加了高职院校政府采购绩效评价难度。

(三)评价指标体系各异,高职院校间绩效评价缺少可比性

近几年,高职院校根据各自的具体情况逐步设立独立的采购中心,但采购中心的职责各不相同,导致各高职院校政府采购绩效评价内容及指标大不相同,评价结果比较独立,各高职院校之间无法比较。

三、"放管服"改革背景下QD职院政府采购绩效管理

(一)QD职院政府采购组织情况

为更好地贯彻"放管服"改革要求,QD职院坚持"全面管控与突出重点并举、分工制衡与提升效能并重、线上信息与线下业务并行"的基本原则。结合工作实际,QD职院实行采购业务归口管理,构建各负其责、权责对等、相互制衡的三层网格化管理架构,建立采购环节中需求部门、业务归口管理部门、资产采购中心、审计处等部门之间的沟通协调机制。

加强制度建设,明确各环节工作职责和工作流程,逐步修订完善了《QD职院招标采购管理办法》《QD职院竞价采购管理办法》;加强廉政建设,增强采购人代表廉政风险意识,出台了《QD职院采购人代表管理办法》及《QD职院采购质疑和投诉处理办法》,完善招标各个环节的管理和责任。

深入推进流程再造,将规范化流程嵌入学校智慧校园信息化平台,从招标方案论证、招标方案审批、招标文件审批、开评标及合同管理等方面,实现采购全流程的信息化、程序化、规范化,提高工作效率的同时全过程留痕,落实签字审批权限。率先自主开发网上竞价采购系统,创新院内线上线下相结合的采购方式,真正实现"背靠背"报价。

QD职院的采购方式主要有公开招标、竞争性谈判、竞争性磋商、询价和单一来源采购以及其他符合国家规定的采购方式。

(二)QD职院政府采购绩效评价整体情况

QD职院参照当地政府采购绩效研究成果,从政府采购预算、采购计划、采购意向、采购需求、采购组织、合同订立、履约验收、资金支付、采购质量和采购内控管理10个环节的规范性、时效性、完整性、准确性、科学性、政策落实性、公开透明性等7个方面,采用定性分析和定量分析相结合的方式评价政府采购绩效。

(三)QD职院政府采购绩效评价具体情况

本文以2021年QD职院实施的实训室设备采购项目为例,从政府采购预算、采购计划等10个一级指标及规范性、时效性等7个二级指标,依据52项三级指标逐条评分,进行全面有效的分析。具体情况如表1所示。

表 1 “智慧型服务机器人实训室项目”政府采购绩效评价

序号	一级指标	二级指标	三级指标	计分标准	权重	得分
1	（一）政府采购预算	准确性	☆$A=1-$（全年经调整的政府采购预算/全年政府采购预算×100%） （注：经调整的政府采购预算情形包括：年中追加政府采购预算、政府采购管理交易系统内变更品目的政府采购预算）	$A\times$权重	2	0
2		政策落实性	☆$B=$专门面向中小企业预留的政府采购预算/全年政府采购预算×100%	$B\geqslant40\%$得 3 分；$30\%\leqslant B<40\%$得 1 分；$B<30\%$不得分	3	1
3		时效性	☆$C=$全年追加政府采购预算批复 3 个月内签订合同对应预算金额/全年追加政府采购预算金额×100%	$C\times$权重	2	0
4	（二）政府采购计划	规范性	包括采购需求、实施时间、采购组织形式、采购方式等内容		2	2
5		准确性	☆$D=1-$（全年变更政府采购计划金额/全年政府采购预算金额×100%）	$D\times$权重	2	2
6		完整性	☆对本单位政府采购项目全部编制政府采购计划		2	2
7	（三）政府采购意向	规范性	采购活动开展前，采购意向公示期不少于 30 天，本单位同类项目意向公示统一、规范		2	0
8		完整性	内容包括采购项目名称、采购需求概况、预算金额、预计采购时间		2	2
9		公开透明性	在指定媒体“QD 市政府采购网”公开相关信息		1	1

续表

序号	一级指标	二级指标	三级指标	计分标准	权重	得分
10	(四)政府采购需求	规范性	按照规定要求对采购需求进行论证		2	2
11		完整性	采购需求公示期不少于 3 天,本单位同类项目需求公示统一、规范		2	2
12		公开透明性	采购活动开展前,按照规定要求对采购需求进行论证,开展了采购需求调查,并按要求确定需求内容		2	2
13			在指定媒体"QD 市政府采购网"公开相关信息		1	1
14	(五)组织采购	规范性	资格预审公告、采购公告、采购结果等发布时间满足法定时限要求		2	2
15			对在政府采购活动中诚信记录良好的供应商免收投标保证金;允许以支票、汇票、本票或者金融机构、担保机构出具的保函等非现金形式提交投标保证金,按规定退付投标保证金		2	2
16			允许以担保支票、押金证明、保险单、信用证、银行保险公司出具保函等形式提交履约保证金,及时退付履约保证金		2	2
17			未有评审专家劳务报酬转嫁行为		2	2
18		政策落实性	在采购文件中明确对节能环保产品、中小企业、监狱企业、残疾人福利企业、创新产品的采购政策		2	2
19			采购限额标准以上,200 万元以下的货物和服务采购项目、400 万元以下的工程采购项目,适宜由中小企业提供的,专门面向中小企业采购。超过 200 万元的货物和服务采购项目、超过 400 万元的工程采购项目中适宜由中小企业提供的,预留该部分采购项目预算总额的 30%以上专门面向中小企业采购,其中预留给小微企业的比例不低于 60%		2	0

续表

序号	一级指标	二级指标	三级指标	计分标准	权重	得分
20	（五）组织采购	政策落实性	☆E＝中小企业政府采购合同金额/全年政府采购合同金额×100％	$E \geqslant 40\%$得3分；$30\% \leqslant E < 40\%$得1分；$E < 30\%$不得分	3	1
21		时效性	采用公开招标方式采购的项目(追加项目除外)，在每年10月底前发布采购公告		2	2
22			在评审活动结束后10个工作日内，支付评审专家劳务报酬		2	2
23		公开透明性	资格预审公告、采购公告、采购结果等在指定媒体“QD市政府采购网”公开相关信息		1	1
24	（六）合同订立	规范性	政府采购合同中明确约定采购标的、数量、质量、价款或报酬、履行期限及方式、验收要求、质量纠纷解决方式、双方的违约责任等内容		2	2
25		政策落实性	对供应商参与政府采购合同融资给予推广、支持		2	0
26			F＝使用采购贷政府采购合同金额/政府采购合同金额×100％	F×权重	2	0
27		时效性	在中标(成交)通知书发出之日起10个工作日内签订政府采购合同		2	2
28			自合同签订之日起2个工作日内，进行合同备案		2	2
29		公开透明性	在指定媒体“QD市政府采购网”公开相关信息		1	1

续表

序号	一级指标	二级指标	三级指标	计分标准	权重	得分
30	(七)履约验收	规范性	验收报告应具体列明各采购事项的验收情况及项目总体评价等,由参与验收人员签字,对验收结论等明确表态		2	2
31		时效性	在收到供应商项目验收建议之日起7个工作日内,按照规定流程及要求组织采购项目实质性验收		2	2
32		公开透明性	在指定媒体"QD市政府采购网"公开相关信息		1	1
33	(八)资金支付	规范性	合同约定资金付款的方式、时间、条件和比例,明确无故逾期支付资金的违约责任等		2	2
34		时效性	在合同(货物类)签订生效且具备实施条件后5个工作日内支付不低于合同金额30%的预付款		2	2
35			在收到发票后5个工作日内对满足合同约定支付条件的及时支付合同资金		2	2
36	(九)采购质量	规范性	质疑答复是否证据充分、内容全面、意见明确,无答复内容含糊不清、模棱两可、敷衍了事、内容不全等情况,并以书面形式通知质疑供应商和其他有关供应商		2	2
37		时效性	在收到供应商质疑后7个工作日内作出答复,其中对不需经过论证即可作出判断的质疑,在3个工作日内作出答复		2	2
38		科学性	☆被质疑率(G)=1-(被质疑项目个数/完成采购项目总数×100%)	G×权重	2	1.73
39			☆被投诉率(H)=1-(被有效投诉项目个数/完成采购项目总数×100%)	H×权重	2	1.87
40			☆废标率(I)=废标政府采购项目个数/全年组织政府采购项目个数×100%	(1-I)×权重	2	1.65
41		公开透明性	在指定媒体"QD市政府采购网"公开相关信息		1	1

续表

序号	一级指标	二级指标	三级指标	计分标准	权重	得分
42	(十)采购内控管理	规范性	采购协议明确本部门和采购代理机构的权利、义务		2	2
43			未出现规避集中采购违规委托社会代理机构的情形		2	2
44			按照法定情形,依法合规选择相应采购方式		2	2
45			不存在因采购文件编制不合规导致的有效投诉		2	2
46			授权人员作为采购人代表公平公正参与评审,不存在因评审中存在倾向性或指定性情形导致举报、有效投诉等		2	2
47			供应商对政府采购活动相关事项提出询问,是否在3个工作日内依法进行答复,并将答复意见发送全体投标人		2	2
48			按照规定保存采购档案,且内容齐全完整		2	2
49		科学性	☆明确政府采购管理部门,具体负责本单位政府采购管理工作,并指定专人作为采购管理员		2	2
50			☆建立采购需求方案制定与单位内部审核审批、采购文件编制与审核确认、采购评审与结果确定、采购组织与履约验收、合同签订与验收评价等关联岗位互相分离规则		2	2
51			☆建立风险防控台账,对关键岗位实施重点监督和定期轮岗,并明确主要负责人员		2	2
52			☆建立内部决策和审查机制,任何个人不得单独决策或者擅自改变集体决策		2	2
合计得分					100	83.25

注:☆指标用于单位整体评价,可视情况将☆条款用于项目评价。

按照上述绩效评价指标体系,该项目在政府采购过程中,基本上按照相关流程和政策规定进行,符合政府采购要求。但是同时也存在以下问题:

(1)政府采购预算的准确性及时效性较差。QD职院项目在申报资金预算时方案不完善,导致年初申报的预算不准确。在项目进入招标前,项目方案不断得到调整,导致会议审定招标方案及进行招标采购的时间推迟,也无法在预算批复3个月内完成采购任务。

(2)对中小企业及供应商的信贷扶持有待加强。近几年,当地政府在做好支持中小企业纾困解难工作、助力经济平稳健康发展等方面对采购人提出了一些要求。QD职院在执行过程中,因学校的资金安排等原因,对中小企业及供应商的信贷扶持力度不够。

(3)因供应商质疑或投诉,造成项目完成的时间推后,对一些紧急采购的项目及财政资金序时支付影响较大。

四、完善高职院校政府绩效管理的建议及措施

(一)加强政府采购绩效管理制度建设

建议相关部门出台政府采购绩效管理制度文件,构建规范、高效的制度体系。各高职院校依此并结合自身情况制定政府采购绩效管理实施细则,为政府采购绩效评价工作提供政策依据。

(二)完善高职院校校内采购制度,优化采购流程及方式

高职院校需以“依法采购”为基本原则,放管结合,制定科学的管理办法及采购程序,优化采购流程。加强集中统一领导,成立专业独立的采购归口部门,将采购项目进行整合,避免重复采购及化整为零以规避政府采购等违规情况。优化采购方式,按照采购限额分级管理,规范、简化采购流程,提升采购效率。

(三)充分运用信息化手段,提高绩效管理水平和效率

利用“互联网＋”技术尝试构建招标采购管理一体化平台,在采购平台中嵌入绩效评价指标,充分运用供应商管理、招标过程管理、合同管理、履约验收等模块,并对接财务系统、资产系统等其他业务系统,使高职院校政府采购绩效评价更客观、更及时、更准确。

(四)强化政府采购预算管理

高职院校应根据学校发展情况提前谋划,在申报项目资金预算时,有较为完善的项目方案,避免政府预算编制的随意性,做到政府采购预算应编尽编、准确无误。同时构建预算执行与监督体系,设专人负责预算监督与跟踪,切实发挥财政资金的效用。

(五)加强政府采购绩效评价结果应用

一是及时反馈评价结果,形成采购编制有目标、采购执行有监控、采购完成有评价、评价结果有反馈的闭环工作机制。二是通过信息公开推动绩效结果应用,对其他项目产生示范带动作用。三是推进评价结果与预算管理挂钩,将绩效评价结果作为编制预算经费、加强预算管理和完善政策实施的重要依据,优先保

障绩效好的项目，督促改进绩效一般项目，削减或取消低效、无效项目。

主要参考文献

[1]高惠，王杰，赵乐华.高校政府采购绩效评价研究[J].中国政府采购，2021(10)：36-40.

[2]韩亚飞，王生力，康奥.高校政府采购项目绩效管理实证研究[J].广西质量监督导报，2020(6)：17-18.

[3]别道亮.“放管服”改革背景下高职院校政府采购绩效管理研究[J].经济师，2020(12)：63-65.

本文发表于《教育财会研究》2022年第6期，有改动。

（作者单位：青岛职业技术学院）

基于层次分析法的高等学校财务绩效评价方法研究

——以S高职院校为例

丁思华　穆 林　边心灵　左 伟

【摘要】 随着社会经济高速发展，我国高等职业教育改革在不断深化，国家对高等职业教育的投入也在逐年增加，诸多高等职业学校已逐渐发展成为结构复杂的巨型经济体。与此同时，高等职业学校存在的财务管理问题也日益凸显，表现为资金收支交易复杂、资金利用率低、资源配置不均衡等，因此建立一套科学合理的高等学校财务绩效评价体系显得尤为迫切。本文运用层次分析法，结合高校的绩效目标，构建S高职院校财务绩效评价体系，并提出进一步完善该体系的建议。

【关键词】 高职院校　层次分析法　财务绩效

一、引言

党的二十大报告指出，统筹职业教育、高等教育、继续教育协同创新，推进职普融通、产教融合、科教融汇，优化职业教育类型定位。国家越来越重视高职教育发展，在教育的经费支出上也逐年增加，教学资金投入和科学教研的经费比例正逐年提升，同时国家对预算执行率监管也越来越严格。部分高职院校为了按时完成预算，只考虑预算执行率，导致资金的使用效率、效益较低。因此高职院校迫切需要建立一套客观、高效的财务绩效评价体系，科学地评价高职院校财务资金的使用效率、效益，推动高职院校合理配置资源，使财务绩效达到最大化。

二、S高职院校绩效评价现状

S高职院校是山东省一所公办的高职院校，相对于本科院校，专科院校的财务绩效评价还处于探索阶段。虽然S高职院校比较重视财务管理工作，但仍存在诸多问题，例如财务绩效编制主观性强、绩效评价意识不足、基本采用同期历史数据比较法来进行绩效评价、评价方法不恰当、缺乏一套合理科学的评价体系等，影响了高职院校的财务绩效评价效果。现行《高等学校财务管理制度》中涉及的"财务管理绩效"(以下简称"财务绩效")的内容主要包括四大方面:一是实施绩效评价,二是要管好科研基金,三是提高资源配置效率,四是要提高财务发展能力。本文利用层次分析法,构建了S高职院校财务绩效评价体系。

三、高校财务绩效评价体系构建

(一)建立高职院校财务绩效评价层次结构

通过对S高职院校各个指标的分析,构建三层指标体系。第一层为目标层,即高等学校财务绩效评价体系A;第二层为准则层,主要划分为教学绩效$B1$、科研绩效$B2$、资金支出绩效$B3$、发展潜力绩效$B4$;第三层为指标层,是在准则层的基础上,紧密结合绩效评价目标细分确定的16个具体指标($C1$—$C16$)。综上,设计构建了高职院校财务绩效评价的指标体系,具体见表1。

表1 高职院校财务绩效评价体系

目标层	准则层	指标层
高职院校财务绩效评价体系A	教学绩效$B1$	师生比$C1$
		专职教师与全体教职工比$C2$
		教学支出与总支出之比$C3$
		教学经费与学生总人数之比$C4$
	科研绩效$B2$	教师人均科研经费$C5$
		科研经费预算执行率$C6$
		科研经费支出与总支出之比$C7$
		科研成果奖励$C8$
		专利获得率$C9$
	资金支出绩效$B3$	高职院校自筹资金经费占比$C10$
		高职院校项目资金预算执行率$C11$
		预算支出完成率$C12$
	发展潜力绩效$B4$	高职院校收入增长率$C13$
		高职院校资产负债率$C14$
		高职院校固定资产年增长率$C15$
		高职院校拨款增长率$C16$

(二)高职院校财务绩效评价体系的权重

利用层次分析法,设计完成财务绩效评价指标后,确立财务绩效评价指标的权重是至关重要的步骤。为此,我们广泛地向高职院校专家和财务部工作人员发放了问卷。第一步,向接受问卷调查的专家和财务人员介绍构建的财务绩效评价体系,解释各项指标的含义。第二步,由专家和财务人员进行独立判断,确定每一层指标之间的相对重要程度。第三步,将收集的调查问卷数据进行量化,建立两两判断矩阵,比较绩效评价体系各层次中指标两两之间的重要性,根据其相对重要程度进行赋值。判断矩阵和具体结果如表2至表7所示。

表2 重要性程度打分标准

含义	重要性标识
两个指标相比,两个指标同等重要	1
两个指标相比,前者比后者略重要	3
两个指标相比,前者比后者较重要	5
两个指标相比,前者比后者非常重要	7
两个指标相比,前者比后者绝对重要	9
两相邻指标判断的折中	2、4、6、8
两个指标相比,后者比前者重要	倒数

表3 准则层判断矩阵

	*B*1	*B*2	*B*3	*B*4	权重
*B*1	1	5	3	7	0.5568
*B*2	1/5	1	1/3	2	0.1059
*B*3	1/3	3	1	6	0.2780
*B*4	1/7	1/2	1/6	1	0.0593

表4 教学绩效判断矩阵

	*C*1	*C*2	*C*3	*C*4	权重
*C*1	1	3	1/8	1/6	0.0844
*C*2	1/3	1	1/9	1/7	0.0447

续表

	C1	C2	C3	C4	权重
C3	8	9	1	2	0.5380
C4	6	7	1/2	1	0.3329

表 5　科研绩效判断矩阵

	C5	C6	C7	C8	C9	权重
C5	1	4	2	3	4	0.4140
C6	1/4	1	1/2	2	3	0.1662
C7	1/2	2	1	2	2	0.2188
C8	1/3	1/2	1/2	1	2	0.1204
C9	1/4	1/3	1/2	1/2	1	0.0806

表 6　资金支出绩效判断矩阵

	C10	C11	C12	权重
C10	1	3	1/3	0.2431
C11	1/3	1	1/7	0.0882
C12	3	7	1	0.6687

表 7　发展潜力绩效判断矩阵

	C13	C14	C15	C16	权重
C13	1	4	2	1	0.3500
C14	1/4	1	1/3	1/4	0.0809
C15	1/2	3	1	1/3	0.1797
C16	1	4	3	1	0.3894

第四步，判断矩阵的构建是专家通过主观判断得出的结果，具有一定的主观性，可能存在逻辑不一致性，因此要对判断矩阵进行一致性检验。

经检验，上述判断矩阵中准则层一致性比率为 0.0325，指标层的一致性比率分别为 0.0546、0.0429、0.0068、0.0234，均小于 0.1。这说明上述判断矩阵通过一致性检验,是可以接受的。具体情况如表 8 所示。

表 8　高职院校财务各层次绩效评价指标权重

<table>
<tr><th rowspan="2">目标层</th><th colspan="2">准则层</th><th colspan="2">指标层</th><th rowspan="2">权重</th></tr>
<tr><th>指标</th><th>权重 B</th><th>指标</th><th>权重 C</th></tr>
<tr><td rowspan="16">高职院校财务绩效评价体系 A</td><td rowspan="4">教学绩效 B1</td><td rowspan="4">0.5568</td><td>师生比 C1</td><td>0.0844</td><td>0.2995</td></tr>
<tr><td>专职教师与全体教职工比 C2</td><td>0.0447</td><td>0.1859</td></tr>
<tr><td>教学支出与总支出之比 C3</td><td>0.5380</td><td>0.1853</td></tr>
<tr><td>教学经费与学生总人数之比 C4</td><td>0.3329</td><td>0.0676</td></tr>
<tr><td rowspan="5">科研绩效 B2</td><td rowspan="5">0.1059</td><td>教师人均科研经费 C5</td><td>0.4140</td><td>0.0470</td></tr>
<tr><td>科研经费预算执行率 C6</td><td>0.1662</td><td>0.0438</td></tr>
<tr><td>科研经费支出与总支出之比 C7</td><td>0.2188</td><td>0.0249</td></tr>
<tr><td>科研成果奖励 C8</td><td>0.1204</td><td>0.0245</td></tr>
<tr><td>专利获得率 C9</td><td>0.0806</td><td>0.0232</td></tr>
<tr><td rowspan="3">资金支出绩效 B3</td><td rowspan="3">0.2780</td><td>高职院校自筹资金经费占比 C10</td><td>0.2431</td><td>0.0231</td></tr>
<tr><td>高职院校项目资金预算执行率 C11</td><td>0.0882</td><td>0.0208</td></tr>
<tr><td>预算支出完成率 C12</td><td>0.6687</td><td>0.0176</td></tr>
<tr><td rowspan="4">发展潜力绩效 B4</td><td rowspan="4">0.0593</td><td>高职院校收入增长率 C13</td><td>0.3500</td><td>0.0128</td></tr>
<tr><td>高职院校资产负债率 C14</td><td>0.0809</td><td>0.0107</td></tr>
<tr><td>高职院校固定资产年增长率 C15</td><td>0.1797</td><td>0.0085</td></tr>
<tr><td>高职院校拨款增长率 C16</td><td>0.3894</td><td>0.0048</td></tr>
</table>

(三)发放调查问卷

将设计的调查问卷分发给 15 位财务绩效管理专家,具体包括 S 高职院校的财务人员和校外专家。

四、成果分析

收集问卷,汇总问卷数据。各个指标加权得分见表 9 所示。

表 9 各指标评分

指标	权重	问卷平均分	加权后得分
师生比 $C1$	0.2995	4.20	1.2579
专职教师与全体教职工比 $C2$	0.1859	4.07	0.7560
教学支出与总支出之比 $C3$	0.1853	4.20	0.7783
教学经费与学生总人数之比 $C4$	0.0676	3.40	0.2298
教师人均科研经费 $C5$	0.0470	4.27	0.2005
科研经费预算执行率 $C6$	0.0438	4.33	0.1898
科研经费支出与总支出之比 $C7$	0.0249	4.40	0.1096
科研成果奖励 $C8$	0.0245	3.40	0.0833
专利获得率 $C9$	0.0232	3.60	0.0835
高职院校自筹资金经费占比 $C10$	0.0231	3.60	0.0832
高职院校项目资金预算执行率 $C11$	0.0208	3.80	0.0790
预算支出完成率 $C12$	0.0176	4.27	0.0751
高职院校收入增长率 $C13$	0.0128	4.13	0.0529
高职院校资产负债率 $C14$	0.0107	3.60	0.0385
高职院校固定资产年增长率 $C15$	0.0085	3.53	0.0300
高职院校拨款增长率 $C16$	0.0048	3.60	0.0173
总计			4.0647

S 高职院校财务绩效评价的最终综合得分为 4.0647，说明 S 高职院校财务管理绩效情况良好。其中，教学绩效中教学支出占总支出之比的分数较高，说明随着国家大力支持高职院校发展，S 高职院校不断扩大教学经费支出，高度重视教学工作。但教学经费与学生总人数之比略低，说明 S 高职院校学生扩招规模与教学经费投入不协调，资金运营效率有待提高。师生比、专职教师与全体教职工比分数也较高。近年来，随着学校规模扩大，S 高职院校重视解决师资短缺问题，人员经费支出也逐年增加，人力资源效益逐步实现最大化。

在科研绩效方面，教师人均科研经费和科研经费预算执行率指标分数良好。这得益于 S 高职院校领导层比较重视科研项目，逐年增加科研支出。但专利获得率和科研成果奖励分数较低，说明 S 高职院校的科研还处于较低水平，总体科研质量一般,应进一步加强科研项目管理,加大对高层次科研人才的引进力度。在资金支出绩效方面,预算支出完成率方面表现良好,反映了 S 高职院校领导层重视预算管理工作,对学校资金支出绩效有积极影响。项目资金预算执行率分数较低,因此 S 高职院校应进一步加强项目资金的预算管理,提高项目资金支出的科学性和合理性。

在发展潜力绩效方面,S 高职院校收入增长率方面表现良好,说明 S 高职院校注重学生发展前景,教学质量好,招生工作效率较高。固定资产增长率较低,主要原因是 S 高职院校基建项目建设周期长,存在很多尚未完工项目,因此固定资产的增长存在滞后性。同时拨款增长率也较低,反映了 S 高职院校引入专项资金渠道较少,需要挖掘更多资金引入渠道。

五、完善高校绩效评价体系的建议

(一)建立健全财务绩效评价制度,培养全员财务绩效评价意识

高职院校应该依据财务绩效评价体系,制定一套客观规范的财务绩效管理制度,财务管理要做到分工明确、职责分明,不断完善财务内部控制管理体系。针对高职院校资金,建立健全安全保障制度,对资金支出履行严格的授权审批程序,严格管理高职院校的资金流动。针对高职院校财务人员,应当加强相关理论制度培训,强化财务绩效评价意识,避免形式主义。同时,高职院校的领导层、管理层以及其他教职工,也要自上而下提高财务绩效评价意识,树立财务绩效管理的科学理念。高职院校全员都积极参与到财务绩效评价考核工作中,将绩效评价结果纳入部门年度绩效考核,促进高职院校财务绩效管理各项工作顺利开展。

(二)科学选取评级指标,创新财务评价体系

基于层次分析法,构建适用高职院校的财务绩效评价体系,能够为高职院校发展提供客观的数据分析、制定正确的决策。在设计评价体系时,指标的选取要做到与绩效评价总体目标紧密结合,依据科学、全面、客观的原则,真实有效地反映高职院校的财务绩效状况。这样构建的绩效评价体系,才能更好地优化高职院校内部的业务流程,实现资源的合理配置和高职院校教育工作决策的科学性。

(三)加大监管和奖惩力度,促进评价体系落到实处

高职院校应制定相应的考核制度,定期对相关部门的资金使用进行考核。高效利用财务绩效评价体系,有利于对高职院校财务工作各个环节实施进一步监督,同时有助于领导层、管理层从指标中获取客观准确的信息,进而追查问题根源,落实整改责任,后续跟进整改进度。同时高职院校也可以依据评价指标制定相应的问责和奖惩机制,可与部门年度考核挂钩,促进绩效总体目标的实现。

六、结论

高等教育作为我国教育体系的重要组成部分,对我国教育发展产生着深远

影响。本文以S高职院校的财务绩效评价为研究对象，利用层次分析法，选取与总体目标紧密结合的指标，通过建立判断矩阵和进行一致性检验，对指标进行量化分析，实现对高职院校财务绩效的全方位评价。高职院校在日后管理工作中，应该提高对评价指标体系的重视程度，完善财务管理制度，为财务绩效管理及学校可持续发展保驾护航。

主要参考文献

[1]汪晓梦."十二五"期间西南高校科技创新绩效评估与比较[J].科学管理研究，2018(5)：66-69.

[2]卢一墨.基于AHP-fuzzy法的高校绩效评价指标体系研究——以S学院为例[J].中国经贸导刊，2020 (10)：123.

[3]刘超，李晋，徐鹏飞.基于网络层次分析法的高校政府采购绩效评价研究[J].实验技术与管理，2020 (5)：248-252.

[4]吴君钧，倪玲霖.基于层次分析法的高校产学研合作绩效评价——以浙江财经大学东方学院物流管理专业为例[J].经营与管理，2016(11)：157-159.

[5]王桢鑫，姚利辉，曹立新.基于平衡计分卡的高校财务绩效评价体系研究[J].商业会计，2019(14)：109-112.

[6]李小梅，欧阳海霞，吕致丹.政府会计改革背景下完善高校预算绩效评价路径选择[J].商业经济，2021(2)：159-161.

[7]黄永林.高校财务治理结构的多重关系与现代化建构[J].会计之友，2021(5)：2-10.

（作者单位：山东药品食品职业学院）

新时期高校财务管理创新发展探索研究

郝菊玲　林超　张晓　单为　宫梦洁

【摘要】 财务管理工作是高校管理工作的核心部分。近年来，随着政府会计制度等一系列制度的出台，高校财务管理工作面临的挑战和压力日益加大。新时代背景下，高校财务部门要顺应国家形势要求，创新财务管理方法，完善财务管理体系，实行"预算＋绩效"的全面预算管理模式，推动高校财务管理的创新性发展，实现资源配置的最大效益，保障学校办学的社会影响力和综合实力快速提升，促进学校教育事业的健康发展。

【关键词】 高校　财务管理　创新发展研究

一、研究背景及意义

2017年，政府会计改革驶入了快车道，政府会计制度体系也初步搭建完成，财政部先后印发了《政府会计制度》及一系列的补充和衔接规定，要求高校自2019年起开始执行新的政府会计制度。2018年，中共中央、国务院印发《关于全面实施预算绩效管理的意见》，要求在预算编制执行和监督全过程中全面实施预算绩效管理，注重成本效益分析。2019年，山东省全面推进预算绩效管理，加快构建全覆盖的预算绩效管理体系。2022年6月，财政部修订印发了《高等学校财务制度》，明确提出了高校全面实施绩效管理、实行成本核算等规定，要求高校进一步提高财务管理水平。

新时代背景下，高校传统的财务管理模式带来的问题日益突出，严重阻碍了财务管理的创新发展。面对新的机遇和挑战，高校财务部门要顺应国家财政改革及加强预算绩效管理的形势要求，发挥"互联网＋"优势，创新财务管理方法，完善财务管理体系，以全面预算绩效管理为导向，走业财融合一体化发展的道路，以财务信息化建设为抓手，在多渠道聚财、合理化用财、全方位管财和科学化理财上多下功夫，提升财务服务质量，提高财务资金的使用效益，推动高校财务管理的创新性发展，实现资源配置的最大效益，保障学校办学的社会影响力和综合实力快速提升，促进高校教育事业健康发展。

二、高校财务管理创新发展现状及存在的问题

(一)财务管理人员综合素质欠佳,无法满足新需求

在大数据背景下,财务管理人员不仅要具备扎实的专业知识,更需具备整合数据、分析数据和信息技术应用能力。财务管理人员应能通过对比分析预算的实际执行、评估与控制教科研投入的成本等,作出准确的分析反馈,提高预判的科学性,推动学校的可持续发展。

从目前的情况来看,高校财务管理人员多以财经管理类专业为主,技能比较单一,平时侧重于会计的核算和监督,参与决策评价和财务管理等方面的机会较少,多数人员缺乏分析和处理数据的能力,创新意识不足,难以适应高校财务管理的需求。

(二)内控制度体系不健全,内控措施落后

新时代背景下,在高校财务管理内涵式发展的新需求下,高校以财政部统一的新财务会计制度为依据,结合自身实际情况制定了相应的内部控制制度,但是未随着时代的不断变化进行相应的调整修改。

对于内部各种业务节点的控制,许多高校仍然采用传统的人为控制方法,这就会导致财务管理的效率相对较低,较难发现存在的问题和隐患,无法及时地解决各种财务问题,在一定程度上影响了高校财务管理的整体质量。

(三)财务管理模式和方法落后,管理理念无创新

部分高校管理人员对财务管理不重视,观念陈旧,财务管理一直停留在较传统的模式之中,方法相对落后,理念没有创新,缺乏掌握财务管理创新知识和运用创新技能的能力,导致高校财务管理工作缺乏创新管理意识和相应的措施。

特别是随着高校招生数量的不断增多,高校管理者过分关注每年学生的增加和教科研情况,对学校内部的财务管理问题认识不足,没有对财务管理工作进行相应的调整,在收入与支出方面缺乏系统的研究分析,财务管理工作落后,导致高校资金、资源的浪费,不利于高校的发展。

(四)财务管理信息化意识薄弱,信息管理存在风险

目前,高校的财务管理信息化水平普遍偏低,多数仍停留在起步阶段,与学校的实际发展不协调。财务管理人员的安全意识较差,应对信息泄漏、病毒入侵或系统漏洞等问题时,缺乏敏锐性和抵抗力,不能有效地保护信息数据。

(五)财务信息缺乏统一管理平台,信息传递滞后

目前高校拥有财务、资产、科研等多个管理系统,但各个业务系统相互独立,业务流程也相对封闭,各个系统之间没有形成有效的接口,不能有效共享财务数据和业务数据。

由于系统不完善及系统之间不兼容,信息与数据的传递较慢,同时各部门在数据信息统计方面未形成统一的口径与标准,数据处理主观性较大,容易造成部

门间数据的不对等,使高校不能及时有效地传递业务信息和协同更正信息,导致决策信息不充分不准确,影响了工作效率。

(六)财务核算与资金管理压力较大,业务流程效率不高

在传统的纸质报销模式下,报销人员多次往返找负责人签字,无疑增加了报销人员的审批时间和等待时间,同时票据审核的工作量过于繁重,给财务人员带来了一定压力。

目前,部分高校虽然建立了网上报销系统,但由于系统还不太成熟,操作相对烦琐,年龄较大的教职工很容易有抵触情绪。财务核算系统与国库支付系统之间缺乏有效的衔接,相关数据需要重复录入。财政支付系统和银行之间的对账主要还是依靠人力,线上对账系统没有真正发挥作用。

(七)制度设计不足,缺少完善的财务管理体系

高校在开展财务管理时,虽制定了有关的管理规定和标准,但财务管理体系不够完善,无法有效反映高校的整体财务情况。

部分高校未加强财务管理制度的科学设计和改进财务管理方法,各部门之间存在权责不清等问题。在规范资金管理和使用时,缺乏相应的量化标准,针对性和可操作性都有待提高,也带来了程序复杂、效率低下等问题。

(八)对全面预算管理认识不足,预算管理薄弱

财务管理人员对于全面预算管理工作的认知不足,未按照工作流程制定各部门预算计划,导致资金配置与流转方面存在较大的随意性,最终出现资金配置与实际工作情况不相符的情况。

预算编制不科学,通常在上年末财务数据的基础上稍作调整来编制下年度的预算,缺乏合理性认证,预算编制不全面,预算管理监管不严格,预算调整和审核往往流于形式,预算的执行力不强,存在预算超支的问题,事后也不会对预算的执行情况予以预算绩效管理评价。

(九)高校过度投资,缺乏风险管控措施

传统的高校经费通常由国家财政部门直接拨付,财务风险较低。新时期,高校的办学规模不断扩大。为了满足扩建要求,高校过度依赖国家的政策与银行的贷款,在使用国家提供的资金时往往缺乏合理的规划设计,盲目地进行资金投放和使用,造成资金的浪费,加重了自身财务负担,导致资金运转越来越困难。

现行的财务管理制度无法有效应对财务资金管理的异常,财务管理人员的资金管理意识淡薄,缺乏风险管控意识和应对措施,极易给学校带来财务危机。

三、高校财务管理创新发展的对策建议

(一)创新财务管理的理念,探索市场机制的引入

理念创新是高校财务管理创新的先导。随着高校内涵式建设的发展,资金的供需矛盾进一步加大,需要转变传统的仅靠银行贷款的财务管理模式,拓宽资

金筹集渠道，采取多种形式理财，规避资金筹集风险，让高校平稳快速发展。

通过高校上层管理者的层级带动，真正使创新理念融入财务管理中。发挥财务部门对业务的指导宣传作用，帮助教职工及时了解相关财务政策，改变部分规章制度流于形式、师生不了解相关规定和业务流程的现象，可以通过手册、宣传海报、微信等形式，对创新理念进行广泛宣传。

（二）构建信息系统平台，实现财务信息共享

高校应构建和整合信息系统环境，建立起含资金管理、经费报销、税务管理等在内的一体化系统，通过影像的采集、传输、审核、管理与归档等功能，将分散的原始凭证汇总至财务共享中心集中处理，实现会计资料的电子化和资金的实时查询、监控与收付，提高财务单据流转的效率，保障整个共享系统平台的稳定运行。

应探索完善高校资源的共享机制，通过建立大型科学仪器设备协作共用网，促进设备资源的共享共用，解决科技资源布局不均衡的问题，提高资源的使用效率。这样能够优化各高校、各部门之间的资源配置，缓解资金的供求矛盾，真正提高设备的利用率。

（三）健全内控管理体系，保证持续有效运行

高校应依照财务管理内部控制的要求，结合本单位工作实际，通过建立健全内部控制制度、完善组织机构、优化业务流程和加强业务培训等手段，着力构建起管理科学、执行有力、运转顺畅、制衡有效的内部控制体系。

应制定预算、收支、资产和政府采购等多项管理制度，汇编形成高校内部控制规范工作手册，从而形成比较完善的内控管理制度体系；进一步完善内控的监督措施，强化事前、事中和事后监督，将内控的监督评价与内部审计相结合，确保内控的健全有效，保证高校内部控制活动的持续有效运行。

（四）建立智慧校园，实现银校互联整合

高校应建立统一的信息处理平台，统一规范信息收录标准，整合人事系统、资产系统、科研系统、学工系统、缴费系统、后勤系统等方面的信息，以实现信息的数字化管理和信息共享。同时应建设智慧校园，使学生缴费更加便利，实现职工财务报销无缝连接，提高财务管理工作效率。

应与银行进行对接，实现银校互联整合，这样师生员工可以第一时间获取资金到账和支付等方面的账户变动信息，真正实现无现金交易，极大地提升财务工作的时效性，简化业务流程，改进处理程序，使财务服务更加便捷和灵活。

（五）整合优化业务流程，提升管理服务质量

高校应积极推行网报系统，简化报销流程和签字程序。有条件的高校可以成立财务综合服务大厅，提供一站式服务，在政策许可的范围内简化报销流程，真正让师生少跑腿，调动教师科研积极性，确保教学工作的顺利进行。

学校应根据实际，优化各系统功能，真正实现财务模块间的互联以及与教

学、资产、科研等系统的互通。教职员工可以通过科研经费管理模块完成科研经费的认领工作,通过电子发票验证模块防止单据的重复报销。各系统可实时查询账目,及时掌握经费情况,便于经费全程动态监管,更利于合理安排各类支出。

(六)完善财务管理制度,实行全面预算的精细化管理

高校应完善预算管理、成本控制、财务管理等一系列财务管理制度,拓宽财务管理覆盖面,通过有效的引导和监督,切实发挥财务管理制度的有效作用,规范财务行为,促使财务管理工作日趋完善合理。

应进一步落实全面预算精细化管理,强化预算的管理与控制,将业务工作和财务管理工作相融合。成立专门的预算管理部门,强化预算执行的监督与管理,加强对预算绩效评价工作的重视。规范与细化绩效管理工作流程,建立起符合高校需求的预算绩效管理体系。

(七)完善信息化设施建设,提升财务信息技术水平

高校应转变传统的思想观念和工作方式,重视财务信息化建设,主动学习与应用新技术,全面提升自身的信息技术水平。注重资金投入,使信息化建设的软硬件设施能与高校的发展需求相匹配,提升信息的利用率。

高校应通过建立并完善财务管理相关制度,将先进的信息技术应用于财务管理工作中,及时发现并处理信息漏洞和潜在风险。根据网络的发展需求,适时更新信息技术安全保障机制,防范网络系统风险,保障数据信息的安全性。财务管理人员要从大数据思维出发,促进学校财务管理整体实力的提升。

(八)加强成本核算观念,实行财务支出精细化管理

财务管理要在支出精细化管理方面多下功夫、多动脑子,通过合理调整支出结构,针对日常性经费支出如差旅费、会议费、公车运行等,严把支出关口,把有限的资金切实用在刀刃上。

财务部门应建立健全成本核算工作机制,根据成本信息需求,按照成本的经济用途和成本要素等设置成本项目,选择完全成本法或者制造成本法对业务活动进行成本核算。建立绩效评价小组,充分发挥项目责任人的作用,进一步提升学校的核心竞争力、社会影响力及可持续发展力,推进学校特色建设。

(九)规划项目资金运转,增强资金效益观念和风险意识

高校应合理规划资金使用,优化资金预算工作流程,充分发挥预算资金的作用,合理地压缩教育成本,确保提升资金利用率,不断增加教育收益。

在实施相关资金活动前,高校应综合考评和预估项目的潜在风险,切实增强风险防控意识。以长远的眼光,合理地规划投资方向与投资项目,全方位调控项目的建设和发展,避免盲目投资和投资的短期行为,加强对项目资金的过程监管,实时监控资金的流向及动态,避免盲目的项目资金规划而出现的财务危机。

(十)注重复合型人才培养,打造高素质财务管理人员队伍

高校应加强对财务管理人员的专业化培训,增加各类培训机会,在创新培训

内容的同时丰富培训手段,每年组织选派相关财务管理人员外出进修学习。财务人员应重视互联网技术对财务的影响,快速学习和掌握互联网技术在财务工作中的应用,不断提升自己的数据处理能力。

高校应加大对复合型财务管理人才的引进力度,适当引进软件开发和系统维护方面的专业人才。重视培养和储备高端财务管理领军人才,组建复合型财务管理人员队伍,确保团队的管理能力、网络应用能力、数据分析能力跟上时代发展的要求。实行高校财务管理人员的岗位责任制和考核淘汰机制,以此促进财务管理人员业务能力的主动提升。

四、结语

大数据时代,高校财务管理的理念和方式等都发生了很大的变化,跟上时代发展是高校财务管理创新的前提,也是最终目的。高校要顺应互联网发展的新趋势,抓住发展机遇,创新财务管理理念,实现财务管理的目标,实现新形势下更加健康持续的发展。

主要参考文献

[1]谢岗.互联网背景下的高校财务管理创新研究[J].商业会计,2019(18):105-107,76.

[2]冯振权.新时期高校财务管理创新探索与发展研究[J].当代会计,2020(23):64-66.

[3]陈雪琴."互联网+"背景下企业财务管理创新发展路径[J].财会学习,2021(4):60-61.

(作者单位:山东中医药高等专科学校)

新时代高职院校内部审计问题及对策研究

——以D高职院校为例

尹宪国　孙红露

【摘要】 新百年、新征程，发展职业高等教育的重要性和紧迫性愈加凸显。新修订的《职业教育法》再次明确，职业高等教育是和普通高等教育同等重要的教育类型。2023年7月，中共中央办公厅、国务院办公厅印发《关于深化现代职业教育体系建设改革的意见》，这是党的二十大之后党中央、国务院部署教育改革工作的首个指导性文件，充分体现了要把推动现代职业教育高质量发展摆在更加突出位置的战略部署。但到目前为止，我国发展具有当代意义的职业教育才40多年，其类型特征等还没有被完全揭示到位，特别是在高职院校的财务治理层面，高职院校审计多依赖于外部审计，还普遍存在开展时间较短、内审制度缺失、人员配置不到位等诸多亟待解决的问题，因此通过内部审计发现问题，构建新型内审体制机制，坚持目标与问题导向，补足短板，成为新时代高职院校持续提升内审工作质效、深化内涵改革的必经之路。本文以新时代高职院校内部审计为切入点和研究对象，以D高职院校为例，在研判当前形势、分析D高职院校内部审计现状的基础上，剖析其存在的问题并进行成因分析，最后以问题为导向探讨D高职院校内部审计问题的优化对策。

【关键词】 新时代　高职院校　内部审计

一、研究背景和意义

新百年、新征程，发展职业高等教育的重要性和紧迫性愈加凸显。2022年4月新修订的《中华人民共和国职业教育法》以及习近平总书记对职业教育工作的重要指示，更是为职业教育创造了新的重大发展机遇。然而，机遇和挑战总是相伴相生，一方面，我国发展具有当代意义的职业教育才40多年，其类型特征等还没有被揭示到位；另一方面，《国家职业教育改革实施方案》等文件的出台，对职业高等教育的持续深化改革也提出了要求和挑战。而内部审计在高职院校的改革发展过程中扮演着“免疫系统”的角色，其作用是通过“问诊把脉”，完善管理、防范风险、创造效益，实现学校自身“免疫系统升级”，从而促进学校事业目标的实现。

目前高职院校审计多依赖于外部审计，由于外审信息不对称等因素影响，往往“把脉不准”，而内审工作还普遍存在开展时间较短、内审制度缺失、内控流于形式、人员配置不到位等诸多亟待解决的问题，因此通过内部审计发现问题、补足短板，成为新时代高职院校进一步提升内审工作质效、持续深化改革的必经之路。

真正发挥内审职能，推动实现治理目标，仍是当前高校内审工作研究的新课题。基于高职教育发展的迫切性以及内部审计在高职院校改革发展中的重要作用，本文在研判当前形势、分析新时代高职院校内审现状的基础上，剖析其改革进程中的问题和不足，并思考改进措施和建议，在丰富该课题实务研究的同时，以期对同类型院校内审建设能有一定的借鉴意义。

二、研究现状综述

总的来说，国外内部审计起步较早，已经形成了一些值得借鉴的经验。国际内部审计师协会(IIA)的成立和各种内部审计有关框架的出现更是为国外内部审计理论和实践的发展作出了重大贡献。IIA 首次提出了“增值型内部审计”的概念，在美国、英国等发达国家和地区，不仅有成熟、独立的内部审计机构，并且内部审计在以往建立的理论基础上不断拓宽。

不同于国外，国内内部审计起步较晚。2014 年 1 月 1 日，中国内部审计协会新修订的《内部审计基本准则》《内部审计具体准则》等正式实施，标志着我国内部审计准则体系进一步完善和成熟，并逐渐与国际惯例接轨。中国内部审计协会发布的《内部审计实务指南第 4 号——高校内部审计》对高校内部审计的内容、程序与方法进行了规范，高校内部审计制度日趋完善。

但相关研究表明，国内高校内部审计还存在许多缺陷。如刘玫指出，高校内部审计存在规章制度不够健全、内部审计缺乏独立性等诸多问题。李英杰、田雯婕研究发现，和本科院校相比，高职院校开展内部审计工作的时间相对更晚，问题更多。施静等调研发现，目前我国未设置独立内审机构的公办高职院校所占比例很高。这些都说明高职院校内审机制体制建设和审计署关于高校内部审计的要求还有很大差距。

三、D 高职院校内部审计现状分析

(一)基本情况介绍

D 高职院校现有全日制在校生 19000 余人，教职工逾 1000 人。学校近三年经费收入预算分别是 49863 万元、50866 万元、51912 万元，呈逐年递增态势。

学校实行校、院两级管理体制，具体体制机构如图 1 所示。

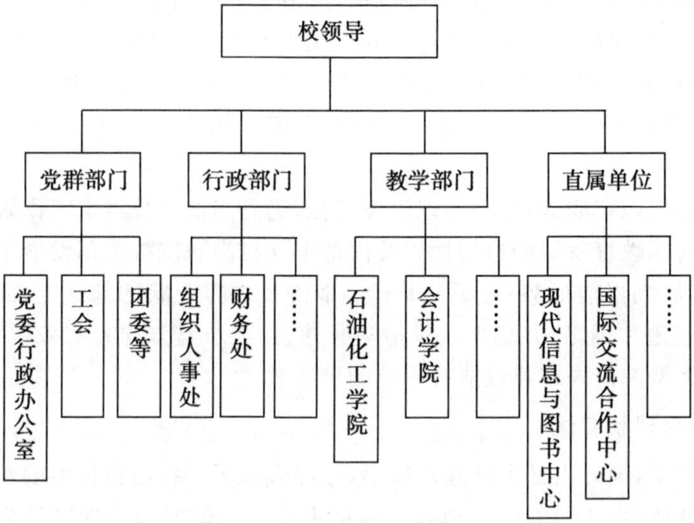

图1　D高职院校组织架构

(二)内部审计现状

截至目前,D高职院校尚未设立独立的内部审计机构,内部审计职能并不凸显。

从审计的管理体制机制来看,学校于2018年成立内部监督审计工作领导小组,由校党委领导,校长主管,领导小组下设办公室,办公室设在纪委。同时办公室下设三个工作小组:财务预算及重大事项审计组、领导干部经济责任审计组、财务监督与项目内审组,分别由纪委、组织人事处、总务处(财务)牵头。

从审计内容来看,学校内部审计的职能有:学校重大事项、财经政策贯彻落实情况的监督与内部审计;领导干部任中、离任的经济责任审计;校内财务预算执行的内部监督和项目审计。但按照高等院校内部审计工作指南,内部审计工作重点领域范围还应涵盖内部控制审计。

从审计组织形式来看,工程项目的审计以及专项资金绩效审计均采用委托外部第三方的方式;大额资金项目绩效评价及上级交办的审计事项由财务牵头施行,包括方案制定、通知下达、组织实施等。

从审计人员配置来看,目前学校开展的内部审计事项视情况主要由财务牵头组织协同,一般安排1名财务人员负责。而该内部审计人员同时还负责其他财务工作。

四、D高职院校内部审计存在的问题

(一)内部审计独立性不足

根据审计署发布的实务指南,高校应设置内审机构,规模较大的高校(年收入5亿元及以上或教职工人数在3000人以上)应设置独立的内审机构。截至目前,D高职院校年收入预算已超过5亿元,但尚未成立独立的内审机构,机构设置缺乏独立性。

正因为没有独立的内审机构,职责内容也缺乏独立性。如,学校预算执行的内部监督和审计由内部监督审计工作小组下设的财务部门牵头执行,但财务部门同时又是预算的具体执行部门,这样就会出现自己审自己的情况,和独立性要求背道而驰。

内审独立性不足还体现在人员设置上。学校当前负责内审的人员同时还负责其他财务工作。这和审计署《第1101号——内部审计基本准则》规定的"内部审计机构和内部审计人员……不得负责被审计单位的业务活动、内部控制和风险管理的决策与执行"的要求不相符。

(二)内部审计作用发挥不明显

学校目前内审项目以工程类项目审计和资金绩效审计为主,对内控审计及经责审计等鲜有涉及,内审范围有待拓展。

根据审计署《第2101号内部审计具体准则——审计计划》规定,内部审计机构应当在本年度编制下年度审计计划。但学校目前除了常规开展的工程类项目预算评审和竣工结算审计外,通常是根据上级通知要求或者临时工作安排进行,并未制定年度审计计划,内审计划性不足。

此外,内审结果转化也不理想。学校当前审计结果运用主要有两类:一类是工程结算审计,其审减额直接转化为工程结算金额的减少;另一类是专项资金绩效审计,其结果多为定性描述,整改需时相对较长,且整改效果难量化评估。根据规定,高校内部审计旨在促进完善管理控制、防范风险、创造效益。也就是说,更有价值和意义的审计结果在于非金额类审计结果的转化运用上,关键在后续整改,但整改如何来监督跟进,整改效果如何评价管理,这是目前的一个问题和困境。

(三)内部审计质效有待提高

一是内审执行力不足。目前学校开展更多的是工程项目预算评审和结算审计,跟踪审计几乎未开展。学校自行组织的大额资金绩效评价审计中,大多数参与人员缺乏审计经验,且同时承担其他职能,既不符合独立性,也很难保证审计质量。

二是内部审计技术手段不够先进。例如,学校近年开展的大额资金绩效审计,其审计准备阶段的大额资金项目梳理和审前调查,包括项目招标、实训室使用记录、精品课程点评情况等数据的收集和整理,均是以电子表格和纸质资料的形式完成的,数据汇总困难且错漏风险高。

三是过度依赖第三方审计结果。学校近几年的内审项目由学校自行组织开展的项目比例非常小,主要采取的还是委托第三方的形式,审计结果更是直接依赖于第三方出具的审计报告。但第三方审计报告的质量很大程度上取决于审计机构的选择、审计人员的安排及其对学校业务的熟悉程度,所以同等条件下,依赖于第三方的结果无疑会增加审计风险。

五、D 高职院校内部审计问题的成因分析

学校当前存在的问题,有国内高校内审普遍开展较晚、经验不足的原因,更多的则是学校自身从意识层面到制度建设再到队伍建设等诸多因素叠加的结果。

(一)内部审计意识薄弱,重视不够

学校 2018 年成立了内部监督审计工作领导小组,对于内部审计的角色定位主要就是监督。近几年学校开展的内审项目也是集中在事后监督和评价上。但根据审计署的要求,内部审计指的是一种独立、客观的确认和咨询活动。可见,监督只是内部审计的职能之一,内部审计的职能还包括控制、评价以及服务,最终的目标是通过关键风险点的识别分析发现内控盲点,服务学校治理。

再者,内审的职能定位不够清晰,这从学校内审监督领导小组的职责划分上可见一斑。当前内审职责分别由纪检监察、组织人事处、财务部门承担,并未设置专门的内审机构,也就是说,内审依附于其他职能处室,并不是因应发展内生需要而设置的独立机构。如果内审缺乏必要的独立性,其审计结果的可靠性就要大打折扣,内审的目标也就无法实现。

(二)内部审计制度缺失,体制不健全

《内部审计具体准则》规定,内部审计机构应当结合本组织的实际情况制定内部审计工作手册,指导内部审计人员的工作。但实际上,D 高职院校内部审计制度仅有和内审相关的内控手册以及合同审查备案办法,内审章程、内审工作指南、内审重点领域审计办法、内审工作流程等制度缺位现象明显。

这样导致的结果就是内审人员在执行内审规定动作时缺乏相对独立的规范操作保证,在实际操作执行时无章可循,极易导致工作推诿,并会加大审计风险,也会因此更加依赖于第三方机构审计结果,内部审计人员最终演变成了中间人的信息传递角色。虽然第三方也会遵循行业准则规定执行,但毕竟作为外部人员,难免存在信息不对称情况,学校也无法有效监督外包服务,从而导致审计质量下滑。

（三）内部审计队伍职业胜任能力不足

按照规定，高校内部审计机构应配备足够的内部审计人员，内部审计人员数量应不低于教职工总数的 2‰。内部审计队伍应由具备经济、管理、法律、建设工程、信息系统等方面专业素质的人员组成，并具备必要的职业资格。可见，审计对从业人员的专业素养要求极高。D 高职院校现有教职工逾 1000 人，但专职从事审计人员仅一人，为管理学专业。也就是说，D 高职院校不仅人员设置独立性缺失，而且存在内审人员数量不足、专业架构单一的情况。这不仅直接影响内审的质量和效率，而且也会导致对外部审计机构的依赖。

六、D 高职院校内部审计问题的优化对策

（一）加强内部审计文化建设，促进内部审计意识扎根校园

思想决定态度，态度决定行动。内部审计亦然，内审意识直接决定内审机制、制度、队伍等的建设，并最终影响内审作用的发挥和质效。所以加强文化建设是第一步。

1.推进新时代审计精神进校园、进教职工头脑

《“十四五”国家审计工作发展规划》指出：“要深刻认识和准确把握新时代的新特点、新使命、新部署、新要求，自觉在思想上政治上行动上同以习近平同志为核心的党中央保持高度一致，认真落实党中央对审计工作的部署要求。”所以，若要审计文化真正在校园落地生根，必须推进新时代审计精神从校外进校内，再逐步深入教职工头脑，毕竟，只有先认识、认知，才能重视部署落实。

2.提升管理层对内部审计的认知和重视程度

当前学校内审意识的薄弱主要体现在重视程度不足和认知偏差两方面。因此，提升管理层对于内审的重视程度和纠正认知偏差是关键。建议有针对性地开展以管理层内审意识培养为主题的培训，让管理者认识到内审不仅仅是监督，而是通过识别风险和漏洞并整改，以实现“防未病”、促发展。

3.畅通纵向沟通渠道，整合横向协同发力

审计计划的制定必须要和学校发展规划、管理层意志相结合，是一个自上而下的过程，而审计结果的反馈又是一个自下而上的过程，所以内审的效率效果和纵向沟通渠道是否畅通密切相关。再者，内审的对象就是学校各个部门单位，只有部门横向协同发力，才能得到更好的支持和配合，获得更高质量的审计结果。推进建议有：一是加强审计结果转化运用对学校利好的宣传；二是充分发挥内审咨询职能，帮助部门做好整改分析。

（二）健全内部审计制度体系，确保把风险关进制度的“笼子”

有了思想意识的指引，还需有制度建设作保障，毕竟“无规矩不成方圆”。失

去了制度的约束,就无法把风险关进制度的"笼子"。

1.精准解码学校战略规划,明确内审工作目标,实现靶向发力

目标就是制度制定的指明灯。没有目标,就如同帆船没有了航向,只有目标清晰,制度框架才能准确"靠岸"。明确内审工作目标,最重要的是精准解读学校战略发展规划,并逐层解码为具体的审计工作目标,然后对照目标制定不同领域(内部控制、教学科研、基建工程等)的项目审计操作手册,丰富制度体系。

2.完善内部审计制度框架,规范内部审计流程

《"十四五"国家审计工作发展规划》要求着力构建相互分离又相互制约的审计工作机制,不断提升审计管理的制度化、规范化、信息化水平。D高职院校开展内审的时间较短,下一步亟须完善整体制度框架,并从流程和项目类型两个层面明确从审计准备到实施再到终结阶段的关键流程节点,制定相关的操作规定,确保有章可循、有规可依。

3.建立内部审计质量评价机制,提升内部审计质量

制度的落地离不开有效的执行。要想发挥内审的真正作用,提高制度执行效果,建议构建内审质量评价机制,约束内审人员(包括第三方审计机构)的行为,通过对关键流程的执行情况赋分,进行审计质量评估,督促降低审计操作风险。D高职院校内部审计关键流程实施质量评价单见表1。

表1　D高职院校××项目内部审计关键流程实施质量评价单

关键流程内部审计项目		分值权重(%)	实施情况打分	加权得分
准备阶段	依据审计年度计划进行			
	成立审计组			
	审前调查			
	制定审计实施方案			
	传达通知书			
实施阶段	召开进场会			
	签订承诺书资料交接			
	编制审计底稿			
	复核审计底稿			

续表

关键流程内部审计项目		分值权重（%）	实施情况打分	加权得分
终结阶段	审计初稿征求被审计单位意见			
	内部审计机构负责人复核			
	校长审定并报送相关单位和被审计单位			
	审计整改			
	审计结果公告			
	审计档案归档			
综合得分				

（三）明确内部审计职能定位，全方位保障内部审计独立性

1.成立内审委员会，确保审计独立性

2020年发布的中华人民共和国教育部第47号令《教育系统内部审计工作规定》明确，单位可以根据工作需要成立审计委员会。建议D高职院校成立独立的内审委员会，一方面督促内审机构定期不定期向学校党委汇报工作开展情况，另一方面畅通和被审计单位的沟通与联系，争取被审计对象的理解和支持，更好地发挥内审作用，推动改革转型。

2.筑牢内控三道防线，明晰内部审计职能定位

COSO与IIA的内控"三道防线"模型明确了内控相关职责定位，其中，第一道防线在运营部门，第二道防线在监督管理或风险管埋部门，第三道防线在内审部门。因此建议在成立独立内审机构的同时设立风控部门，筑牢三道防线，并明晰部门职责。比如，由内控合规部会同有关职能处室负责合同审查等。同时明确内审机构和人员不得负责被审计单位的业务活动、内部控制和风险管理的决策与执行，确保其独立性和客观性。

3.强化内审结果转化运用，发挥内部审计作用

出具审计报告并不是审计工作的结束，只有将审计结果转化运用，内审工作才能画上圆满的句号，内审工作的开展才具有实质的意义。一是要抓好督促整改，建立长效整改机制；二是建立考核奖惩机制，比如可尝试将预算绩效专项审计结果与以后年度项目预算资金增减相挂钩。

（四）推进内审队伍建设，着力提升内审工作质效

内审工作的有效执行同样离不开人的因素，即使有再好的文化、制度保障，

但若队伍建设跟不上,那么再完美的计划也无法执行落地,更谈不上结果的转化运用。

1.合理配备审计人员,打造复合型内审队伍

D高职院校目前处于"双高"建设、职教改革的重要转型期,要想发挥内审"免疫"角色,需要一支专业抗打的审计队伍作为保障。结合新时代内审工作要求,内审人才队伍必须配备到位,同时充实丰富人员专业知识架构,促进内审队伍从单一型向复合型人才队伍转型。

2.多渠道全方位地提升内审团队的专业度

2018年,习近平总书记在中央审计委员会第一次会议上强调了新时代审计"三立"总要求。内审人员应努力践行"三立"总要求,做"三有"审计人。一是要主动研习政策法规,以《审计法》为武装,不断提高政治站位;二是在日常审计工作中时刻保持业务精、工作细这一基本要求;三是坚持"打铁还需自身硬"原则,不断提升审计素养,坚持勤思考、擅调研,以更专业的审计业务能力提升审计结果的可靠性、可信性。

3.重视数字技术赋能,提升团队工作效率

近几年学校经费预算呈逐年递增态势,这对学校数智化建设及审计信息技术提出了挑战和要求。通过搭建数智一体化平台,采集被审计单位的业务及财务数据,并充分利用现代化信息手段建立审计模型和进行疑点分析,一定能够实现数字技术赋能,大大提高内审的工作质效。

主要参考文献

[1]刘玫.新时期高校财务管理创新探索与发展研究[J].审计与理财,2020(6):52-53.

[2]李英杰,田雯婕.新形势下高职院校内部审计工作研究[J].经济师,2021(12):134-135.

[3]施静,张明凤.高校内部审计提质增效的有效路径[J].经济研究导刊,2021(6):68-70.

[4]唐一鑫.新时代高职院校内部审计机制建设研究[J].扬州教育学院学报,2022(2):60-63.

[5]欧又铭.高职院校纪检监察与内部审计的有机结合[J].会计师,2022(11):93-95.

(作者单位:东营职业学院)

“双高”建设背景下高职院校国有资产管理存在的问题与策略

孙延寿　高大伟

【摘要】 随着教育部“双高计划”的启动，高等职业院校发展进入快车道，同时也给其国有资产管理工作带来一些新的问题和挑战。本文分析了目前高等职业院校在国有资产管理工作中所遇到的问题和困难，并有针对性地提出了解决方法和策略，有助于为高职类院校国有资产管理研究指明方向。

【关键词】 “双高”建设　职业院校　国有资产管理　问题与策略

一、引言

2018 年，教育部职业教育与成人教育司在年度工作要点中指出，启动中国特色高水平高职学校和专业建设计划，也就是我们所说的“双高计划”，同本科院校“双一流建设”工程相呼应。“双高计划”旨在建设一批达到国际先进水平、引领职业教育实现现代化的高职院校和专业群，这也标志着高等职业教育发展进入快车道。

被列入“双高计划”的高职院校，在计划周期内每年都有数千万元的政府债用于学院“双高”建设，因此也注定了学校每年会有大量国有资产增加，同时也使国有资产管理产生新的变化、面临新的问题。在国有资产管理日趋严格、规范的大背景下，高职院校国有资产管理工作中存在的问题也愈加突出，因此，高职院校应加强国有资产管理，促进国有资产管理规范化、制度化，使国有资产更好地服务于高校建设。

二、政策背景及现状

近些年来，国家和各省市相继出台了国有资产管理相关的文件、规定、制度等，为高校国有资产管理提供了理论和制度支持。2017 年 3 月，教育部联合五部门印发《关于深化高等教育领域简政放权放管结合优化服务改革的若干意见》（教政法〔2017〕7 号），旨在推动高等教育深化改革，进一步扩大高校自主办学权。2017年年底，教育部出台《关于规范和加强直属高校国有资产管理的若干意见》(教财法〔2017〕9号)，意在进一步明确高校国有资产管理责任，扩大高校资产处置权限，规范资产配置管理，提高国有资产使用效益。

2021年，国务院出台了《行政事业性国有资产管理条例》(国令第738号)，要求健全国有资产管理体制，推进国家治理体系和治理能力现代化，加强国有资产管理与监督。在“放管服”的大背景下，国家不断赋予高校更大的国有资产管理权限，同时各高校也充分认识到，更大的权限意味着更多的责任，各高校对国有资产管理工作也愈发重视。

高职院校作为国家高等教育的一部分，肩负着为社会主义现代化建设培养新型技术人才的神圣使命，与本科教育有本质区别。在国家大力推动“大国工匠”精神的政策指引下，高职院校发展得到广泛关注和支持。高职院校同本科院校在办学特点、办学要求、办学条件等方面有较大区别，因此高职院校国有资产管理工作的管理内容、管理特点、管理对象与本科院校也存在明显差异，需要我们因地制宜地去开展相关工作，不可一概而论。尤其是对于首批进入“双高”计划建设名单的高职院校来说，更应切实加强国有资产管理工作，提高国有资产管理的质量和效率，让国有资产更好地为学校“双高”建设服务，更好地为学校师生服务，更好地为提升教育教学质量服务。

三、高职院校国有资产管理存在的主要问题

(一)制度体系不健全

高职院校有自身的办学特点，与一般本科院校在资产类别组成、资产配置形式、资产配置标准、资产管理队伍等方面都存在明显差异。而很多高职类院校无视这些差异的存在，照搬、照抄其他本科类院校成熟的管理制度或办法，或者根本没有根据本身实际情况设计制度或办法，而是直接执行其上级主管部门的管理制度或者办法。这就造成这些院校在国有资产管理过程中，不能因地制宜、因势利导，更甚至因此产生“不良反应”。

比如本科类院校中存有大量的实验、科研设备，而高职院校中此类设备较少，更多的是实习、实训类设备，这两类资产在日常管理、管理部门、责任人等方面都有不同，不可等同而论。再如一些高职院校始终没有设立符合自身实际情况的资产管理评价体系，没有对资产使用、资产配置、制度建设等开展定量和定性分析，不能客观反映本部门资产管理工作的现实情况，不利于促进资产的有效使用和合理配置，更不利于资产的日常管理。

(二)资产配置管理不规范

各高职院校在通用办公设备、办公家具类资产配置管理中往往遵循属地《行政事业单位资产配置标准》，而此标准虽往往根据服务保障要求、财力状况、政府

采购价格变化等因素有所调整，但毕竟该标准更多的是针对地方政府部门及事业单位，各项配置标准有其局限性，部分内容不具普适性。高职院校因教育教学需要，往往需采购较多的通用办公设备、办公家具类资产，而此类资产在用于教育教学时，不能简单地卡标准，有时需突破限定价格、限定数量。高校的这种特殊性也给资产配置管理带来了政策漏洞，许多高校在填报资产配置预算时都假借教育教学需要的名义超规格、超标准配置，使得高校资产配置管理工作不够规范。

（三）国有资产使用效率有待提升

目前高职类院校中普遍存在国有资产闲置浪费、使用不当、使用效率低下等问题。其表现形式具体如下：①国有资产配置前期调研不足，导致国有资产重复购置，比如对于某一类资产，学校内各部门相互调剂使用即可满足需求，但由于各部门间缺乏沟通，资产管理部门统筹协调工作不到位，致使在资产配置时出现资产重复配置情况。②部分设备未达报废年限便已破损而不能继续使用，造成国有资产浪费。根据政府会计制度，国有资产使用不得低于其最低使用年限，但个别部门在资产采购时未能把好质量关，或单纯追求廉价而忽略产品质量，抑或是在使用时未能严格遵循相关操作流程，造成部分国有资产未达报废年限便已破损而不能继续使用，造成浪费。③部分高校在资产配置后没有做好资产全寿命周期内的追踪服务工作，部分资产因特殊原因损坏后没能得到及时维修维护，不能继续投入使用，造成浪费。

（四）国有资产管理信息化建设水平不足

山东省教育厅、财政厅印发的《山东省省属高等学校国有资产管理办法》（鲁教财字〔2021〕16 号）明确指出，高等学校应加强资产管理信息化建设，建立“全面、准确、细化、动态”的资产基础数据库，强化大数据分析利用。国有资产信息化建设已不止一次以制度的形式提出来，提高高校国有资产管理信息化水平是加强高校国有资产管理、提升国有资产管理效能最行之有效的手段。目前高校国有资产管理信息化建设水平普遍偏低，从资产预算编制到资产建账、资产变动、资产处置等各个环节，均需要工作人员线下操作，包括填表、审批、领导签字、入库单打印等多种手续，牵涉人员广泛，不仅工作效率低下，而且消耗大量纸张，造成资源浪费，不利于环保。高校国有资产信息化建设已迫在眉睫，各高校应给予充分的认识。高职院校办学规模相较本科类院校较小，但各职能部门一应俱全，国有资产信息化管理建设也应与本科类院校放在同一认识高度，不可懈怠。

（五）低值易耗品管理不规范

所谓低值易耗品，一般是指高校教学、科研、实训等使用的不属于固定资产的物资，包括各种原材料、试剂、低值仪器仪表、工具量具等。高职院校在日常教育教学中更重视学生的动手实践能力的训练,在实践过程中往往需要消耗大量的耗材,且这些耗材多为一次性用品,不可重复利用,这就给高职院校低值易耗品管理带来诸多问题。一般来说,各二级学院都有其专用的低值易耗品,且其专业性很强,学校层面很难进行统筹管理。同时,低值易耗品回收及其处理又比较困难,对部分低值易耗品如处理不当,可能会造成较为严重的环境问题。因此,对这一问题高校应给予足够的重视。

四、创新国有资产管理策略

(一)建立健全国有资产管理制度体系

制度是各方必须共同遵守的行动准则或者办事规程,它不仅直接指导现实工作,同时也是对各方的直接约束。健全的国有资产管理制度不仅是确保国有资产安全、杜绝国有资产流失的重要保障,而且还是提高国有资产使用效率的重要手段。

健全的国有资产管理制度首先要全面覆盖管理的各个环节,从资产预算开始到资产购置、使用、变动、处置等,都应设定对应的管理制度和方法,使管理有法可依、有据可查,降低风险、提高效益。其次,国有资产管理全过程中的各个环节都应受到监督和监管,杜绝资产闲置、浪费、流失等问题的发生。最后,建立健全国有资产管理制度只是第一步,更重要的是要让制度落到实处,让制度充分发挥作用,真正让制度服务于管理、服务于管理人员、服务于国有资产,真正靠制度保障资产安全,靠制度促进资产的有效使用和合理配置。

制度建设永远在路上。随着国内外形势的变化,政府财政等相关制度有所调整,国有资产管理制度也应顺应最新政策要求,不断更新,不断优化,使其更好地为国有资产管理工作保驾护航。

(二)加强资产预算一体化管理,促进国有资产合理配置

2020年9月,财政部发文要求加快推进预算管理一体化建设,目前各省均在着力推动资产管理业务融入预算管理一体化,实现资产的日常管理同预算管理、政府采购等业务有效贯通。贯通后资产管理同预算管理实现闭环,不仅可以准确核算高校内部资产情况,更能盘活资产存量,提高资产使用效率,实现从资产配置、资产日常管理到资产处置等资产全寿命周期的合理规划和有效监督。

在预算管理一体化系统中,各部门提交的资产采购预算应由资产管理部门审核,包括资产金额是否超标、资产质量是否满足要求等等。对于重复购置的资产,应加大审核力度,先从学校闲置资产中调剂,闲置资产确实不能满足需求的才可申请购置新资产。

(三)多措并举,提升资产使用效率

提升资产使用效率首先要摸清"家底",定期对高校资产进行全面清查盘点,

掌握最真实的资产数据，保证资产账账相符、账实相符。要对每一项资产建档立卡，尤其是资产标签要张贴到位。资产标签就是每一项资产的“身份证”，每一条资产编号都具有唯一性，要伴随资产全寿命周期。要搞清楚哪些是闲置资产、哪些是应处置资产，分门别类进行管理，做到物尽其用，不随意处置资产。其次，要避免资产重复购置，各部门在购置资产前应做好充分调研工作，把握好节约办学尺度，做到合理配置，应采尽采，对于价值较高但使用频率不高、能通过租赁等形式满足需求的资产，应先考虑租赁。同时，资产管理部门应切实做好统筹协调工作，校内调剂可解决的一律不许另行采购，要做好学校资产的“大管家”，充分利用资产共享平台及资产管理系统盘活校内资产。再次，应严格执行资产处置相关制度要求，未达报废年限的一律不予处置；已达报废年限但尚可继续使用的资产，应当继续使用。严把资产质量关，避免出现未达使用年限便已损坏而不能继续使用的现象。如办公家具类资产使用年限一般为 15 年，如质量不达标，极易出现在使用年限内已损坏而不能继续使用的现象。在采购此类资产时，不能只看价格、唯价格论，还要着重考虑资产质量是否满足需求，资产本身结构、材质是否耐用等问题。最后，建立资产维修维护机制，及时发现及时修复，保证资产能持续使用，提高资产使用效率。

（四）推动高校国有资产管理信息化建设

在“双高”建设背景下，高校国有资产规模和数量进入快速增长阶段，仅依靠传统的管理方式和方法，不仅需要消耗大量的人力物力，其管理效果也不尽如人意。只有通过实施国有资产管理信息化建设，解决管理工作中存在的障碍和困难，提升资产管理信息化水平，才能充分发挥国有资产效能，使国有资产更好地为学校高质量发展保驾护航。第一，要贯通预算管理系统、资产管理系统、报销系统和考核系统，实现数据信息的共享共用，打通数据壁垒，充分利用大数据对学校资产进行统筹分析，实现精准把控。要确保资产预算、日常管理、处置、监督监管等事项可在系统中相继完成，实现无纸化办公，在节省人力物力的同时提高工作效率和工作准确性。第二，进一步升级资产管理系统，并充分利用其中的各个模块，做好资产统计分析工作，建立资产共享平台，及时将闲置资产信息向各部门公布，减少资产闲置，避免资产浪费，提高资产使用效率。

（五）强化低值易耗品管理，实现低值不低效

高职院校二级院部所用低值易耗品因数量较大、实时性和专业性强，很难进行统一管理。部分低值易耗品往往还因其价值较低不被管理者重视。实际上，每一项资产，包括低值易耗品都是国有资产，都不应该被忽视，管理者当谨记“勿以物小而不管”。

面对低值易耗品难以进行统一管理的问题，资产管理部门要充分授权各二

级学院自行管理,同时要写进制度,制定章程,赋予其权力的同时更要明确其责任,充分调动各二级院部的管理积极性和责任心。资产管理部门更要肩负起监督、监管的重任,制定奖惩制度,避免出现低值易耗品管理混乱问题。特别是对于存在危险或可能破坏环境的低值易耗品,更要出台相应的管理制度,规范操作行为和处置流程,避免出现责任事故或污染校园环境的现象。

五、结语

在当前大环境下,国民经济发展增速趋缓,各级政府也都在落实"过紧日子"要求,如何合理、高效地利用国有资产变得更加重要,尤其各高等院校,要在国有资产管理方面加大研究力度,顺应时代发展及时调整管理方式、方法,抓重点、强弱项、补短板,全面提高国有资产管理的效率和质量,为学校实现高质量发展注入新的活力。

主要参考文献

[1]杨艳琦,曹佩."放管服"改革背景下高校经营性国有资产管理模式研究[J].中国管理信息化,2021(22):38-39.

[2]葛斌.高校国有资产管理存在的问题及其措施实践[J].大众标准化,2021(23):200-202.

[3]张俐俐.高校国有资产管理融入预算和绩效管理一体化建设的思考[J].会计师,2021(21):82-83.

[4]姚慧君.高职院校国有资产管理优化策略探析[J].投资与创业,2021(23):93-95.

[5]张兰.关于如何提升资产使用效率的问题及对策[J].财经界,2021(29):72-73.

[6]姜颖.行政事业单位国有资产管理优化研究[J].行政事业资产与财务,2021(22):6-7.

(作者单位:青岛酒店管理职业技术学院)

高校政府采购内部控制实务研究

丁 心

【摘要】 高校政府采购内部控制是政府采购工作合法、合规、高效完成的制度保证，也是各单位在财务管理和政府采购管理方面的重点难点。本文通过深入剖析，针对高校政府采购内部控制中存在的薄弱环节提出具体改进措施，以期完善高校政府采购内控建设，有效提高采购质量和效率。

【关键词】 高校　政府采购　内部管理

一、国内外研究现状

内部控制是国内外学者、特别是管理学流派广泛研究的课题。内部控制涉及政府、企业、学校、养老院等各行各业多种形态，形式多样，各有特色。国外特别是国外的跨国企业对内部控制研究较早，已经形成了较为完善的体系、架构、制度等。国内的研究相对滞后，但是随着国家、企事业单位对内部控制重视程度的不断提高，近几年已经取得卓有成效的成绩。

国外高校的资金和教学设备大都来源于社会团体的捐赠，政府资金采购较少，因此国外高校涉及政府采购内部控制的研究相对较少。

国内方面，企业特别是大型国有企业、跨国企业对内部控制有较为科学和严密的制度，设计了不同行业领域的内部控制体系标准，为企业管理提供了有力支撑。国内高校近些年也越来越重视内部控制管理，开始转向精细化管理。但总体而言，高校对政府采购内部控制的实质性研究还处在初级阶段，需要更多的高校投入此项研究中。本文梳理了高校政府采购内部控制实践，以期为更多的高校提供政府采购方面的经验。

二、研究内容

（一）坚持底线思维和问题导向

高校要始终坚持底线思维和问题导向，通过深层次挖掘和梳理，进一步创新政府采购管理手段，切实加强政府采购活动中的权力运行监督。加强政府采购内部控制,最主要的就是要加强内部岗位的互相监督和制衡。

在采购需求方面,采购部门要对采购事项进行充分、广泛的调研和论证。要成立项目采购工作小组,组织专门人员完成项目需求论证工作。要对项目采购的必要性、合理性进行集体研判。涉及货物类项目的,要在资产系统里查询目前资产库存情况,防止重复购买。应查看是否有同类产品,如果有同类产品,就可以予以替代,避免资金浪费。如果既没有所采购的产品,也没有同类产品,就要对产品参数进行论证,以满足要求为基准,同时也要考虑更新换代,适应行业新标准、新要求。涉及服务类的项目采购,要查询目前已经存在的服务范围是否包括了计划采购的事项,已经存在的服务合同中有没有可以延展的服务替代计划采购的事项,如果以上均没有,才可以考虑采购计划。在编制采购计划的时候,要对服务标准和服务事项的目标进行明确,能够量化的目标要进行量化。服务事项要明确细节和要求,如果与其他服务事项有交集,要统筹考虑采购计划,确保服务内容完整。对于工程类采购,特别是修缮类项目,要对以往相关项目进行查询,确认以往的修缮是不是与本次重复,如果之前有过修缮,要看当时的质保期,如果还在质保期内就不应该再次采购,确需采购的,要明确本次修缮的具体要求、施工流程以及质保期,还要对相关的工程项目进行统筹考虑。

在调研阶段,要到行业中有代表性的企业考察,一是要考察行业领域最先进的技术水平、要求,考察未来发展趋势;二要考察市场价格,要按照高端、中端和低端的产品分类进行询价,选取性价比高的产品作为重点参照对象;三是要看近几年同类院校采购的产品和价格,保证采购的产品既符合行业领域的最新标准,又符合学校的人才培养方案。调研阶段要由多人参与,防止舞弊,要留存调研资料,包括照片、调研记录,填写调研表。

在项目论证阶段,项目部门要召开集体会议。按照党建工作要求,具备条件的高校要召开党政联席会议开展项目论证,参会者均需要发表个人意见,按照少数服从多数的原则形成党政联席会议的决议,确定采购方案。在部门集体决议后,由学校负责采购的部门委托社会代理机构邀请政府采购专家对项目开展论证。要严格按照政府采购的要求对项目采购文件进行论证,对不合理、不符合政府采购政策要求的坚决予以否决,对有可能产生歧义或者对后续验收造成模棱两可结果的采购参数要予以修正,确保参数精准、合理,利于执行。论证过程要形成论证资料予以存档。论证结束形成最终采购文件后,参与论证的外聘专家和采购部门的代表签字确认,学校负责采购的部门要按照规定存档,以备后续查阅。

在开标阶段,要严格会场纪律。采购部门要委派专业技术水平高、了解项目情况的人员作为采购人代表参与评审,学校内部要对推荐为采购代表的人选进行审核,对评审人员的资格、条件、技术水平等进行严格把关。对不符合条件的人选予以否定,重新选配人员。采购代表是代表学校参与评审的全权代表,要对采购评审充分负责,确保学校利益不受损失。开标现场要确保音视频的清晰,要严格评审现场纪律。一是要查验评审专家的身份信息;二是确保会场纪律,严格执行政府采购规定,不允许人员交头接耳,随意走动,要特别加强对采购代理机构的要求;三是要把评审材料认真归档,妥善留存。

在合同签订阶段,采购部门要严格按照投标文件进行合同的起草。对产品的品牌、型号、参数、数量逐一进行核对,确保无遗漏、无偏差,保证合同签订的严谨。要对供货周期(服务周期、施工周期)、质保金、履约保证金、质保期、售后服务要求等进行明确,充分维护采购人合法权益。要在合同制定的文本中,明确双方责任和权利义务。要引入第三方律师审核机制,律师凭借其专业身份进行审核,可以很好地保障高校在发生诉讼时得到有效保护。合同签章要严格按照《民法典》和《政府采购法》的相关规定进行,要严格把关法定代表人或授权人员签字,按照实际签订日期签署合同。

在合同履约过程中,要加强事中监督。货物到达后,采购双方要共同进行开箱验收,根据合同对货物的多要素进行一一比对,逐项核查,及时进行拍照留存,填写开箱验收单,双方人员均需签字确认。着重检查产品合格证、质检报告、产品说明书是否齐备完整。对于不合格产品或者与合同不相符的产品,要当场拒收,并填写相关证明材料。货物类项目到达现场后,要及时进行安装调试。调试安装过程中,采购双方要协商好调试周期,明确调试标准,对于调试过程中出现的问题要及时进行记录并限期进行整改,整改后再次进行测试并做好测试记录。服务类项目要在服务周期内设立考核节点,要分部分项进行履约考核。重点核查工作人员出勤情况、工作节点完成情况、服务质量、用户满意程度等。工程类项目在合同履约过程中,必须加强对工程所用主材的审核,根据合同清单进行逐项核对,对主要材料的品牌、规格型号、参数等进行检查。主要材料是决定产品价格的核心要素,因此要高度重视主要材料的核对。在工程的施工过程中,还要特别注意对施工做法的监督。对于隐蔽工程,要着重加强内部控制监督,压实监理人员责任,做好旁站,对每道工序特别是重要工序进行重点关注,包括拍照留存和图纸存档。对于一些预埋件等工序,要审验一道工序后方可进行下一道工序。在工程施工过程中,还要做好成本控制,对于一些涉及原材料变更或者是施工方法变更的事项,要加强审批力度,进行集体决策,对于重大变更事项还要提交学校党委会或者校长办公会研究决定,切实维护学校利益。

在合同验收阶段,要成立专门的验收小组。根据采验分离制度,要成立不少于三人的验收小组。验收小组当中要有专门的技术人员。按照最新的政府采购相关规定,验收小组当中还应当有至少一名项目使用部门的人员。验收小组在项目验收时,要独立发表验收意见。学校负责采购的部门要在政府采购网站上公示结果。项目验收是政府采购工作闭环管理中的最后一环,这个环节决定了政府采购活动成功与否,各单位都应当高度重视验收环节。要聘请政府采购专家参与验收,发表权威中肯的验收意见。

合同付款方面,要认真审核项目验收资料是否已经齐全,是否出具最终的验收合格的意见,银行账号是否与合同相符,要严格审批流程,遵守财经纪律。

以上都是为了防范舞弊和预防腐败的改进措施,如果能够按照上述操作步骤认真执行,就能够有效提升政府采购活动的组织管理水平,发挥财政资金使用效能,实现高校最初的采购意愿。在高校具体操作时,要确保全面管控与重点突出并举,将政府采购内部控制管理始终贯穿于政府采购执行与监管的全流程、各环节。

(二)落实主体责任,明确内部工作机制

应进一步落实主体责任,明确内部工作机制,将廉洁作为从事政府采购工作的红线和生命线,按照上级部门要求,将廉政纪律和工作规矩放在前面。高校要在岗位设置、流程设计、主体责任等重点领域细化廉政规范、明确纪律规矩,严格控制法律风险。高校内部要发挥纪检监察部门的监督作用,加强日常监管,提高监管水平。

在岗位设置上,要注重分工合理化、职责明确化、权限责任主体化、流程规范化、环节精细化。提升风险意识,对不同岗位和职责要划分风险等级,通过岗位间的制衡机制降低风险发生概率。高校要结合各自实际情况,制定轮岗制度,依据岗位职能特点设定从业年限,特别是风险级别高的岗位要缩短轮岗年限。因人员编制受限,确实不具备轮岗条件的,要组织定期或不定期的内部审计。各单位要逐渐建立在岗事中监督、离岗事后审查,加强重点项目终身追责制度。

在实际执行过程中,要对权责一以贯之,因权定责、权责对应。将政府采购岗位与预算岗位、财务岗位、资产岗位等其他业务岗位进行充分沟通协调,共同做好政府采购预算编制和实施等一系列工作。应依据法律制度和上级有关政策要求,对内部审核的各项要素进行梳理和完善,将标准、权限和要求进行明确界定,层层把关,逐级办理、复核、审定。

三、研究思路

首先,按照问题导向,以课题负责人所在单位山东劳动职业技术学院为例,梳理近 8 年的政府采购项目,结合政府采购专项审计和日常工作中提出及发现的问题,总结提炼哪些问题是由政府采购内部控制缺位造成的,分析哪些是学校内部控制管理机制需要改进的,哪些是内部控制制度需要加强和修订的。

其次，向其他高校从事政府采购工作的同仁和部分长期从事政府采购的供应商发放问卷，调研其他高校存在的问题和可以借鉴的经验做法，力争做到调研面广、内部控制典型案例丰富、可借鉴性强。为了让本次研究更加具有权威性，课题组向主管政府采购工作的山东省教育厅、财政厅、审计厅等主管部门的领导咨询政策，请教典型案例分析，帮助课题组拓展研究的深度和广度。

最后，通过综合复盘分析，研究确立高校政府采购内部控制机制和制度，形成本次课题研究报告。具体研究思路如图 1 所示。

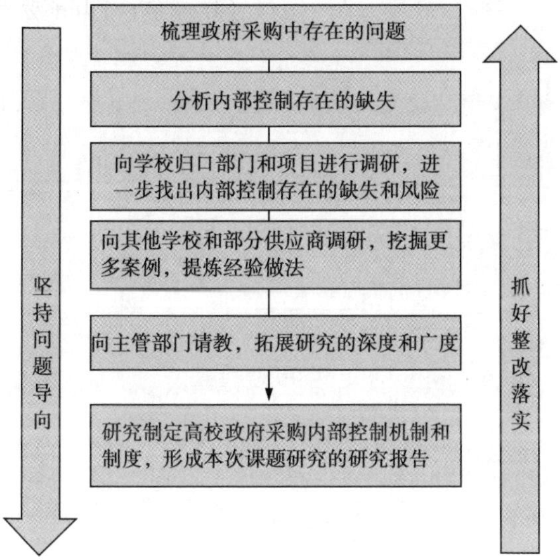

图 1　具体研究思路

四、研究创新之处

第一，以往研究比较单一，有的只针对政府采购政策研究，有的只针对内部控制研究等，均缺乏一定的系统性。本课题研究重点放在实务方面，聚焦性和可操作性强。利用本课题组的研究，其他高校能够直接借鉴或更方便地制定适合本校的政府采购内部控制制度。

第二，本课题组成员均是常年从事政府采购实务的工作人员，熟悉政府采购法律法规，理论扎实，对政府各类别采购均有涉猎，总结积累了较多实践经验。课题组最终提交的研究报告以“教科书”形式展现，以近些年发生的实际案例和特殊案例为研究对象，通过案例再现业务过程中存在的风险点并提出如何通过内部控制措施减少风险。

第三，课题组在整个研究过程中较以往更加重视实务性，通过研究制定的内部控制机制流程、内部控制制度流程更加易于执行和操作，并且能够在高校的财务管理和政府采购管理中切实起到监督和风险防范作用。

主要参考文献

[1]刘芳君.高校政府采购内部控制现状及改进建议[J].今日财富,2022(19):43-45.

[2]文理.高校政府采购业务内部控制评价研究——以A高校为例[D].重庆:重庆理工大学,2022.

(作者单位:山东劳动职业技术学院)

作业成本法在高等学校教育成本核算中的应用

——以省内某高校为例

蔡甘霖　蔡青　刘春仙

【摘要】 随着高校规模的不断扩大，经费紧张的问题越来越明显，高校面临的竞争也越来越激烈。教育成本核算问题已成为教育改革的主要内容之一。从核算范围、核算项目、核算对象等方面建立系统的作业成本核算方法，可助力高校优化教育成本管理，降低日常运行成本，实现成本核算动态化、全局化的管理目标。

【关键词】 作业成本法　高职院校　教育成本

一、引言

随着高等教育体制的不断完善和规模的不断扩大，我国对高等教育的财政资金投入也逐年增多。虽然财政资金有所增加，但仅依靠财政收入已经不能完全满足高校在激烈竞争环境下的发展需要。加强成本核算，对高校提高经费使用效益、优化教育资源配置进而提高办学层次都有益处。

二、高职高专费用核算概况

高职高专的教育成本是包括直接费用和间接费用(不包括机会费用)的高职高专学校在教育和培养学生的过程中所耗费的全部资源。直接费用是指在教育教学环节直接用于培养学生所消耗的资源，主要包括教师工资、实验材料、实训材料等费用；间接费用是指不直接用于培养学生，而涉及党政管理、学工管理、后勤管理等工作，以保证教育教学活动正常开展所消耗的费用。高职院校教育费用核算首先要分清哪些是“费用”，哪些是“花销”。从核算的角度分析，支出与费用是相通的，也是不同的。成本核算的重点是把支出变成费用，在这个基础上，再把成本项目对象化，把支出变成成本。

作业成本法产生于美国，由哈佛大学卡普兰(Kaplan)教授和宾夕法尼亚大学库珀(Cooper)教授于20世纪80年代末提出。这种方法的核算思路是，通过计量作业成本间接计算产品成本，即将企业在经营过程中的各种活动划分为一系列作业。企业的整个生产经营过程可被分解成一个个目的不同但又相互联系的小单元,正是所有小单元共同组成了企业生产产品和提供服务的全过程,这种小单元就被称为"作业"。资源的消耗在每一项作业中都会发生,这就是所谓的"运营成本"。高校的工作按工作范围和对象划分为校级、院级等层次。"作业"是资源消耗归集的最小单位,也是成本核算过程中成本分配的第一个对象。作为实现成本核算工作由繁到简的必要保证措施之一,是对各项作业进行科学合理的划分。

三、费用核算中面临的问题

(一)成本意识淡薄

目前,虽然高等教育收费实行了费用分担补偿机制,但高校对财政经费的依赖程度仍然过高,对此财政不能完全负担。高校实行的是收支两条线的管理方式,经常是以收定支,没有经营业绩的压力,对费用的管理和控制缺乏自觉性。同时,高校学费大多由政府引导定价,这也造成了高校在成本核算上的积极性不足。虽然财政部明确要求高校进行成本核算,但目前高校成本核算工作进展缓慢,原因是相关政策执行时间较短,缺乏有针对性的指导。

(二)费用归集分配不合理

目前各高校在进行成本核算时,由于缺乏有针对性的细则指导,费用归集的内容也是千差万别。有些院校不区分成本,把资源消耗也算在了本在范围之外的培养成本上,造成各个院校的核算结果缺乏可比性。同时,高校的费用核算尚处于研究阶段,部分费用因缺乏明细科目的支撑而致分配不合理。此外,高校在分配费用时,往往会统一分配间接费用,这样分配的基础比较单一,容易造成费用归集的扭曲。

(三)会计核算系统缺少统一性和可比性

当前,尽管财政部制定了相应的政策,以强化高校成本核算,但是围绕如何归集分配、采用什么核算方法等,并没有明确规定。由于缺少相关的精确指导,各高校对相关政策的解读与具体操作上存在很大的差别。各高校往往根据自己的实际情况选择核算主体、核算对象、核算期间、核算内容、核算方法等,由此构建了不同的核算系统,一定程度上影响了高校协同办学的统一性和可比性。

四、应用作业成本法

(一)对费用科目进行细化,提供较为准确的费用资料

企业运营以逐利为目的,高校则不然。虽然高校和企业的经营目的不同,但是高校希望加强财务管理、通过科学的成本核算来提高经营效益的需求和企业是一致的。在这样的情况下,可以把高校类比成企业,把学生当成"教育产品"来看待。高校对人才的培养目标是满足不同的产业需要,因而设置多个专业和学

科，设计不同的培养方案，采用多元化的人才培养模式。专业不同、学制不同、生源不同等因素的存在，使得各高校在培养目标、资源消耗等方面都表现出明显的差异。符合作业成本法核算特点的是，高校“教育产品”品种繁多，成本分化明显。运用作业成本法，可以将成本分配到不同类别的学生中，根据成本动因来获得高校学生培养成本相对准确的资料。

（二）有利于构建高校费用核算体系

作业成本法是根据不同的成本动因，将成本归集并进行分配。在高校成本核算中，作业成本法具有特定的工作流程，对我国高校成本核算制度具有科学的统筹和构建作用。高校成本核算工作处于发展阶段，建立一套符合高校发展实际的标准核算系统，可以促进高校成本核算标准化、精准化。

（三）满足高校成本管理的内部需要

高校以非营利为特点，成本管理意识薄弱，教育资源配置不合理、资源浪费等问题始终存在。采用作业成本法，可以根据作业过程，对高校的增值和无效作业进行分析，加强成本管理，提高资源使用效率，完善作业流程。采用作业成本方法，可助力管理人员进行科学、高效的管理决策，为大学的发展提供更加科学、翔实的信息。

五、高校作业成本法核算思路

（一）分析确定对象情况

先确认成本核算对象，再进行成本核算。只有把“谁的成本”算清楚了，才能进一步归集相关的资源消耗，进而进一步计量、分配成本。应根据成本核算的目的确定成本核算对象，使核算结果更好地服务于有关的管理决策。高校需要对成本核算对象进行进一步细化，以便更好地应用作业成本法。

（二）确定费用账期

高校对生均培养费用，按照学制年限的统计核算更为理想。比如，2020—2023 年入学的四年制英语本科的学生，其培养总费用的核算方法是平均到每年，然后平均到各个学生，以获得生均培养的相关资料。除了以学制期间作为会计期间外，目前多数学者都赞成以学年或公历年度作为会计周期。主张以学年为会计周期的学者基于大学的教学特点，认为可以与学生的培养周期相匹配，满足大学对成本信息的需求，会计结果也比较合理。

（三）教育工作的分析和确定

通常情况下，对高职院校所组织的一系列操作类课程，要按照不同的标准和组织层面进行分类，一般可以分成几十种，甚至上百种。具体实践中，可以根据某个特定的教育教学业务需要的作业步骤，将各职能部门的业务活动归类为作业活动，教育作业按各系、教辅部门的作业进行选择。在核定作业中，要掌握一个规模尺度,既不能过于细致,也不能过于笼统,过多过细会导致计算繁杂、信息混乱,过于笼统则容易造成结果不具有指导性。在确定高职院校作业时,要确保成本核算的可操作性,增强教育成本核算的有效性,并依据教育教学活动的重要性、一致性、关联性等原则,对作业进行合理的核定。

(四)资源的动因

直接费用,即某院系在培养学生时所产生的资源消耗,集中在该院系的教育费用中,称为"直接的资源动机"。确认为不能直接分配的间接资源动因,在成本分配之前,需要将资源归入作业中心。

(五)作业动因的确定

高职院校可以根据实际情况来确定作业动因。在具体核算时,分以下三种情况:①确认仅为该指定对象的资源,直接纳入教育费用。②确认该资源为专项作业所消耗的资源,直接纳入相应教育作业。③除以上两点外,剩余各作业共同消耗的资源,根据"作业动因分配率=作业中心归集成本/作业动因量"这一公式计算作业动因分配率,并分配到相应作业中。

(六)教育成本的总结

计算最终的教育成本时,必须将成本分配到作业成本库中,以确定各个专业的教育成本、各年级的教育成本、每个学生的教育成本。在具体的会计核算时,要从招生宣传、校内双选会、就业培训等教育教学过程入手,这些都与学生自身关联,因此在选择作业动因时,上述因素就需要引起重视。根据间接费用的分配公式,对动因分配率进行会计核算。在完成了间接费的分配之后,每个作业中心都会对直接费的分配进行分析,最后将直接费和间接费结合起来,从而得到每个学生的教育费用数据。

六、作业成本法的优劣势

(一)优势

高职院校培养学生的过程复杂,环节繁多,运用作业成本法可以明确系统地划分整个培养过程中各个环节的费用,反映出学生培养费用在不同专业、不同年级、不同部门所耗费资源的差异。综上所述,建立长效的作业成本核算体系,可以促进高职院校对每一个培养环节的成本进行严格控制,从成本核算上对学校总资源的占用和使用进行详细分析,将总资源成本细化到各部门、各专业、各处室,包括人员经费、学生服务费用、固定资产折旧、公用经费、其他相关费用等,合理收集教育成本的数据信息,深入探究成本动因。同时,可以降低非必要的教育经费投入和费用开支,使高职院校的教育费用得到更高效的利用。

(二)缺陷

在作业成本法的操作过程中,与成本动因无直接联系的间接费用,还需由各个操作中心选取一定的标准来进行计算，但成本耗费时间长、计算过程复杂等问题也是客观存在的，这导致教育成本动因数量越多，所产生的费用就越多。为此，专业财会人员要不断丰富自己的知识储备，提高专业能力，在数字化校园信息系统的支撑下更好地做好核算工作。

七、结语

综上，建立长效的作业成本核算体系，可以促进高职院校严格控制每一个教育教学环节的成本，按照细分的教育成本项目合理收集教育成本的数据信息，同时兼顾分析教育环节的作业情况和明确教育成本的动因，进而掌握教育成本的详细内容。同时，这样做还可以降低非必要的教育经费投入和费用开支，使高职院校的财务管理能力得到有效提高，教育经费得到更高效的利用。

主要参考文献

[1]田峰.作业成本法在高职校教育成本中的核算应用[J].中国乡镇企业会计，2022(9)：99-101.

[2]杨雪婷.作业成本法在高校教育成本核算中的应用研究[J].会计师，2022(1)：118-120.

[3]黄秀颖，彭燕.基于作业成本法的高校教育成本核算研究[J].商业会计，2021(21)：101-104.

[4]郭秀国，范玲玲.基于作业成本法的高校办学成本核算体系研究[J].会计师，2021(17)：93-95.

（作者单位：山东药品食品职业学院）

X高职院校资金支出管理评价研究

刘春仙　蔡　青　蔡甘霖　张海波　于　萍

【摘要】 在国家推进职业教育改革、积极提高职业教育质量的背景下，X高职院校聚焦高质量发展，进入从“层次”教育到“类型”教育的高质量发展新阶段。本文综合运用平衡计分卡法和层次分析法，构建X高职院校资金支出管理评价指标体系，分析X高职院校整体资金支出管理水平。

【关键词】 资金支出　职业教育　层次分析法　平衡计分卡

高校的资金支出管理，是高校财务工作的关键环节，也是加快推进高等职业院校高质量发展的基础性工作。X高职院校以国家、山东省一系列政策为指引，聚焦高质量发展，进入从“层次”教育到“类型”教育的高质量发展新阶段。

一、X高职院校资金支出管理评价指标内容

本文所述的评价体系指标，是基于X高职院校“十四五”发展规划的新目标新趋势，遵循依法依规、全面覆盖、精简高效、绩效导向的原则，按照平衡计分卡的财务、顾客、流程、学习与成长四个维度，结合层次分析法中的目标、准则、方案三个层次来进行的分类。

根据平衡计分卡法，财务维度主要关注的是为股东创造的价值。X高职院校作为以提供公共教育为目的的职业院校，不以营利为目的，财务维度指标主要包括纵横向科研经费到款额($B11$)、自筹经费占总收入比例($B12$)、资金支出结构($B13$)、学生实践活动支出($B14$)、高水平专业群建设资金投入($B15$)。

就应用型高职院校而言，学生和社会都可以作为X高职院校的顾客。一方面，学生作为职业教育的主体，在缴纳学费后获得教育服务，提升自身价值；另一方面，学生就业后进入企业等用人单位，创造企业价值、社会价值；企业、政府作为X职业院校的资金提供者，通过完成科研项目、社会服务培训等为社会提供价值。因而在顾客方面的指标含：教学成果奖数量($B21$)、师资队伍结构($B22$)、生师比($B23$)、毕业生数量($B24$)、技能证书获得比例($B25$)、就业及深造率($B26$)、健康产业服务基地数量($B27$)、社会培训数量($B28$)。

X高职院校资金支出不仅注重资金实现的结果，更强调资金使用过程中的规范、高效。在流程方面，X高职院校资金支出的指标主要为：预决算编制（B31）、内控制度建设（B32）、学分制改革专业覆盖率（B33）、混合所有制二级学院数量（B34）、内部治理体系建设（B35）、业财信息化建设（B36）。

学习和成长维度主要指X高职院校财务系统的整体发展。资金支出制度合理完善、资金支出管理水平的提高，关键一点是X高职院校财务工作人员核算意识的提高。X高职院校资金支出在学习与成长方面的指标主要包括：教职工财务培训次数（B41）、教职工对资金使用流程的了解程度（B42）、财务人员学历水平（B43）、财务部门人均培训次数（B44）。

二、X高职院校资金支出管理评价

（一）建立层次结构模型

将X高职院校“十四五”发展规划作为总体目标，即目标层；将平衡计分卡法的四个维度作为准则层，分别为财务（B1）、顾客（B2）、流程（B3）、学习与成长（B4）；方案层共23个指标，具体如表1所示。

表1　X高职院校资金支出评价指标体系

目标层	一级准则层指标	二级方案层指标
“十四五”规划目标（A）	财务（B1）	纵横向科研经费到款额（B11）
		自筹经费占总收入比例（B12）
		资金支出结构（B13）
		学生实践活动支出（B14）
		高水平专业群建设资金投入（B15）
	顾客（B2）	教学成果奖数量（B21）
		师资队伍结构（B22）
		生师比（B23）
		毕业生数量（B24）
		技能证书获得比例（B25）
		就业及深造率（B26）
		健康产业服务基地数量（B27）
		社会培训数量（B28）

续表

目标层	一级准则层指标	二级方案层指标
“十四五”规划目标(A)	流程($B3$)	预决算编制($B31$)
		内控制度建设($B32$)
		学分制改革专业覆盖率($B33$)
		混合所有制二级学院数量($B34$)
		内部治理体系建设($B35$)
		业财信息化建设($B36$)
	学习与成长($B4$)	教职工财务培训次数($B41$)
		教职工对资金使用流程的了解程度($B42$)
		财务人员学历水平($B43$)
		财务部门人均培训次数($B44$)

(二)构造判断矩阵

设计调研问卷,由专家评议小组集中评议,对指标间的重要性进行比较打分,采用1—9标度法,得到指标的相对重要性程度,如表2所示。数值大小表示重要与否的程度。对指标进行两两比较,建立判断矩阵,如表3所示。

表2 标度含义

标度	含义
1	表示两个元素相比,具有同样的重要性
3	表示两个元素相比,前者比后者稍重要
5	表示两个元素相比,前者比后者明显重要
7	表示两个元素相比,前者比后者极其重要
9	表示两个元素相比,前者比后者强烈重要

倒数:若元素 i 和元素 j 的重要性之比为 A_{ij},那么元素 j 与元素 i 的重要性之比为 $1/A_{ij}$

表3　各层指标的判断矩阵

	A_1	A_2	A_3	…	A_n
A_1	1	A_{12}	A_{13}	…	A_{1n}
A_2	A_{21}	1	A_{23}	…	A_{2n}
A_3	A_{31}	A_{32}	1	…	A_{3n}
…	…	…	…	1	…
A_n	A_{n1}	A_{n2}	A_{n3}	…	1

1.一致性检验

计算矩阵的最大特征根 λ_{max}，计算判断矩阵的一致性指标 $CI=\frac{\lambda_{max}-n}{n-1}$，随机一致性比率 $CR=\frac{CI}{RI}$。RI 为常量，表示平均随机一致性指标，RI 的取值如表4所示。随机原因可能会导致一致性偏离，所以需要比较 CI 和 RI，得出的比值即为 CR，能检验判断矩阵构造的正确性。如果 n 大于3，则要计算 CR。若 CR 比0.1小，说明判断矩阵构造正确；若 CR 大于0.1或小于0，则说明判断矩阵构造并不正确，必须对矩阵数值进行调整。

表4　平均随机一致性指标取值

阶数	1	2	3	4	5	6	7	8	9	10
RI 值	0	0	0.58	0.9	1.12	1.24	1.32	1.41	1.45	1.49

2.指标权重的确定

指标权重的计算过程有五步：第一步，利用云算子网页计算矩阵最大特征值。第二步，计算一致性指标 CI。第三步，计算一致性比率 CR，查找 RI 取值表，利用 $CR=\frac{CI}{RI}$，计算得出结果后，即可与0.1比较，看矩阵构造是否正确。第四步，计算各指标相对于本级准则层的标准化特征向量。第五步，计算出指标体系中各项指标相对于总目标的最终权重。最终结果如表5所示。

表5 指标体系权重

目标	一级准则层	权重	二级方案层	权重
"十四五"规划目标(A)	财务(B1)	0.1700	纵横向科研经费到款额(B11)	0.0328
			自筹经费占总收入比例(B12)	0.0328
			资金支出结构(B13)	0.0193
			学生实践活动支出(B14)	0.0090
			高水平专业群建设资金投入(B15)	0.0761
	顾客(B2)	0.3300	教学成果奖数量(B21)	0.0593
			师资队伍结构(B22)	0.0242
			生师比(B23)	0.0246
			毕业生数量(B24)	0.0255
			技能证书获得比例(B25)	0.0491
			就业及深造率(B26)	0.0491
			健康产业服务基地数量(B27)	0.0741
			社会培训数量(B28)	0.0242
	流程(B3)	0.3300	预决算编制(B31)	0.1502
			内控制度建设(B32)	0.0297
			学分制改革专业覆盖率(B33)	0.0312
			混合所有制二级学院数量(B34)	0.0297
			内部治理体系建设(B35)	0.0595
			业财信息化建设(B36)	0.0297
	学习与成长(B4)	0.1700	教职工财务培训次数(B41)	0.0208
			教职工对资金使用流程的了解程度(B42)	0.0719
			财务人员学历水平(B43)	0.0387
			财务部门人均培训次数(B44)	0.0387

三、X高职院校资金支出管理评价结果

以X高职院校2022年度建设工程项目统计数据为依据，根据二级准则层各指标的完成情况，结合专家对X高职院校具体情况的了解及工作经验，对各指标进行打分，最后得分情况如表6所示，共计85.6分。参照综合绩效评价标准(分数≥90分为“优秀”，80分≤分数<90分为“良好”，70分≤分数<80分为“合格”，分数<70分为“不合格”)，X高职院校资金支出管理评价结果良好。

表6　X高职院校资金支出管理评价结果得分

目标	一级准则层	权重	二级方案层	权重	标准分	实际得分
“十四五”规划目标(*A*)	财务(*B*1)	0.1700	纵横向科研经费到款额(*B*11)	0.0328	3.28	2.80
			自筹经费占总收入比例(*B*12)	0.0328	3.28	2.70
			资金支出结构(*B*13)	0.0193	1.93	1.80
			学生实践活动支出(*B*14)	0.0090	0.90	0.80
			高水平专业群建设资金投入(*B*15)	0.0761	7.61	7.00
	顾客(*B*2)	0.3300	教学成果奖数量(*B*21)	0.0593	5.93	4.30
			师资队伍结构(*B*22)	0.0242	2.42	2.10
			生师比(*B*23)	0.0246	2.46	2.20
			毕业生数量(*B*24)	0.0255	2.55	2.50
			技能证书获得比例(*B*25)	0.0491	4.91	4.70
			就业及深造率(*B*26)	0.0491	4.91	4.70
			健康产业服务基地数量(*B*27)	0.0741	7.41	7.00
			社会培训数量(*B*28)	0.0242	2.42	2.30
	流程(*B*3)	0.3300	预决算编制(*B*31)	0.1502	15.02	14.00
			内控制度建设(*B*32)	0.0297	2.97	2.00
			学分制改革专业覆盖率(*B*33)	0.0312	3.12	2.00
			混合所有制二级学院数量(*B*34)	0.0297	2.97	2.00
			内部治理体系建设(*B*35)	0.0595	5.95	4.90
			业财信息化建设(*B*36)	0.0297	2.97	2.00

续表

目标	一级准则层	权重	二级方案层	权重	标准分	实际得分
“十四五”规划目标(A)	学习与成长(B4)	0.1700	教职工财务培训次数(B41)	0.0208	2.08	1.80
			教职工对资金使用流程的了解程度(B42)	0.0719	7.19	6.00
			财务人员学历水平(B43)	0.0387	3.87	3.00
			财务部门人均培训次数(B44)	0.0387	3.87	3.00
总分						85.6

四、研究结论与展望

本文综合运用平衡计分卡和层次分析法,以X高职院校“十四五”发展规划的目标作为总体目标,并将发展规划中的以党的建设得到全面加强、现代化治理体系基本形成、特色校园文化建设卓有成效、职教本科专业建设取得突破、打造一批高水平“双师”队伍、打造一批高水平特色专业群、打造一批高水平标志成果、打造一批高水平技术技能创新平台、打造一批高水平国际交流新成果等九个具体执行目标按照财务、顾客、流程、学习和成长等四个维度构建了资金支出管理评价体系,最终通过指标权重与指标赋分的方式得出以战略目标为导向的X高职院校资金支出管理评价结果,为今后地方高职院校发展中的资金支出管理评价提供了思路。

本文的研究存在一定的局限性:一方面,各高职院校发展规划在顶层设计时不是按照平衡计分卡从财务、顾客、流程、学习和成长等四个维度进行的,因此在指标的选取及权重的确定时,难以制定统一的标准;另一方面,由于公共教育的特殊性,很多成果是难以界定并且通过指标来体现的,构建更加全面、科学的指标体系,以全过程、全方位、全覆盖地反映高职院校战略目标的执行情况,例如制定战略目标资金支出评价指标体系、完善年度评价机制、实施战略目标资金支出评价反馈机制,是今后亟待推进的重要方面。

主要参考文献

[1]马峰.高校预算资金的绩效管理评价研究[D].齐齐哈尔:齐齐哈尔大学,2015.

[2]申小梅.从预算执行视角谈高校预算管理研究[J].经济师,2018(7):114,116.

[3]蒙亲绒.基于预算松弛的高校预算管理优化研究[J].会计之友,2015(1):69-71.

[4]关燕.基于 AHP DEA 的高校二级学院投入产出绩效评价与实证研究[D].北京:北京邮电大学,2017.

(作者单位:山东药品食品职业学院)

主成分分析法在高校财务绩效评价中的应用研究

马英贤　樊梦姣　王丹

【摘要】 本课题基于财政部印发的《预算绩效评价共性指标体系框架》(含《项目支出绩效评价共性指标体系框架》《部门整体支出绩效评价共性指标体系框架》),结合学校自身情况,对建立的财务绩效评价指标进行了详尽的解释,并提出了可量化的评价和打分方法;同时,利用主成分分析法的基础理论和基本方法,采用实证举例,进行了全过程的分析,证明了主成分分析方法具有一定的可操作性。课题研究丰富了财务绩效评价的分析方法,进一步拓展了研究范围,以此形成了对学校各个部门进行评价排名的客观依据,其结果应用属于原创性的研究和探索,为学校财务绩效评价体系的构建提供了可操作的范例。

【关键词】 主成分分析　财务绩效评价

一、研究背景

在高校经济建设、学科建设和教育质量提升方面,各个部门均发挥着重要的作用。但是每个部门作用发挥的大小,需要一个标准来衡量,进而更好地约束各个部门,发挥其最大效能,使学校能够健康地发展。

财务绩效评价是高校财务管理的一项重要工作内容。与企业不同,它具有非营利性质。高校评价指标聚焦于预算管理,兼顾基本支出和项目支出,突出"部门职责—核心任务—预算项目"的层级体系,侧重于多指标综合分析上。指标的多样化亟须一种有效的综合评价方法,而主成分分析法则是综合评价的首选。

二、研究目的

本课题立足教育系统财务方面,探求学校内部各个部门的经济运行质量,构建财务绩效评价体系,通过绩效评价强化各部门的经费绩效监管,实现学校经济价值最大化。

三、课题综述

本课题以学校各部门各单位(以下简称"各部门")为主体,通过财务绩效评价对各部门经济运行情况进行考核，并积极探索绩效评价指标体系、分析方法，依托信息化手段，拓展绩效评价应用范围。其目的是能够更好地发挥学校各部门的积极性、主动性和创造性，促进学校内涵建设和各项事业可持续发展。

在进行绩效评价时，考虑的因素比较多，会面临多维度的评价指标，但是指标太多会增加分析问题的复杂性。理想状态是涉及的指标(变量)越少越好，并且足以反映问题，而主成分分析法正好满足这一要求，是绩效评价综合分析的理想工具。

四、主成分分析概念及国内外研究现状

(一)概念

主成分分析法是通过数学建模构建的用于经济、金融等领域的一种分析方法，通过降维方法将多个变量(指标)转化为少数几个综合变量(综合指标)，而这几个综合变量指标可以反映原来多个变量的大部分信息，更具有代表意义。

(二)国内外研究现状

主成分分析法是现代综合评价方法之一，国外学者在 20 世纪 90 年代已经对该方法进行了系统的分析和阐述。随着对国外研究成果的引鉴，主成分分析方法在我国已经逐步得到发展和认可，在工程、医学、金融等方面应用广泛。但目前关注的多是理论层面(数学建模理论)，缺乏实证研究。

五、主成分分析步骤

一是根据学校办学特点，通过综合分析，选取一些能够反映各部门经济业绩、运行效果的指标，构建各部门绩效评价指标体系。二是根据年度部门项目运行情况，获取定量信息数据。三是对于难以量化的，可采用定性描述转换分值的方法，获取统计分析数据。四是初步建立指标样本原始数据矩阵。五是利用 SPSS 软件，通过主成分分析方法将数据进行标准化处理，得出一组新的变量。六是对标准化的数据进行共线性分析、相关性分析，剔除相关度大的指标。七是通过主成分分析法，对指标进行降维，分析确定主成分指标值，最终计算出总指标 F 值。八是根据计算出的最终 F 值，得出排名顺序，采用相对绩效评价思想，对比各部门绩效，给予激励和奖惩。九是对实证结果进行分析，得出结论和建议。

在具体操作中，需要进行三个优化。首先优化绩效评价指标体系，其次优化绩效评价指标分析过程，最后优化绩效评价数据分析与结果。

六、各部门绩效评价指标体系构建

(一)构建方法与原则

首先，聚焦本单位预算管理，兼顾基本支出和项目支出，突出“部门职责—核

心任务—预算项目”,建立指标层次结构,形成一级、二级评价指标。

其次,绩效评价指标设置应与各部门预算、成本、满意度等信息相关,以便衡量内部组织部门运行效率、业务实施效果和项目资金使用效果。

最后,绩效指标遵循突出重点、量化易评原则。为了能更好地评价各部门执行效果,指标选取应尽可能细化、量化、突出重点。

(二)指标确定

在选定指标过程中,主要从部门预算、执行、成本、资产、效能等方面考虑,以最小的维度为标准,最终构建了5个一级指标,20个二级指标,以此体现各个部门绩效成果。

(三)指标功能

1.预算方面

本文选取2个指标,其中:

(1)预算准确率 $X1$=(1－超出或未达成预算/(年初预算收入＋年中预算调整数),该指标反映预算编制准确性的程度。

(2)预算调整率 $X2$=(预算调整/预算数)×100%,预算调整率用以反映部门预算的调整程度。预算调整一般不应超过原预算的5%。

2.执行方面

本文选取8个指标,其中:

(1)应收账款挂账率 $X3$=本部门应收账款/各部门应收账款总额×100%。应收账款挂账率指标能够反映和评价部门应收账款情况,从而减少部门应收账款的呆滞占用和提高本部门资金的利用效率。

(2)支付进度率 $X4$=(已付进度款/应付进度款)×100%,通过定期反映支付进度率,能够对已纳入年度计划安排的项目提高支付进度。

(3)部门总体费用预算达成率 $X5$=部门实际执行费用/部门预算数×100%,预算达成率指标能够反映本部门预算执行效果情况。

(4)人员经费控制率 $X6$=部门人员经费/部门总支出×100%,利用人员经费控制率,可以了解部门支出结构是否合理。在本文实例中,人力成本主要是直接成本,不包括间接成本。其构成主要是薪酬、绩效、劳务费。

(5)公用经费控制率 $X7$=(公用经费实际支出总额/预算安排公用经费总额)×100%,通过该指标反映和评价部门公用经费运转的实际控制程度。

(6)年末部门结余率 $X8$=部门项目结余/(年初预算数＋调整预算数)×100%,该指标反映的是各部门当年下达的预算尚未执行的比率。

(7)专项项目可执行分析报告质量 $X9$。该指标为定性指标。各部门在申请年度专项项目预算时,可执行分析是确定是否可以启动的前提,通过此项指标的评价，可以有效降低项目的执行风险。

(8)提交专项项目执行分析报告的及时性 $X10$。各部门定期对专项项目执行情况进行分析，实时跟踪各部门项目实施的完整性、有效性，通过该指标，侧面反映部门工作任务完成效果的好坏。

3.资金配置方面

本文选取 2 个指标，其中：

(1)部门经费自筹率 $X11$=(部门自筹经费支出/部门总支出)×100%，该指标为剔除财政拨款经费以外的自筹经费支出情况，反映各部门财务自给能力，即自力更生的程度。

(2)重点支出安排率 $X12$=(部门重点项目支出/项目总支出)×100%，该指标用以反映和考核部门对履行主要职责或完成重点任务的保障程度。本文中重点经费支出按以下进行分类：本部门总预算安排在 100 万元以上的，以单个项目为 100 万元(含 100 万元)以上的算作重点项目。本部门总预算安排在 100 万元以下的，以单个项目为 30 万元到 100 万元之间的项目为重点经费支出。重点项目支出应是与本部门履职和学校发展密切相关的项目。

4.内部运行方面

本文选取 4 个指标，其中：

(1)内部网络使用安全性 $X13$。各部门网上报账、财务数据查询、网上缴纳学费数据查询等功能都离不开网络，网络安全性侧面反映了部门网络安全意识度。

(2)资金使用合规性 $X14$。该指标能够反映各部门是否按照文件规定使用资金，是否存在挤占、挪用、虚列支出等情况，是考核各部门绩效的重要指标。

(3)资产管理安全性 $X15$。通过该指标，能够加强学校资产管理，在资产保存完整、资产账实相符、资产配置合理、避免资产闲置等问题上发挥着积极的作用。

(4)固定资产利用率 $X16$。固定资产利用率=(实际在用固定资产总额/所有固定资产总额)×100%，固定资产利用率反映部门资产管理的整体水平，是高效使用固定资产、避免闲置浪费、合理配置需求的有效指标。

5.履职效能方面

本文选取 4 个指标，其中：

(1)学生、教职工对各部门满意度调查 $X17$、$X18$。通过这两项指标，了解服务对象的多方面需求，为学校发展提供参考和指导，有效推动学校服务高质量发展。

(2)经济效能 $X19$。它反映了学校对各部门投入的资金最终转化的效能，即投入和产出之间的关系。

(3)对学校发展贡献影响力 $X20$。主要是从部门经济运作的角度出发,为学校作出直接贡献的社会服务力,反映部门工作的落实成效。

七、绩效评价实证分析

(一)确定绩效指标原始数据

1. 获取原始业务数据,按照指标公式计算出部门各指标值。计算数据的提取依据主要为项目收支明细表、预算调整表、年度决算表、固定资产使用情况表、支付进度情况表等基础表。这些是定量指标数据的来源。

2.凡不便于定量评价的指标,由部门提供相关资料作为佐证材料,组织成立专家组进行评价,此评价结果是定性指标数据的来源。

3.学生、教职工对各项管理服务工作满意度调查,主要采取问卷调查方式,首先以各部门为单位,列出关系到学生、教职工的服务内容,其次由相关人员讨论、选取有效的调查内容,最后进行满意度调查。

(二)指标评价得分等级转换规则

1.定性指标等级确定:分值范围在90—100分,等级确定为“优”;70—90分(不含)之间,等级确定为“良”;60—70分(不含)之间,等级确定为“可”;60分以下,等级确定为“差”。

2.满意度赋分。满意度为“很满意”的得10分;满意度为“满意”的得8分,满意度为“一般”的得5分,满意度为“不满意”的得1分,满意度为“很不满意”的不得分。

(三)确定评价指标体系原始数据表

经过前期数据统计、评价打分,最终形成以下形式的原始数据表格(见表1)。

表1 原始数据

	预算准确率 $X1$	预算调整率 $X2$	应收账款挂账率 $X3$	支付进度率 $X4$	部门总体费用预算达成率 $X5$	人员经费控制率 $X6$	公用经费控制率 $X7$	年末部门结余率 $X8$
总务处	0.99	0.01	0.44	0.67	0.93	0.05	0.95	0.38
GXCW	1.00	0.00	0.00	0.92	1.00	0.04	0.96	0.00
CSGD	0.99	0.01	0.01	0.85	0.98	0.64	0.36	0.00
CXCY	1.00	0.00	0.00	0.63	0.83	0.35	0.65	0.00
DWBG	1.00	0.00	0.00	0.96	1.00	0.42	0.58	0.00
FZGH	1.00	0.00	0.00	1.00	1.00	0.22	0.78	0.00
GKXY	1.00	0.00	0.00	0.97	1.00	0.11	0.89	0.00

注:此表为部分数据截图。

(四)主成分分析过程

首先,为了解决数据单位之间的不统一问题,对原始数据进行标准化处理,借助 SPSS 软件,经过标准化处理后,形成一组新的数据。

其次,对标准化的指标数据进行共线性分析。选取一个因变量,其他变量作为自变量,剔除相关性大的指标。

借助 SPSS 软件,对指标进行共线性诊断分析。选取"对学校发展贡献影响力"为因变量,剩余 19 个指标为自变量,进行指标之间共线性诊断,诊断后形成分析表。

分析时,使用共线性统计量——*VIF* 指标(双差膨胀因子),如果 *VIF* 值超过 10,考虑此指标相关性高,需要剔除。除了看 *VIF* 指标,在"条件索引"一列数据中,超过 15 且方差比例超过 0.9 的指标都需要剔除。依据此标准,发现第 18 项指标条件索引值大于 15,存在共线性问题,虽然方差比例没有超过0.9,但为了保证数据分析的真实性、可操作性,需要将第 18 项指标"教职工满意度"剔除。

根据共线性诊断分析结果,在主成分分析前,需要剔除几个相关度比较大的指标,分别是部门总体费用预算达成率($X5$)、资金使用合规性($X14$)、固定资产利用率($X16$)、教职工满意度调查($X18$)四个指标。

最后,对保留的指标进行主成分分析。(1)首先进行适合度检验,检验的目的是进一步确定保留的指标是否适合主成分降维分析,以及指标变量间重合的信息的高低。其中在 Bartlett(巴特利)检验中,显著性值(sig 值)一般小于 0.05 比较适宜,KMO 检验值一般大于或等于0.5比较适宜。经检验,KMO 值大于 0.5,sig 值小于 0.05,说明可以进行主成分分析(见表 2)。

表 2 KMO 和 Bartlett 检验

		结果
取样足够多的 Kaiser-Meyer-Olkin 度量		0.644
Bartlett 的球形度检验	近似卡方	208.181
	d.f.	105.000
	sig.	0.000

(2)计算特征值和特征向量,提取特征值大于 1 并且特征值累计大于 60%的主成分(社科类文献达到 60%以上)。说明主成分分析是比较合理的,而且具有权威性。借助 SPSS 软件,得出解释总方差信息(见表 3)。

表 3　解释的总方差

成分	初始特征值			提取平方和载入			旋转平方和载入		
	合计	方差的%	累积%	合计	方差的%	累积%	合计	方差的%	累积%
1	3.943	26.285	26.285	3.943	26.285	26.285	3.561	23.739	23.739
2	1.817	12.115	38.400	1.817	12.115	38.400	1.828	12.189	35.927
3	1.507	10.044	48.444	1.507	10.044	48,444	1.607	10.712	46.639
4	1.315	8.765	57.209	1.315	8.765	57.209	1.501	10.004	56.644
5	1.277	8.511	65.720	1.277	8.511	65.720	1.362	9.077	65.720
6	0.979	6.526	72.246						
7	0.928	6.185	78.431						
8	0.756	5.039	83.470						
9	0.670	4.468	87.938						
10	0.555	3.703	91.640						
11	0.417	2.782	94.422						
12	0.321	2.142	96.565						
13	0.275	1.834	98.399						
14	0.155	1.032	99.430						
15	0.085	0.570	100.000						

从表 3 中可以看出,初始特征值大于 1 的,有 5 个成分,表示这 5 个成分携带了大部分原始变量的信息。提取的这 5 个主成分足以描述各部门的综合绩效平均水平,且 5 个主成分累计方差为 65.720%,符合社科类文献累计方差大于 60%的标准。

(3)分析碎石图。碎石图显示各主成分因子的重要程度。借助 SPSS 软件分析得出碎石图(见图 1)。按特征值的大小,依次排列。其中,作用比较明显的是陡坡处位置。

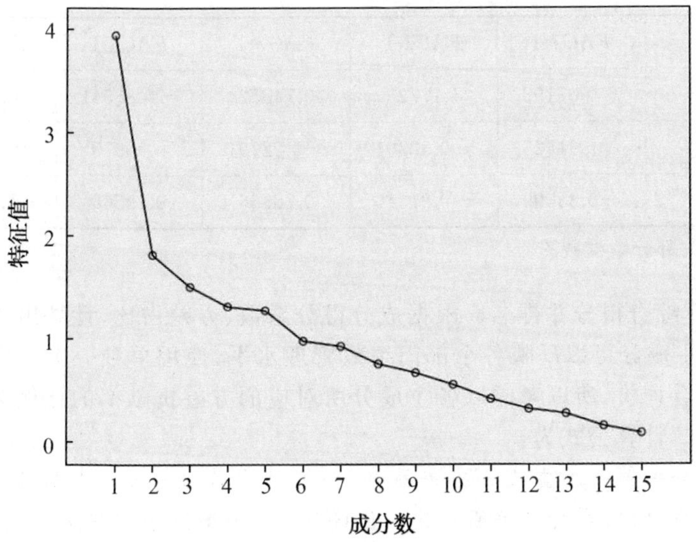

图 1　碎石图

(4)分析得分系数矩阵。成分得分系数可以反映出各项指标变量与主成分之间的关系，在某一主成分上得分越高，表明该指标与该主成分之间关系越密切。根据成分得分系数，将各指标变量的得分保存为新的变量。假设 $X1$ 为指标变量，$a11, a21, a31, \cdots, an1$ 分别为与变量 $X1$ 在同一列的因子载荷系数，$FAC1, FAC2, FAC3, FAC4, FAC5$ 分别为提取的主成分，通过主成分得分矩阵可以得到主成分的线性组合，如 $FAC1 = a11 \times X1 + a21 \times X2 + a31 \times X3 + \cdots + an1 \times Xn$。最终通过 SPSS 软件分析各指标变量得分情况如表 4 所示。

表 4　各指标变量得分

	*FAC*1-1	*FAC*2-1	*FAC*3-1	*FAC*4-1	*FAC*5-1
MKSZY	0.04987	3.02099	1.41879	2.64431	1.68176
WLEXY	0.13245	1.82046	0.43432	−0.13071	0.11511
ZYGJ	0.07934	1.48507	0.59318	1.72135	−1.88749
SWGC	0.29330	1.79595	−0.39028	−1.61354	1.88823
JXJJ	0.10588	1.58390	−0.23696	0.94843	−0.42217
ZZTZB	0.52806	−0.80419	0.69496	−0.09846	1.18055
ZNZZ	−0.16653	−0.57855	1.29924	0.45455	0.90066

续表

	$FAC1$-1	$FAC2$-1	$FAC3$-1	$FAC4$-1	$FAC5$-1
SHSY	−0.07198	1.17728	0.74852	−0.88341	0.41052
YHSY	0.39142	−0.32301	−0.22791	0.90975	0.14046
EHSY	−0.23699	−0.81310	0.78866	0.72565	1.32736

注:此表为部分数据截图。

(5)计算综合得分并排名。根据成分得分系数、方差占比,计算出各个部门综合得分。主成分可以反映各个部门绩效管理水平,使用单独一个主成分很难全面作出综合评价,所以考虑以各主成分所对应的方差贡献率的比例为权重计算综合得分。计算公式为:

综合得分=第一个主成分方差百分比/累计方差百分比×$FAC1$+第二个主成分方差百分比/累计方差百分比×$FAC2$+…+第五个主成分方差百分比/累计方差百分比×$FAC5$。

通过SPSS软件分析结果如表5所示。

表5 综合得分和排名

	$FAC1$-1	$FAC2$-1	$FAC3$-1	$FAC4$-1	$FAC5$-1	综合得分	排名
MKSZY	0.04987	3.02099	1.41879	2.64431	1.68176	1.44	1
WLEXY	0.13245	1.82046	0.43432	−0.13071	0.11511	0.45	2
ZYGJ	0.07934	1.48507	0.59318	1.72135	−1.88749	0.40	3
SWGC	0.29330	1.79595	−0.39028	−1.61354	1.88823	0.39	4
JXJJ	0.10588	1.58390	−0.23696	0.94843	−0.42217	0.38	5
ZZTZB	0.52806	−0.80419	0.69496	−0.09846	1.18055	0.30	6
ZNZZ	−0.16653	−0.57855	1.29924	0.45455	0.90066	0.24	7
SHSY	−0.07198	1.17728	0.74852	−0.88341	0.41052	0.24	8
YHSY	0.39142	−0.32301	−0.22791	0.90975	0.14046	0.20	9
EHSY	−0.23699	−0.81310	0.78866	0.72565	1.32736	0.19	10

注:此表为部分数据截图。

八、结论

本文构建了适合主成分分析法的指标体系,通过实践操作探索,应用主成分分析法评价模型，对高校各部门整体绩效评价给予数据支持，形成综合排名结果。这是一项探索性课题，对高校绩效管理评价具有重要的实践意义。

主要参考文献

[1]徐杰，杨晓倩，王聪聪．基于时序主成分分析的综合扶贫绩效评价研究[J]．昆明理工大学学报(自然科学版)，2020(4)：137-145．

[2]刘希军，蔡威，杨含．基于主成分分析法的学生成绩评价[J]．教育科学，2021(8)：208-209．

（作者单位：山东职业学院）

高校财务共享服务中心研究

王玉伟　张翼飞　林　超　孔令芬

【摘要】 随着高校规模的扩大，国家财政建设投入不断增加，而当前高校的经费管理存在较多的问题，建设财务共享服务中心能够降低财务风险，实现对高校财务工作的有效管理。本文针对高校财务共享服务中心的建设特点、作用等进行研究，并就优化财务共享服务中心提出若干合理措施。

【关键词】 高校　财务共享中心　研究

当前发展背景下，高校的财务管理工作比较复杂，传统的财务核算模式比较简单，无法将所有的信息集合到一起。财务共享服务中心是一种通用的财务管理模式，可以将各个部门的管理模式集中到一起，从而完善财务管理工作。

一、高校财务共享服务中心建设概述

（一）财务共享服务中心架构

1.整体架构

高校财务共享服务中心建设要对整体架构进行研究，通过网络中心将系统进行整合，集合所有信息而组成共享门户，实现跨应用切换和对系统的有效管理，满足财务管理要求。在两级云平台建设中，需要将网络中心作为第一平台进行建设，在这个基础上进行财务管理，对核算工作进行分析，将其分为不同的单元开展具体的管理工作；同时，结合校区、部门等分类，将所有的信息和资源进行统一调配，这样能够提高资源的利用效率，满足业务规划要求。其中，四层系统构架包括战略定位层、组织架构层、运行管理层、技术数据层；四层系统构架下面可设六大应用体系，具体包括会计核算体系、资金管理体系、预算管理体系、成本控制体系、风险管理体系、财务报告与分析体系。这些都是在虚拟技术的支持下展开工作，能够满足整体应用要求，从而实现对财务的有效管理。

2.应用体系建设

在具体应用中，需要对各级分类进行分析，结合各个系统的用途进行探究，将所有的工作细化后进行管理。基础服务层建设需要大量数据的支撑，这也是主数据层，主要是为基础建设服务。六大应用体系建设需从应用层面进行分析，从业务层面进行定位规划。建立统一的网络中心管理机制后，需要进行集中部署，由学校统一开展管理工作。在通用模板的基础上，可以增减相关的机构设置。每个部门要设置经办人和部门审批人权限等，这样才能够建立完善的会计核算体系，实现对整个体系的有效管理。在划分体系后，需要对各个机构的职能进行研究，确定其工作范围，以便下一步开展具体的工作。

（二）财务共享服务中心建设的重要性

1.为高校统一管理提供保障

当前高校的规模在不断扩张，要想促进高校发展，就需要成立财务共享服务中心，解决当前财务管理中存在的不足。尤其是教学科研经费报销，其具有跨部门的特点，财务共享服务中心能够将所有的信息集中到中心加以管理，这样就可以保证所有财务信息集合到一处，提高工作效率。

2.为会计核算工作提供保障

财务共享服务中心可以满足高校的发展要求，能够解决当前单据凭证的地域限制问题。在高校财务共享服务中心构建中，需要完全按照制度开展工作，结合相关要求进行业务处理。应建立匿名审核机制，实现对会计核算工作的规范化管理。

3.有效降低高校财务管理工作的成本

财务共享服务中心能够结合专业化的管理实现对所有工作的有效处理，规范会计人员核算工作，提高其核算工作的熟练度，并能够有效降低财务管理成本。财务共享服务中心还有利于实现对所有信息的异地传输和管理，提高管理效率，有效降低核算成本。

4.服务高校内部管理工作

财务管理工作中要针对采购平台进行重点管理，在采购的过程中若是支出的金额比较多，需要进行监控和核查，解决内部管理问题。在财务共享服务中心平台上，使用者只需点击鼠标，就能够自动地确定审批责任人，这样就能够解决流程固化问题，降低各个阶段财务管理工作的人员因素影响。财务共享服务中心能够有效地提高管控力度，避免徇私舞弊等情况发生。

二、高校财务共享服务中心的特点

（一）分工专业

财务共享服务中心实现了对财务管理工作的合理分工，能够结合多个功能相对独立的模块开展财务核算工作。在财务岗位设置中，对岗位职能、当前资产清理和折旧等进行分析，确定学校资产的准确信息，并且分部门具体负责，这样能够提高资产使用效率。财务共享服务中心可以发挥专业化优势，有效解决具体问题,提高财务管理效率和管理水平。

(二)将所有的数据加以整合处理

建立共享服务中心,能够实现对不同区域的财务数据的整合,同一时间处理不同区域的财务工作。而在传统财务模式下,实时传输财务数据无法实现,会影响管理效率和质量。建立共享服务中心后,所有的信息能够共享,系统在传输处理数据的过程中可实时纠正错误,有效减少数据管理中存在的问题,有效保证财务报表信息的准确。

(三)服务高效

财务管理是高校发展中的重要环节,需要结合工作内容不断提高效率,助力高校正常运转。在财务共享服务中心模式下,财务管理部门实施扁平化管理,采用小组的方式开展工作,实现财务管理和核算工作分类处理,简化管理流程,精简功能。这样一来,相关人员能够将更多的精力用于财务分析。财务共享服务中心可以制定更为优化细致的管理方案,财务管理指令更简单,传达路径更优化,表达方式更简单,更好地满足工作效率提升的要求。

三、高校财务共享服务中心完善对策

(一)整合系统,集中管理

高校财务共享服务中心以财务信息系统为依托开展各项活动,并且需要与各个部门对接,实现信息相互交流和资源共享。财务共享服务中心构建后,各个部门需要独立运作,并且要将所有信息集成管理,这样可以避免出现信息孤岛的情况,减少财务管理中信息不对称的问题,实现对所有信息的有效处理。

(二)分模块管理,完善信息处理架构

高校财务共享服务中心要结合内外部情况实施分块管理,并且在实际工作中分为不同的步骤开展具体工作,这样能够解决实际问题,满足财务共享要求。

首先,制定审核方案。在输入原始数据后需要进行审核,对于数据的真实性进行确认。数据核算中可以与第三方系统联合开展工作,这样能够与各个部门和学院教职工提供的信息进行对接。

其次,明确单据填制要求。对于记账凭证,要明确具体的填制要求,为下一步面向信息化管理提供准确信息作准备。财务管理人员需要对单据进行审核,了解当前财务管理实际情况,并根据已生成的凭证及时进行资金拨付和处理,促进学校财务工作的正常运转。

最后,提取各个模块的数据,为财务决算提供依据。每个模块都需要及时进行完善,以便与其他部门的工作做好对接。中心将所有数据集中管理,后端与银行等机构进行数据传输。在这个过程中,操作人员的审批和资金收支额度等需要受到限制,这样才能避免出现财务问题。同时要针对计算机系统预先设定阈值，避免出现异常。

（三）加强财务人员培训，提高人机互动能力

高校财务部建立共享服务中心后，相关人员需要了解系统运行情况，熟练地进行操作，这样才能够最大限度地发挥系统的效能。财务部要不断地改进工作，熟练地开展各项业务，比如票据审核和数据上传，解决当前存在的问题，实现财务管理工作的优化。

建立财务报表后，要及时对数据进行评估，了解数据反映的财务状况，为领导层决算提供参考依据。高校可以组织财务人员集体学习，掌握财经法规相关知识，不断提高财务人员的监管能力和专业水平。要制定考核机制，主要是对财务人员能力进行评估，据此安排调整工作内容，提高财务人员工作效率。

高校财务共享服务中心建设是一项系统的工作，涉及的内容比较多，这就需要对具体问题进一步分析，以解决实际问题为目标，不断创新财务管理模式。

四、结语

随着高校规模的不断扩张，高校财务管理工作的复杂程度也不断增加，尤其是高校管理体系在不断变革，这就需要改变传统的财务管理模式。将财务共享服务中心模式运用到高校财务管理中，并结合高校的规模、类型等差异进行分析，设置符合高校自身特色的财务管理体系架构，利用信息技术实现自动化和智能化发展，能够最大限度地发挥体制机制的作用，促进高校财务管理工作的优化。

主要参考文献

[1]赵曦，吴晓涵.数字化背景下财务共享中心研究——基于海尔和TCL的对比分析[J].商业会计，2022(4)：76-79.

[2]佘亚楠.企业集团财务共享中心建设管理研究[J].中国总会计师，2022(5)：71-73.

[3]吴旭峰."共享"模式下上市公司财务管理转型思考[J].合作经济与科技，2022(12)：154-155.

[4]杨文，谢玥.财务共享中心风险管控分析——以A公司财务共享中心为例[J].商场现代化，2021(19)：111-114.

[5]杜金平.对企业财务共享中心建设的分析与研究[J].财会学习，2019(36)：52-53.

[6]林炜.制造业财务共享中心运行优化研究见解[J].中国集体经济，2022(11)：147-149.

[7]张志超.基于业财融合视角的高校财务共享中心模式探析——以R大学为例[J].西部财会，2022(4)：28-31.

[8]宋亚芸.高校建设财务共享中心的研究现状[J].环渤海经济瞭望,2018(8):163.

[9]胡绍学.大数据时代我国企业财务共享中心的优化[J].财政监督,2018(1):94-99.

(作者单位:山东中医药高等专科学校)

高职院校绩效评价指标体系研究

李晓萌

【摘要】 高职院校作为国家高等教育体系的重要组成部分，在培养人才方面起着不可替代的作用，随着国家财政对高职院校的投入增加，怎样更好地优化资源配置、提高财政资金的使用效率，成为高职院校的重要课题，因此高职院校绩效评价指标体系的构建显得格外重要。本文基于职业院校绩效评价的现状，引入平衡计分卡，结合高职院校自身特点，就如何构建完善合理的绩效评价指标体系提出相应建议。

【关键词】 高职院校　绩效评价指标体系

一、引言

2023年政府工作报告指出，职业教育适应性增强，职业院校办学条件持续改善；应推进义务教育优质均衡发展和城乡一体化，大力发展职业教育，推进高等教育创新。高职教育属于准公共生产部门，具有公益属性，其经费主要来自政府财政拨款和学费收入。在高职教育飞速发展的今天，高职院校承担着为国家输送应用型人才的重任，应该更好地管好用好财政资金，最终实现资金社会效益最大化。目前，大多数高职院校绩效评价体系的构建还处于探索起步阶段，存在各种各样的问题，因此，科学地构建高职院校绩效评价指标体系势在必行。

二、目前高职院校绩效评价体系存在的问题

（一）绩效评价指标设计不够科学

高职院校作为高等院校，在承担教学任务之余，还具有科学研究、社会服务等功能定位，而目前高职院校绩效评价指标设置过程中普遍存在“重科研，轻教学，忽视社会服务”的情况，更注重经济型指标的评价，对人文性、服务性指标缺乏重视。因此在设置指标时要充分考虑高职院校的具体情况，使绩效评价指标更具有科学性、全面性和有效性。

（二）指标选择和权重设定不合理

许多高职院校的绩效评价体系在指标选择和权重设定上存在主观性和片面

性。有些指标偏重于某一方面的绩效,而忽视了其他重要方面。指标的选择和权重设定应该更加科学和客观,充分考虑高职院校的特点和需求,以及各个指标之间的相互关系。

(三)绩效评价结果应用不足

绩效评价完成后,其结果与教师职业发展、教师薪酬、学院预算安排、学院政策调整等尚未建立有效联系,也没有建立奖惩激励机制,未能充分发挥评价本身应有的导向性作用。

(四)缺乏参与和反馈机制

高职院校绩效评价体系的制定和实施缺乏学校内外的广泛参与和反馈机制。这可能导致评价结果与实际情况脱节,难以得到各方的认可和支持。建立有效的参与和反馈机制,可以提高评价的可信度和可接受性,更好地反映高职院校的实际绩效。

三、国内外研究现状

我国高职院校绩效评价指标体系的研究起步较晚,还处于理论探索阶段,这主要归因于长期计划经济体制下的高职院校对绩效评价缺乏足够的认识和重视。施建军等人发表的《高等学校财务评价体系研究》中提出了六大指标,具体为总经费效益、事业发展效益、产业发展效益、对外服务效益、产业效益、科技成果效益,为高校评价提供了具体可行的方法。武书连自1991年起以目标评价、综合评价、定量评价为研究方向,对中国大学评价课题进行研究。冯梅笑在《基于平衡计分卡的高校绩效评价体系探讨》中提出将平衡计分卡引入评价指标,从教师、学生、科研、内部管理层面进行评价。葛莉等人以平衡计分卡构建了含人才培养目标、学生、用人单位、流程、学习成长等角度的绩效评价指标,并提出可行建议。

美国最早对高校绩效评价展开研究,凯夫(Cave)等创造性地提出了14个绩效指标,其中有8个是关于教学的指标,如毕业率、就业率、学生对老师的评价等,有6个是关于科研的指标,如专利数量、科研排名等。卡梅隆(Cameron)提出声誉调查法,并引入组员满意度指标,进一步探索非财务指标的影响性。1990年,哈佛大学教师卡普兰(Kaplan)等人首次提出平衡计分卡概念,经过几十年的发展,平衡计分卡在企业中得到广泛的应用,越来越多的人开始探讨该方法在高校的适用性。美国加州大学在1993年应用平衡计分卡来考评内部绩效,效果显著。

四、高职院校引入平衡计分卡

（一）可行性分析

平衡计分卡（BSC）旨在通过设置明确有效的组织战略目标，为管理者提供全面的绩效评价指导，以达成激励员工、合理有效利用企业资源的目的。

平衡计分卡共有四个层面，从财务和非财务指标、短期和长期指标、结果性和过程性指标、组织内部和外部指标等角度，将战略目标逐层分解为具体的、互相平衡的绩效评价指标体系。高职院校引入平衡计分卡，应在客户层面重点关注学生、家长、用人单位等利益相关者，在财务层面重点关注资金和资产，在内部流程层面重点关注服务与管理水平，在学习与成长层面重点关注创造社会价值。四个层面应各司其职又相互关联，共同助力于学院战略愿景的实现。

（二）引入平衡计分卡的意义

首先，高职院校绩效评价研究引入平衡计分卡，是对平衡计分卡应用范围的探索。高职院校引入平衡计分卡，不仅关注评价结果，更注重评价过程的监督管理和评价结果的应用，提高了评价的有效性和实用性，大大丰富了高校绩效评价研究内容，也为平衡计分卡在其他非营利性组织中的应用提供了思路。

其次，引入平衡计分卡可助力高职院校战略目标的实现。各个高职院校都有其战略目标，平衡计分卡将最终目标逐层分解为细化指标，如果需要，还可以继续进行二次、三次分解，这就大大增强了目标的可实现性。职业院校可将细化指标责任落实到具体的职能部门和教职员工身上，将指标完成情况与教师绩效考核、职称晋升、工资薪酬等直接挂钩，设置激励奖惩制度，最终将政策落到实处。

最后，引入平衡计分卡可加强各院系及职能部门间的有效沟通。平衡计分卡共有四个层面，涉及各个二级学院和职能部门，也涉及学生、教师、管理层的方方面面。要想完成绩效评价，就需要从上到下交流沟通顺畅，以本学院战略目标为导向，加强各部门间的合作，优化资源配置，提升工作效率。

五、高职院校绩效评价指标体系构建

（一）构建原则

绩效评价指标体系的构建对于高职院校本身来说，是为了更深入地了解学院自身发展情况、资源配置情况、战略目标完成情况，方便学院管理者围绕下一步的发展进行决策。此外，政府部门负责高职院校的财政拨款，对于资金的使用情况、学院办学情况、学生就业情况等也要及时掌握，以便为下一步的教育资源分配、教育政策倾斜等提供决策参考。因此，要想科学地构建高职院校绩效评价指标体系，既要考虑内部管理需要，也要考虑政府、社会、群众等外部相关者的需求。本文在制定高职院校绩效评价指标体系时，遵循以下原则：

一是科学性原则。高职院校绩效评价指标体系的构建需要遵循科学决策的程序,只有运用科学思维方法进行研究,才能使得指标的设置既科学又不脱离实际。

二是可行性原则。可行性是研究结果能否真正落地的问题,在保证研究科学性的基础上具备可操作性,才能真正指导实践,做到理论与实践相结合。

三是重要性原则。在高职院校绩效评价指标的选取中,涉及教学、科研、社会服务、学生、教师、用人单位、政府部门等方面,涉及的指标很多,如果一一列举,则不仅浪费人力物力,还会导致缺乏重点,因此只选取代表性指标进行设计。

四是可比性原则。绩效评价的结果不仅要在不同的高职院校间可比,也要实现本学院在历年纵向可比,这样有利于高职院校多维度了解自身发展情况,方便管理者决策。

(二)构建思路

高职院校作为非营利性机构,不能像企业一样,将财务层面的指标作为最重要的指标,但财务层面的指标仍处于重要位置。各个高职院校都有其自身特点,使用平衡计分卡将上述四个层面分解成多个指标,对各个指标进行重要性分析,形成判断矩阵,并对细化指标进行权重赋值和一致性检验,这是构建指标体系的基本思路。

(三)体系分析

本文选取山东省内11所高职院校为研究对象,对其相关的180余人进行了调研访谈,涵盖学生、教师、家长、单位招聘人员等,最终确定了具体评价指标,如表1所示。

表1 高职院校绩效评价指标体系

一级指标	二级指标
客户层面	学生满意度
	家长满意度
	社会满意度
	政府部门满意度
财务层面	资金收支
	资产管理
	财务风险

续表

一级指标	二级指标
内部流程层面	教学质量
	教学资源
	管理水平
	社会服务
学习与成长层面	师资队伍建设
	科研能力
	薪酬激励

（四）一级指标矩阵及权重

针对以上指标体系，本文引入层次分析法，将问题层次化，并对同一层次中的因素进行两两比较，形成判断矩阵，进而计算相应的权重，以得到各层次排序。本文采用1—9标度法，具体如表2所示。

表2　1—9标度法

标度	含义
1	两个因素相比，同样重要
3	两个因素相比，前者稍微重要于后者
5	两个因素相比，前者明显重要于后者
7	两个因素相比，前者强烈重要于后者
9	两个因素相比，前者极端重要于后者
2、4、6、8	表示上述相邻判断的中间值
倒数	若因素i与因素j的重要性之比为a_{ij}，那么因素j与因素i的重要性之比$a_{ji}=1/a_{ij}$

笔者设计了调查问卷，选择35名专家教授、148名一线教职工对上述绩效评价指标进行重要性排序，共收回有效调查问卷161份。根据以上标度，结合问卷调查情况，对于一级指标，即客户层面、财务层面、内部流程层面、学习与成长层面的指标进行赋值，并进行一致性检验，具体见表3。

表3 一级指标明细

	客户层面	财务层面	内部流程层面	学习与成长层面
客户层面	1	2	3	6
财务层面	1/2	1	3	3
内部流程层面	1/3	1/3	1	4
学习与成长层面	1/6	1/3	1/4	1

具体计算过程如下。

1.判断矩阵

$$\mathbf{A}=(a_{ij})_{n\times n}=\begin{bmatrix}1 & 2 & 3 & 6\\1/2 & 1 & 3 & 3\\1/3 & 1/3 & 1 & 4\\1/6 & 1/3 & 1/4 & 1\end{bmatrix}$$

客户层面$=\sqrt[4]{1\times2\times3\times6}=2.449$

财务层面$=\sqrt[4]{1/2\times1\times3\times3}=1.456$

内部流程层面$=\sqrt[4]{1/3\times1/3\times1\times4}=0.816$

学习与成长层面$=\sqrt[4]{1/6\times1/3\times1/4\times1}=0.343$

2.计算各指标权重

客户层面$=2.449/(2.449+1.456+0.816+0.343)=48.36\%$

财务层面$=1.456/(2.449+1.456+0.816+0.343)=28.75\%$

内部流程层面$=0.816/(2.449+1.456+0.816+0.343)=16.11\%$

学习与成长层面$=0.343/(2.449+1.456+0.816+0.343)=6.77\%$

3.计算λ_{max}值

$$\begin{bmatrix}1 & 2 & 3 & 6\\1/2 & 1 & 3 & 3\\1/3 & 1/3 & 1 & 4\\1/6 & 1/3 & 1/4 & 1\end{bmatrix}\begin{bmatrix}48.36\%\\28.75\%\\16.11\%\\6.77\%\end{bmatrix}=\begin{bmatrix}1.95\\1.22\\0.69\\0.28\end{bmatrix}$$

$\lambda_{max}=1.95+1.22+0.69+0.28=4.14$

4.一致性检验

$CI=(4.14-4)/(4-1)=0.047$

上述矩阵为四阶矩阵,需要查找四阶矩阵的RI值,根据表4,$RI(4)=0.89$。

表 4 *RI* 值查询表

矩阵阶数	1	2	3	4	5	6	7	8	9
RI 值	0	0	0.52	0.89	1.12	1.26	1.36	1.41	1.46

$CR=CI/RI=0.047/0.89=0.05$。

当 $CR<0.1$ 时,则矩阵为一致性矩阵;当 $CR>0.1$ 时,则为非一致性矩阵,需要进一步修正。本次 $CR=0.05$,因此通过一致性检验。

(五)二级指标矩阵及权重

采用同样的方法对二级指标进行赋权,并进行一致性检验,结果如下。

1.客户层面

经过计算,学生满意度权重为 46.86%,家长满意度权重为 27.87%,社会满意度权重为 14.97%,政府部门满意度权重为 10.29%(见表 5)。$CI=0.03$,$CR=0.03$。

表 5 客户层面明细表

二级指标	学生满意度	家长满意度	社会满意度	政府部门满意度
学生满意度	1	2	4	3
家长满意度	1/2	1	2	3
社会满意度	1/4	1/2	1	2
政府部门满意度	1/3	1/3	1/2	1

2.财务层面

经计算,资金收支权重为 49.33%,资产管理权重为 31.08%,财务风险权重为 19.58%(见表 6)。$CI=0.03$,$CR=0.06$。

表 6 财务层面明细表

二级指标	资金收支	资产管理	财务风险
资金收支	1	2	2
资产管理	1/2	1	2
财务风险	1/2	1/2	1

3.内部流程层面

经计算,教学质量权重为49.15%,教学资源权重为30.58%,管理水平权重为12.49%,社会服务权重为7.78%(见表7)。$CI=0.02$,$CR=0.02$。

表7 内部流程层面明细表

二级指标	教学质量	教学资源	管理水平	社会服务
教学质量	1	2	4	5
教学资源	1/2	1	3	4
管理水平	1/4	1/3	1	2
社会服务	1/5	1/4	1/2	1

4.学习与成长层面

经计算,师资队伍建设权重为59.36%,科研能力权重为24.94%,薪酬激励权重为15.70%(见表8)。$CI=0.025$,$CR=0.05$。

表8 学习与成长层面明细表

二级指标	师资队伍建设	科研能力	薪酬激励
师资队伍建设	1	3	3
科研能力	1/3	1	2
薪酬激励	1/3	1/2	1

由此,高职院校的绩效评价指标体系就构建完成了。在平衡计分卡的四个维度中,客户维度处于最重要的位置,而客户维度中学生满意度是最重要的指标。这也引导高职院校在办学过程中应坚持以人为本,想学生之所想,更好地服务学生。

六、高职院校绩效评价指标体系配套举措

高职院校绩效评价指标体系构建完成并不意味着结束,在评价过程中发现并解决问题,对于绩效评价结果的应用更为重要,因此需要注重绩效评价指标体系中的配套措施。

首先,应建立高职院校绩效评价的数据收集和管理系统,确保数据得到及时、准确、全面的采集和录入。同时,为每个评价指标提供详细的解释和操作指南,明确指标的定义、数据采集方法、计算公式等。这有助于确保对指标的一致理解和统一操作,提高评价的准确性和可比性。

其次,应设置有效的奖惩机制,将绩效评价结果作为教职工评优评先的重要依据。奖惩制度的设计应当充分考虑高职院校的特点和实际情况,合理权衡激励和约束的关系,以达到推动高职院校绩效提升的目标。

最后,应建立广泛的参与反馈机制、持续改进和追踪机制,让学校内外的师生、管理人员、用人单位、政府部门等都参与进来。通过听取、收集、反馈各方意见和建议,定期评估评价指标体系的有效性和可行性,并根据高职院校具体情况适时调整和完善指标,以提高各方对评价结果的接受度和认可度,确保评价指标体系的公正性、全面性和可信度,使其与高职院校的实际需求和发展方向始终保持一致。

主要参考文献

[1]陈留平,张莹.创新创业教育改革背景下的高校绩效评价指标体系研究[J].行政事业资产与财务,2016(7):22-23.

[2]王颖.高职院校建立全面绩效评价体系的实践探索[J].会计师,2020(1):64 65.

[3]吉宁.动态平衡计分卡在高职院校绩效评价中的应用[D].镇江:江苏大学,2016.

[4]王莹.高校绩效评价体系构建与量化研究:以 W 高校为例[J].会计之友,2019(14):17-23.

[5]韩凤媚.高职院校绩效评价体系研究:以陕西高职院校为例[D].北京:首都经济贸易大学,2016.

(作者单位:威海职业学院)

中小学校食堂财务管理研究

王艾荣　潘元福　周雨晴　梁 冰　王爱芳

【摘要】 加强中小学校食堂财务管理工作，是新时代优化基础教育管理、推动基础教育高质量发展、推动教育变革创新的重要方面。本文对相关文献进行了梳理分析，并结合中小学校食堂财务工作不规范、存在风险等现状，编制了《中小学校食堂财务工作指导手册》，借以对广大食堂财务人员的工作加以引导，规范中小学校食堂财务管理工作。

【关键词】 中小学校　食堂财务　指导手册

一、课题的提出

2021年3月，《山东省教育厅　山东省财政厅关于加强中小学校食堂财务管理的意见》（鲁教财发〔2021〕1号）提出，要高度重视食堂财务管理工作，加强学校自营食堂收入成本管理和内部控制及财务监督，加强社会力量承包和委托经营食堂财务管理。2021年6月，山东省教育厅出台《关于进一步加强中小学校食堂会计核算工作的通知》（鲁教财处函〔2021〕12号），提出要高度重视中小学校食堂会计核算工作，建立健全会计账簿，规范设置会计科目，认真开展食堂会计核算工作。

2022年7月，财政部、教育部联合印发《中小学校财务制度》，自2022年9月1日起施行。该制度在"食堂经营原则、自主经营财务管理部门与核算原则及结余管理、委托经营及配餐或托餐经营管理"等方面对中小学校食堂财务管理工作提出新的要求。

为深入贯彻上述文件精神，探讨落实中小学校食堂财务管理及核算工作，兰山区教体局成立了《中小学校食堂财务工作指导手册》科研小组，旨在对中小学校食堂财务工作进行有益的探索。

二、课题的设计

(一)课题研究的意义

师生在校就餐是重大民生工程，是社会和广大家长关注的焦点问题。特别是中小学生正处于生长发育阶段,就餐的质量关系着教育的提质增效,是关系国计民生的大事。中小学校食堂要以服务师生为宗旨,坚持“公益性、非营利性”原则,坚持“厉行节约、反对浪费”原则。

据调查,中小学校食堂财务人员大多不是学财会专业的,不能很好地理解会计制度、核算办法,个别学校配备的食堂会计人员工作积极性不高,缺乏对专业知识的系统性认识,指导多少就干多少。将食堂财务工作相关知识汇成一个体系,可以让食堂财务人员少走弯路,有利于提高其工作的积极性和效率,从而高质量地完成食堂财务核算与监督工作。而编制《中小学校食堂财务工作指导手册》,用于指导中小学校食堂加强财务管理、严格收支范围、规范会计核算等,就可更好地为广大师生服务。

(二)课题研究的目标和内容

本课题研究的目标是编制完成《中小学校食堂财务工作指导手册》,形成研究报告。

课题研究的主要内容包括体制机制、基本原则、账簿账户、科目设置、采购管理、收入管理、支出管理、成本核算、结余管理、报表分析、监督管理、附则。在研究过程中,研究者对研究的内容不断深入、扩展、细化。

(三)课题研究对象的选择

课题研究对象为中小学校食堂财务管理工作。食堂经营模式含自主经营(包括自聘工作人员、劳务派遣)、配餐托餐、委托经营。手册使用范围是高中、中职院校、中小学校、幼儿园,民办学校可参照使用。

(四)课题研究采用的方法

组成五人创新团队。其中,从局机关选出两名会计专业的财务管理人员,从学校食堂选出三名会计专业的人员。此外,邀请擅长各类财务管理、精通业务的刘洪国同志和注册会计师杜涛同志组成专家指导团队。采用文献研究法、访问调查法、行动研究法、个案研究法、比较分析法、经验总结法等进行课题研究。

(五)课题研究的原则

具体原则包括以下几点:①参考文献标准化,保障食堂财务管理有据可查;②采用多种方式调研,确保指导手册内容完整;③操作便捷化,提高食堂财务工作效率;④建立顾问机制,保障指导手册高质量完成。

(六)课题研究步骤

1.准备

加强理论学习,提高自身素养并积累资料,以先进的理论支撑课题的研究。调查分析现状,初拟实施方案。

2.实施

此阶段主要立足于食堂财务管理,探索自主经营、配餐托餐、委托经营模式下的食堂财务管理。

一是指导学校食堂财务工作,尝试建立适合中小学校食堂财务管理、内部控制及监督、会计核算、会计基础工作规范、信息化建设的方案。二是做好食堂财务的检查与监督,组织学校食堂财务人员进行交流研讨,激发财务人员深入研究食堂财务管理及会计核算的积极性。三是做好案例研究,并不断调整各经营模式下各种业务的操作流程、时间节点、开展方法,不断完善手册内容。四是不断调整研究方案,编制完成指导手册。针对手册进行交流研讨,并在兰山区进行推广应用。在手册编制过程中,邀请理论与实践经验丰富的专家进行指导,从而不断完善、改进、优化手册的内容。

3.总结

整理研究过程中的资料,撰写课题研究报告。

三、课题研究的实施

2022年6月,我们成立了科研课题小组,一年来,整个课题研究经历了五个阶段。

(一)第一阶段(2022年6—7月):起步探索阶段

在该阶段,着力撰写课题实施方案及大纲,进行课题分工。手册具体分为三个部分。

第一部分为总论,主要讲述会计基础知识,涵盖中小学校食堂会计概念、职能和目标,会计基本假设和会计基础,会计信息质量要求,会计职业道德,会计要素及其确认与计量,中小学校食堂会计科目和借贷记账法,中小学校食堂在不同经营模式下的会计科目及账簿设置,中小学校食堂财产清查,中小学校食堂会计账务处理程序,成本与管理会计基础。

第二部分为中小学校食堂财务管理及内部控制,分为三个方面。一是食堂财务工作总体要求,包括财务管理的目的、任务、内容;二是食堂财务管理体制,包括食堂核算原则、食堂预算管理;三是食堂内部控制,包括主管部门、中小学校、内外监督三个层面。

第三部分为中小学校食堂会计核算,分为资产、负债、结余、收入、成本费用五个大类,逐一对各个会计科目进行讲解并列举大量案例,编制相应的会计分录,并对中小学校食堂财务报告、会计档案及保管期限、交接及借阅程序等进行深入讲解。

(二)第二阶段(2022年8—9月):深化研究阶段

在手册编制过程中,我们发现实务部分脉络不够清晰。鉴于中小学校食堂财务人员大多为非财经类专业出身，为让一线财务人员既能对食堂财务工作有一个全面的认识，又能很好地将所学知识应用于实践，充分发挥手册的指导性作用，科研小组及课题顾问又进行了深入探讨，在原有手册的基础上进行重新梳理，确定了自主经营食堂收入业务、自主经营食堂支出业务、自主经营食堂结余业务、委托经营食堂业务、配餐托餐食堂业务等五大主要经济业务，逐一对各个业务进行讲解并列举大量案例，编制相应会计分录。

（三）第三阶段（2022 年 10—12 月）：整合提高阶段

根据上述五大业务流程，对指导手册进行重新架构。

1.食堂财务管理及内部控制

对中小学校食堂财务管理及内部控制进行概述，包括工作总体要求、管理体制、内部控制、成本与管理。

2.会计基础知识

从会计的认知角度，对会计目标、会计核算的基本前提、会计的确认、计量和报告、会计信息质量要求、会计要素等会计的概念、结构进行逐一讲解。解读会计等式、会计科目、账户、复式记账、借贷记账、平行记账等内容，使财务人员对会计方法有更深一步的认识。

3.食堂主要经济业务核算

这是指导手册的核心内容，通过逐一列举上述五大经济业务核算流程、案例，方便财务人员快速查找到所需业务操作方法，规范会计核算，确保食堂会计核算职能得到有序践行。

4.会计凭证

解读会计凭证的意义和种类、原始凭证和记账凭证的填制和审核方法、会计凭证的传递和保管，让财务人员对会计凭证有深刻的认识。

5.会计账簿

解读账簿的概念和种类、日记账和分类账的设置和登记、账簿登记和使用的规则、对账和结账、错账的查找及更正方法等，使财务人员对会计账簿有全方位的理解。

6.财务报告

针对财务会计报告的概念及内容进行了讲解，并就中小学校食堂资产负债表、食堂收入费用表、食堂往来款项明细表的编制方法进行了详细解读，编制了财务分析报告模板。

7.财产清查

具体对财产清查的意义和种类、财产清查的组织和方法、财产清查结果的处理进行了详细讲解。

8.会计核算形式

具体对记账凭证会计核算形式、汇总记账凭证会计核算形式、科目汇总表会计核算形式、日记总账会计核算形式等四种常见的记账凭证会计核算形式进行了细致讲解,并配以相应的流程图。

9.会计规范体系

具体对会计规范的概念和种类、会计法律与会计行政法规、会计行政规章规范、会计准则、会计机构与会计人员管理、会计档案管理、会计职业道德规范等进行了梳理。

(四)第四阶段(2023 年 1—4 月):普及推广阶段

印制《中小学校食堂财务工作指导手册》《中小学校食堂财务制度汇编》,在全区范围内推广使用。制作 PPT 课件,绘制了含"预收教职工伙食费(包餐制)核算程序图"等在内的 45 个具体业务核算程序图,在全区范围内开展"中小学校食堂财务管理及核算"大培训,对食堂财务管理与监督及五大业务流程进行讲解。利用应用过程中获取的反馈,对手册内容进行进一步完善,规范学校食堂财务管理。

(五)第五阶段(2023 年 5—6 月):完善提高阶段

对指导手册的细节进一步加以完善和提高,包括标点符号、文字校对、排版、前后逻辑关系、页面布局、流程图编排、封面设计等。同时,增加了两项内容。一是增加了中小学校食堂财务有关表式;二是增加了附录,从资产、负债、净资产、收入、费用五大角度,按照会计科目表顺序,采用表格形式举例说明主要业务和事项。

四、课题研究成果

一年来,课题组成员在课题顾问的指导和帮助下,坚持不懈、深入研究,积极探索"中小学校食堂财务工作指导手册"课题与全区日常食堂财务管理的交融点,取得五项成果,成效显著。一是印制了《中小学校食堂财务工作指导手册》,二是印制了《中小学校食堂财务制度汇编》,三是进一步优化了兰山区教体系统食堂财务管理平台,四是成立了食堂财务管理专家库,五是课题论文《中小学校食堂财务管理研究——从核算化向管理化、智能化转型》在财经类专刊《财务管理研究》上发表。

五、讨论与思考

在研究过程中,课题小组对以下内容有一定的思考。

(一)核算依据

中小学校属于事业单位,将食堂财务纳入学校财务进行统一管理,应执行《政府会计准则》。在《政府会计准则》中,财务会计按照权责发生制,预算会计按照收付实现制，那么，中小学校食堂应参照财务会计准则要求，实行权责发生制。同时，鉴于其经营性特点，很多业务还需要参考企业核算模式。

（二）年末并表

中小学校食堂实行独立核算或对食堂收支等主要业务实行独立核算的，年末应当将食堂的报表信息并入学校相关报表的相应项目。课题组研究了多种方案，邀请各位专家深入探讨，批评指正。

（三）顶层设计

目前，国家层面尚未针对中小学校食堂制定专门的财务制度，而随着各地中小学的不断发展，国家层面制定相应的制度势在必行，以便广大中小学校食堂财务工作人员在具体的财务实践中有强大的理论指导。

主要参考文献

[1]钟京志. 中小学校理财知识一点通[M].济南：山东大学出版社，2023.
[2]蒋乐平，刘卫红. 会计学原理[M].南京：南京大学出版社，2019.
[3]韩俊静，廖雅光. 会计学原理[M].北京：人民邮电出版社，2016.
[4]工会会计制度讲解[M].北京：中国工人出版社，2021.
[5]王爱国，潘秀芹. 会计学原理[M].济南：山东人民出版社，2009.

（作者单位：临沂市兰山区教育和体育局　临沂市兰山区教育和体育局　兰山区方城镇新桥中心小学　临沂市兰山区白沙埠镇中心小学　临沂第五中学）

基于业财融合的成本核算问题研究

——以教育服务类事业单位为例

李进　闫松松　于立帅

【摘要】 党的十八大以来,以习近平同志为核心的党中央着眼于中华民族伟大复兴战略全局和世界百年未有之大变局,将教育摆在重中之重的战略位置,对新时代教育改革发展作出全面系统部署。新时期下,教育事业单位的发展主要依赖于财政拨款及事业收入等资金,对事业单位成本进行优化管理,是保护财政性资金和国有资源的一项重要举措,有助于实现资金的统筹分配、降低运营成本,促进财务管理集约化规范化。随着国家整体经济进入新常态,财政收入规模增长受限,财政收支矛盾不断加大,"过紧日子"也日渐成为事业单位财务活动的常态。在此背景下,加强政府会计核算,提高事业单位成本核算与管理水平,比任何时候都显得更为迫切。基于此,本课题在业财融合的视角下,以教育服务类事业单位为例,阐述了事业单位成本核算的意义,分析了当前所面临的问题,并提出了事业单位成本核算的优化措施与策略,旨在促进事业单位的持续、稳定、健康发展。

【关键词】 教育服务　事业单位　业财融合　成本核算　措施与策略

教育事业是党和国家事业的重要组成部分,必须始终坚持党对教育事业的全面领导。近年来,财政部颁布实施的新政府会计准则制度引入"双目标+双功能+双基础"的核算模式,从根本上改变了事业单位原有的会计核算模式,为事业单位开展成本核算和加强成本管理提供了良好的基础。在业财融合的时代大背景下,教育服务类事业单位要不断加强业务与财务一体化融合发展,采取全新的成本核算模式,建立相应的成本管理制度体系,最终实现财务管理质量和效率的双提升,为教育事业高质量发展奠定坚实的服务保障基础。

一、事业单位成本核算的意义与特点

(一)事业单位成本核算的意义

1.成本核算是深化事业单位资源分配的重要手段

成本核算工作的顺利开展,有利于实现事业单位内部资源的合理分配,使管理者了解掌握各部门及项目资金支出情况,可最大限度地强化内部控制管理,降

低国有资源消耗，有利于提升财政资金使用效率，推动事业单位树立财政资金“花钱必问效、无效必问责”的理念，从而实现其事业运行及发展目标。

2.成本核算是提升事业单位整体质效的有力推手

通过合理有效的成本核算与管理措施，准确定位事业单位管理过程中价值链运行、资源消耗较为严重的环节，并有针对性地采取行之有效的处理手段，为后续成本管理工作的顺利开展创造良好条件。

3.成本核算是事业单位纵深方向改革与发展的实际需要

对成本进行会计核算可清晰反映事业单位提供公共服务的投入产出比，有利于推动事业单位改革向纵深推进。成本核算有助于完善事业单位人事管理、流程再造等工作，促进合理定编定员、科学任用工作人员，为事业单位发展“减负”“健身”；充分调动在岗在编人员的工作热情，强化使命担当，通过奖励性绩效工资分配等方式来充分激发广大干部职工干事创业的强大内生动力。

(二)事业单位成本核算的特点

事业单位成本核算是对实现其职能目标过程中实际发生的各种耗费按照确定的成本核算对象和成本项目进行归集、分配，计算确定各成本核算对象的总成本、单位成本等，并向有关使用者提供成本信息的活动。从成本核算方式角度看，事业单位经济活动采用借贷记账法进行平行记账，其权责发生制与收付实现制并行的核算方式与企业执行的权责发生制核算方式不尽相同，事业单位还要严格按照政府会计制度的规定进行成本核算；从会计科目设置角度看，与行政机关和企业的会计科目设置有所不同，事业单位的会计科目更强调具体预算项目以及与实际业务的匹配适用程度，确保预算资金、国有资产、核算数据得到充分利用；从成本核算目标角度看，事业单位成本核算能准确反映本单位的财务状况、发展成果以及职责职能的履行情况，为单位党委(组)的决策部署、管理策略、预算绩效的实现提供重要参考，以便“对症下药”，及时调整工作措施。

二、成本核算工作中存在的问题

(一)成本核算意识及理念尚未形成

事业单位以财政拨款为主维持运营，重视预算的执行，成本核算、成本效益意识不足，进行成本管理的内在动力不足。以教育服务类事业单位为例，其在成本核算、账务处理等方面兼具行政机关和企业的特点，既要实现一般公共预算下的预期性项目绩效目标，又要在教育服务事业经营管理及创收上发力。虽说部分事业单位财务部门已经意识到成本核算的重要性，但是成本核算体系并不完善，成本核算流程粗略，成本核算方式不科学、不系统，成本控制思想意识并未树立，而且始终将成本核算工作视为一种“额外负担”、一种可有可无的存在。

(二)成本核算数据收集处理较为复杂

成本核算工作离不开数据的支持，需要借助稳健便捷的数据收集和分析手段来进行。结合当前的成本核算工作,一些单位普遍存在数据繁杂和收集不畅等问题:第一,有些单位出于人员配置和岗位设置等方面的考虑,往往会安排财务人员身兼数职,致使对成本核算项目、对象及要素的数据收集、整理和分析力度不足;第二,部分单位间接费用是按照成本核算对象进行分配的,需要对各类基础信息进行分类归集,以较为准确的分配率实现对相关费用的分摊,这在一定程度上增加了核算难度和数据分析的复杂性。

(三)成本核算制度体系有待完善

事业单位在会计核算上侧重于对预算资金的收支及其结果的确认、计量和披露,而对财务状况和运行情况等方面的核算则较为薄弱,缺乏完整、准确、及时的单位成本核算。部分事业单位管理人员缺乏必要的成本核算与财务管理理念,成本监管制度体系中漏洞较多,严重阻碍了成本核算工作的推进与发展。

(四)财务成本控制、支出管理不规范

在实际工作中,财务管理混乱、成本控制不严谨、经费支出管理不规范等问题的存在,不仅会导致成本核算结果与单位既定发展目标相偏离,而且会造成财经秩序混乱、滋生违规违纪行为等严重后果。公司企业的经营目的是实现利润最大化,因此会尽可能地在各方面压缩成本费用,做到精细化成本管理。但事业单位则不同,自认为有财政拨款作为“后盾”,便高枕无忧,在经费使用、预算执行、成本管理等方面随心所欲,致使单位整体运营管理水平长期得不到提升。

(五)预算管理与成本核算工作相脱节

事业单位按照预算编制的具体要求,通常采用“零基预算”等编制形式,根据下一年度事业发展需要,同时参考上一年度的预算编制、绩效评价和执行情况,通过“两上两下”的预算编制流程对下年度的预算方案进行科学、精准编制。但从实际部门预算的编制和执行来看,存在着支出标准不够科学合理、既定支出标准与单位实际需求不相匹配等问题,现实中经常会出现“人员经费不足,用公用经费补”“公用经费不足,用项目经费补”的情况。有些事业单位在预算编制过程中很少考虑项目成本支出,并没有以成本核算数据为主要支出标准,成本支出测算不科学、不合理。

三、推进教育服务类事业单位成本核算工作提质增效的措施与策略

(一)强化组织领导,提高责任意识

单位党委(组)要高度重视财务成本管理工作,坚持把规范成本支出作为推进全面从严治党的一项重要工作来抓。应成立由党委(组)主要成员组成的成本核算委员会,进一步加强对财会监督、资金管理、内部控制工作的组织领导,争创一流教育财会管理新体系。应当及时传达财政等部门有关会议精神,构建“运转顺畅、执行有力、管理科学、制衡有效”的内部成本控制管理机制,不断强化提升

成本核算水平,更新和完善各项规章制度,有效防范成本管理过程中可能出现的业务漏洞与廉政风险。

(二)强化成本理念引领,明确核算工作原则

事业单位在构建成本核算体系时,要立足于自身事业发展愿景与实际需求,同时还要服务于成本管控、绩效评价等工作,这就需要考虑到以下几个方面:第一,相关性原则,确保相关数据能够为成本信息使用者提供可靠的数据支持。第二,可靠性原则。单位运行管理中的成本核算基础信息是否可靠,将会直接影响到事业单位成本核算工作质量,因此一定要提高数据真实性和有效性,不得无中生有、弄虚作假。第三,适应性原则。结合事业单位所处领域、行业的具体特点,采用相应的成本核算程序,与特定的成本信息需求相适应。

(三)守正出新,推进成本核算建章立制

建立完善的成本核算制度体系,是单位顺利开展各项工作的重要保障,也是有力推进其成本核算工作迈向规范化、标准化、制度化的发展道路。推动成本理念思维的内部宣传与普及,全面调动各部门和广大干部职工的积极性和主动性,努力营造"坚持科学创新,发扬节约精神"的浓厚氛围,为成本核算工作创造一个良好的外部环境,可极大地提高干部职工对成本管控工作的认同感。同时,应根据国家法律法规以及行业准则要求,结合单位实际,及时出台相应的成本核算制度及实施细则,细化管理流程,明确核算要求,作为其成本核算工作开展的重要依据。

(四)聚焦成本核算对象,全面打造精准、精细化核算

结合自身职责及科教文卫等各领域的服务对象,事业单位在确定成本核算对象时,应当根据所处领域、行业特点等多方面因素来确定成本核算对象。成本核算对象的确定,直接影响到最终核算结果,事业单位应当谨慎选择并根据自身的成本信息来科学设定。值得注意的是,成本核算对象的确定及实施一定要与政府会计制度中的明细科目设置、账务归集核算方式相协调,使各类成本明细科目设置更加科学合理、核算流程方式更加便捷。

(五)科学把控管理,提高成本归集和分配水平

成本归集主要是根据成本信息需求,对业务活动相关成本核算对象选择完全成本法或制造成本法进行核算。完全成本法是将业务活动费用、单位管理费用均归集、分配至成本核算对象,而制造成本法只将业务活动费用归集、分配至成本核算对象,再进行有效的成本核算。结合教育服务类事业单位在经营业务活动中产生的费用,可将其分为直接费用和间接费用。直接费用主要是工资福利费用、商品和服务费用、对个人和家庭的补助费用、固定资产折旧费、无形资产摊销费和其他业务费用中能确定由某一成本核算对象负担的费用,可以直接计

入成本核算对象的费用;间接费用是不能直接计入某一成本核算对象、需由多个成本核算对象共同负担的费用,如各责任部门、生产工序等,应根据其业务特点、主次性、可操作性等因素,选择运用参数分配法等方法,计算设定较为合理的分配率等分配标准,将间接费用分配至相关成本核算对象。

(六)构建"两大体系"

一是强化预算管理建设体系。由党委(组)统一调度,精细精准部署预算编制等各项工作,组织财务人员、各部门相关人员集中编报预算、经济成本绩效目标,细化成本指标,实现预算成本管理全覆盖。牢固树立"无预算不开支"的预算意识和"花钱必问效、无效必问责"的绩效理念。二是夯实财务制度建设体系。围绕资金事前审批、票据使用管理、支出规定、报销要求和流程、绩效评价等方面建章立制,细化财务成本管理等制度,用制度管权、管事、管人,切实做到"有法可依、有法必依"。

(七)推进成本核算数智化转型,大力提升决策管理效能

基于"业财融合"理念,借助"数智财务"促进事业单位与时俱进、高效发展,找准信息化技术、智能化手段的切入点,积极研究开发业财一体化系统,将财务与经济事项业务深度融合,实现流程再造,助力教育事业单位全面实现管理会计。教育服务类事业单位要深入剖析自身业务开展、财务管理、成本核算等方面的现状和实际需求,借助成熟的专业团队和硬件设备支持,在对接预算管理一体化系统的基础上,开发研究专属的业财一体化信息管理系统,并在其中开发植入成本管理等模块,实现对人员、资产、预算、政府采购、财务报销、成本控制等环节的集中统一管控。打造数据精准、采集高效、信息共享的工作平台,消除各部门、上下级系统之间的数据传输壁垒,解决信息碎片化、孤岛化的问题。

(八)搭建人才全面提升机制,建设一流"服务阵地"

政策落实得好不好,关键在人。一是多措并举抓财务队伍建设,打造高素质铁军。应搭建财务管理能力提升培训平台,紧跟制度改革新要求和财务成本管理好经验好做法设置课程,将成本管控先进经验做法内化于心、外化于行,对经费支出违规案例、典型违纪行为等开展专项教育活动,打造一支"政治硬"的财务高素质人才队伍。二是淬炼成本管理文化,以打造"节约为本,实干创新,专业高效,勇争一流"文化氛围为抓手,大力倡导实干精神、工匠精神,严管善待,内外兼修,不断激发财务队伍活力。三是应借助各类专业能力提升培训平台,紧跟成本核算制度改革新要求设置课程,提升工作人员综合素质和专业能力。

(九)打造全方位的长效监督考评模式

有效开展成本管理检查、绩效考评、纪检问责等工作,是教育服务类事业单位优化财务及成本管理的重要手段。完善各部门检查机制,就是要求各部门在

经费支出业务初期对内部的经济活动事项、报销单据等进行监督检查，开展自评自查，提前干预、纠正错误；建立经济成本指标绩效考评体系，充分利用好绩效考核奖金这把“利剑”，发挥“奖罚分明”作用，研究实施成本管理支出违规违纪与绩效奖金挂钩机制；加大纪委(检)问责力度，“强化不敢腐的震慑，扎牢不能腐的笼子，构建不敢腐的惩戒机制”，对经费支出混乱等领域及时提出意见建议、认真抓好整改落实，有效杜绝单位成本核算过程中各类违规违纪行为的发生。

四、结语

总而言之，当前国家经济发展已迈入了新阶段，事业单位内部改革也正稳步有序地推进，在这个过程中成本核算与管理更应当被作为重点工作。只有不断梳理总结实际工作中所遇到的各种问题，研究制定靶向对症、实用高效的成本核算优化策略，充分发挥财会监督职能，切实根据实际需求编制成本预算并严格按照要求进行资金管理，才能减少不必要的成本支出。加强事业单位成本核算管理，要在日常实践中不断积累工作经验，对成本管理体制予以适当调整和完善，不断提升财务管理、内部控制、成本核算管理水平，才能够保障事业单位业务活动资金更充足，为促进我国事业单位持续健康发展打下坚实基础。

主要参考文献

[1]井湛.政府会计准则制度下全成本核算管理模式研究[J].财会学习，2022(19)：94-97.

[2]皇甫黎明.深化改革背景下科研事业单位成本核算体系构建研究[J].上海立信会计金融学院学报，2022(4)：111-120.

[3]曹向.高校后勤运行成本核算问题研究——基于《事业单位成本核算基本指引》[J].商业会计，2022(8)：81-84.

[4]李畅，王春婷，陈沫雨.政府会计准则制度下全成本核算管理模式探讨——以事业单位性质的检验检测机构为例[J].国际商务财会，2022(1)：83-87.

(作者单位：山东省教育发展服务中心)

基础教育学校全面实施预算绩效管理的研究

——基于内控视角

孟令倩

【摘要】 近年来，全面实施预算绩效管理是备受学术界关注的热点话题之一。随着财政体制改革的不断深入，基础教育学校预算绩效管理也在逐步推行。在内部控制与预算绩效管理不断融合的背景下，充分认识两者的联系，同时从内部控制的视角去审视基础教育学校全面实施预算绩效管理工作中的问题并探索改进措施，有助于为相关工作的切实开展提供借鉴和支持。

【关键词】 内部控制　全面预算绩效管理　基础教育学校

一、引言

教育是兴国之器、安邦之本。随着国家经济的不断发展，基础教育发展日益受到关注。全面实施预算绩效管理作为财政体制现代化建设的有力举措，逐渐成为强化风险控制力度、提高教育经费使用效益的可靠抓手，是保证基础教育事业健康发展的重要工具。当前，内部控制与预算绩效管理正处于不断融合的过程中，如何从内部控制的视角完善基础教育学校全面预算绩效管理工作，是值得进一步探索的课题。鉴于此，本文试图从内控视角出发，针对实践中存在的问题，提出全面预算绩效管理优化实施的对策建议，以推动财政资金聚力增效，提高基础教育服务供给质量。

二、内控视角下基础教育学校全面实施预算绩效管理的概述分析

（一）相关概念

2012年11月，财政部在颁布的《行政事业单位内部控制规范（试行）》中，把"内部控制"定义为单位为实现控制目标，通过制定制度、实施措施和执行相应的程序，对经济活动中出现的风险实行防范与管控。换言之，内部控制就是风险应对，而应对工具是制度、措施与程序。内部控制主要由内部环境、风险评估、控制活动、信息与沟通以及内部监督等要素构成。内部控制的内容就是将业务活动

的风险点与财务目标相结合，通过控制风险来实现管理价值。

全面预算绩效管理是一种覆盖所有财政资金、贯穿预算管理全过程的绩效管理体系，主要内容包括：绩效目标设定、绩效运行与监控、绩效评价及其结果运用。将内部控制与预算绩效管理相结合，能够加强对单位经济活动的控制，促进单位管理制度的完善，可以有效降低财务管理风险。

（二）全面实施预算绩效管理的政策背景与意义

党的十九大作出“全面实施绩效管理”的战略部署，强调加快推进绩效管理。2018 年 9 月，《中共中央　国务院关于全面实施预算绩效管理的意见》提出，要用 3 至 5 年时间基本建成全方位、全过程、全覆盖的预算绩效管理体系。同年 11 月，为进一步贯彻落实《意见》，财政部再发文，进一步强调了全面实施预算绩效管理的意义，并提出了落实方案和重点环节等。2019 年年底，《教育部关于全面实施预算绩效管理的意见》提出，全面实施预算绩效管理是优化教育资源配置、提升教育公共服务质量的重要举措，有利于推进教育治理体系和治理能力建设。2020 年 10 月，《中华人民共和国预算法实施条例》修订施行，其中提到要对预算资金的投入、执行、产出与效果进行绩效监控和评价。由上述文件可见，全面实施预算绩效管理是财政体制改革中的重要举措，是推动党中央、国务院重大政策措施落地生效的重要保障。在上述政策背景下，在教育治理能力和教育公共服务水平不断提升的大环境下，基础教育学校实施全面预算绩效管理已是必然趋势。现阶段，基础教育学校预算绩效管理还存在很多问题，对全面实施预算绩效管理的实践研究显得尤为迫切。

（三）全面预算绩效管理与内控的联系

内部控制是全面预算绩效管理的有力保障。首先，从内控目标来看，内部控制可以在一定程度上约束经济运营活动，提升单位预算管理的刚性，有助于全面预算绩效管理的落地实施。其次，从内控的本质来讲，健全的内控是防范单位业务活动风险的“良药”。针对预算管理各个环节当中的风险点，通过制定具体的控制目标和详细的控制方法，实施有针对性的控制活动，降低预算管理风险，便于构建内控体系下的预算绩效管理方法。最后，从参与的广度来说，两者都需要协调调动各部门，要求单位全员参与。各部门职员认真履责，强化风险意识，齐心协力保证内控执行效果，能够为开展绩效预算管理工作提供便利条件。

全面预算绩效管理是提升内控效果的有力手段。一方面，全面预算绩效管理的目标是优化财政资源配置效率和使用效益，提高风险防范力度，进而为单位形成健康有序的内控环境做好铺垫。另一方面，全面实施预算绩效管理是一套科学的、系统的流程，可以对财务活动进行全过程、全方位、动态化的监督。从全面预算绩效管理的目标和流程可以看出，实施预算绩效管理能够加强单位对经济活动的管控,有利于单位管理制度的完善。只有借助全面预算这个管理工具,将其融入内部控制建设,才能有效提升内控效果。

由此可见,预算绩效管理与内部控制是相辅相成、相互促进的关系,二者有诸多相似之处,工作内容高度融合。从这个角度来看,从内部控制视角探讨基础教育学校全面预算绩效管理的实施具有重要现实意义。

三、内控视角下全面实施预算绩效管理的问题

(一)预算绩效管理知识欠缺,意识淡薄

在当前政策背景下,各相关单位已逐渐开展全面预算绩效管理工作。但基础教育系统中仍有不少学校对全面实施预算绩效管理认识不全面,尚未形成正确的预算管理理念。究其原因,第一,由于宣传不到位,基础教育学校普通职工甚至领导层对全面预算绩效管理认知不系统,有的甚至认为这只是财务部门的工作,与其他部门关系不大,做好配合即可。第二,由于培训不到位,相关人员缺乏绩效管理理念。譬如,有的学校只是偏向于预算执行进度,对完成质量不关注,认为只要在执行进度考核中合理合规地完成预算计划就可以了,存在"重投入、轻产出""重支出、轻绩效"的现象,绩效管理意识比较淡薄。

(二)组织管理机构不健全

现阶段,预算绩效管理工作逐渐起步,也取得了一定的成果。但与绩效预算改革已开展40多年的英美等国家相比,我国的预算绩效管理起步时间仍然较晚,发展还不够完善。尽管基础教育预算绩效管理已经起步,但组织管理机构还不成熟。调查发现,很多学校未设置预算绩效管理部门、队伍,没有专门从事这项工作的人员,只是由财务部门代为完成;预算绩效管理职责也不明确,缺乏有效领导,工作混乱,预算绩效管理工作很难取得实质性进展。

(三)预算绩效管理工作不到位

一是绩效目标设定不合理。项目支出绩效目标是指以客观可测的参考值来表示的项目支出预期绩效水平。具体来说,绩效目标是指要做什么事情、做多少事情、产生什么影响。研究发现,部分基础教育学校在绩效目标设定中存在一些问题。一方面,绩效目标设定不合理,主要体现为绩效目标难以实现,影响相关员工的工作积极性和绩效评价结果;或者,目标设置过于简单,缺乏挑战性,则失去了"提质增效"的意义。另一方面,绩效目标设定不具体,例如一些单位连续使用"持续增长""明显提高""比较明显"等作为绩效目标,没有从数量、质量、成本和时效等方面具体细化,不符合客观量化的要求。

二是绩效运行监控缺位。绩效监控是全过程预算绩效实现动态化管理的关键环节,是确保实现项目绩效目标、落实绩效主体责任的重要手段。通过绩效运行跟踪监控,可以发现预算执行过程中存在的问题、困难并及时纠偏,确保预算

调整与绩效评价管理顺利进行。然而,有些学校跟踪管理机制缺失,绩效运行监控缺位,致使其难以及时发现问题和解决问题,影响预算执行效果,不利于风险防范和公共服务质量改善。

三是绩效评价机制不完善。绩效评价就是运用科学的方式方法和指标体系,对既定绩效目标实现情况进行全面、客观、公正的考评。完善的绩效评价机制可以提高预算管理的科学性和自我约束性,是提升学校教育公共服务质量的关键方式。经过考察,发现部分基础教育学校在进行预算绩效评价时,缺乏一套系统的绩效评价机制,往往是财务部门自行完成或者是业务处室采用自评的方式将结果报送财务部门,由财务部门汇总上报,这将降低评价结果的可靠性,导致评价不客观、不深入。

四是评价结果应用性不高。绩效管理是一个闭环过程,经过绩效目标设定、运行监控、绩效评价等环节,最后将结果反馈给各部门并实质应用。但部分基础教育学校仍然是考评与结果分离,尚未将结果与完善政策、规范预算管理衔接起来,明显落后于其他行政事业单位。分析发现,评价结果不能实际应用的主要原因之一在于没有建立相应的奖惩机制,绩效导向作用得不到充分发挥。

四、完善以内部控制为导向的全面预算绩效管理方法

(一)树牢绩效意识,压实管理责任

“全面实施预算绩效管理”是国家财政体制改革中的重要战略部署,是加快实现教育现代化建设的关键环节。因此,基础教育学校应加强对全面预算绩效管理的认知,提高绩效管理意识。一方面,要加强宣传。充分利用学校官网、微信公众号等形式宣传全面实施预算绩效管理的必要性和重要性,以及相关政策、规定等,尽可能地传达给每个职工,做到应知尽知。另一方面,要加大培训,建立职业规范培训长效机制。组织单位负责人、项目负责人等进行绩效管理集中学习,增强对预算绩效管理的理解,树牢绩效理念,注重战略导向,进而提升预算管理水平。

与此同时,应压实预算绩效管理责任。基于内部控制的预算绩效管理必须强化责任的约束力,明确责任主体,完善绩效管理问责机制。特别是对重大项目责任人应实行绩效终身责任制,落实主体责任,突出绩效导向。

(二)健全组织管理机构,建立联合工作机制

良好的内控环境奠定了单位预算绩效管理全面实施的工作基调。因此,要做好内部控制视角下的预算绩效管理工作,就需要科学合理地设置组织机构,打造良好的内控环境。进一步讲,可以考虑在现有的内部控制组织机构设置的基础上,着重建立贯穿预算决策、执行和监督全过程的组织管理结构。譬如,成立预算管理部门,设置预算管理领导小组,形成自上而下有规划、有领导的工作

布局。

此外,应建立联合工作机制,加强部门间的工作联动,将内控贯穿预算全过程,鼓励多部门渗透于预算管理中。通过部门与部门之间的沟通联系、互助与监督,实行单位整体联动,打破以往预算管理仅仅隶属于财务部门的工作格局,让全面预算管理与内部控制深入融合,助力预算绩效管理工作有效、有序开展。

(三)完善预算绩效管理工作,实现财政资金全流程管控

1.合理设定绩效目标

首先,明确绩效目标编报的责任主体。按照“谁使用资金谁编制绩效目标”的原则,确定绩效目标设置主体,财务处只是牵头组织者、审核汇总者,不能代编绩效目标,这也是“内控”思想的体现。其次,严格项目绩效目标编制程序。一是通过定性分析项目特性,梳理项目功能,设置年度总体绩效目标;二是分解总体目标,从中概括、提炼出最能反映总体绩效目标预期效果的关键性指标,并作为细化的绩效指标;三是确定绩效指标的具体值。这样设定的绩效目标,就更合理,也更科学。

2.落实“双监控”

绩效监控是全面实施预算绩效管理的“事中”环节,与预算执行有机统一,是检视项目实施目标路径的有效纠差手段。为此,在绩效管理过程中要充分使用这把“利刃”,严格监控程序,对预算资金执行进度和绩效目标实现程度进行“双监控”。首先,对照批复的绩效目标收集监控信息,包括预计产出的完成进度、效益的实现程度及服务对象的满意程度;其次,进行数据分析,分析数据真实性,并着重分析偏离绩效目标及预算执行过慢的原因;最后,填报绩效监控情况表,并全面总结本次监控跟踪工作开展情况、项目绩效监控结果、主要经验、存在问题及下一步工作措施和建议等,形成监控总结报告。

3.完善绩效评价机制

以内部控制为基础的预算绩效管理,需要构建多维度的预算绩效评价管理体系,找出单位潜在的问题与风险。具体来讲,在绩效评价工作当中,单位应确定绩效评价主体部门,落实工作职责。同时,要建立起合理的预算执行绩效评价体系、标准体系、考核体系,还可根据单位实际引入第三方评价,优化内部监督。通过完善预算绩效管理评价机制降低预算管理风险,力争预算管理与绩效管理融为一体,科学、全面、客观地完成评价工作。

4.加强绩效评价结果应用

评价结果应用是全面实施预算绩效管理工作的关键落脚点。因此,应结合内部控制评价,加强激励奖惩机制的建设,切实提高预算绩效评价结果的应用性。一是将其与单位综合考核密切对接,把预算流程、预算结果等事宜列入综合

考核项目,建立奖惩制度,进一步提高职工全员参与的意识和积极性,促进预算绩效评价结果的应用。二是将其与下年预算安排有效衔接,即评价结果直接影响下年度部门预算的资金额度和项目申请,以最大限度地发挥预算绩效评价结果的引导作用,优化教育经费使用结构,推动基础教育高效高质发展。

五、结语

本研究主要是探索内控视角下基础教育学校如何全面实施预算绩效管理工作。我们通过概括分析内部控制和全面预算绩效管理的概念及内在联系,针对基础教育学校在全面实施预算绩效管理中的问题,基于内控视角创新预算绩效管理方法,不仅解决了现实难题,又为构建全面、系统的预算绩效管理体系提供了理论支持,有利于推动学校真正实现预算与绩效管理一体化。本文结合财政体制改革的现实环境,立足于全面预算绩效管理,着眼于基础教育背景,一定程度上填补了基础教育学校在全面实施预算绩效管理方面的空白,丰富了预算绩效管理的研究领域,这也是本文的主要创新点之一。

主要参考文献

[1]孙永尧.政府内部控制概念研究[J].财政科学,2020(2):72-81.

[2]赵琛.内部控制视角下行政事业单位绩效预算管理研究[J].中国管理信息化,2022(2):46-48.

[3]王莲.基于全面实施预算绩效管理的高校预算绩效审计探析[J].老字号品牌营销,2022(2):61-63.

[4]王霞,钱莉,吴岚.基于全面预算管理的行政事业单位内部控制研究[J].中国乡镇企业会计,2021(9):159-161.

[5]徐弘丽.内部控制视角下加强行政事业单位预算绩效管理的分析[J].财经界,2021(29):38-39.

[6]许梦婷.高校全面实施预算绩效管理的问题与对策[J].齐鲁师范学院学报,2021(6):79-85.

本文发表于《财会学习》2022 年第 15 期,有改动。

(作者单位:山东省实验中学)